报关与报检实务

主　编　黄　芸
副主编　张莉娜

扫码申请更多资源

南京大学出版社

图书在版编目(CIP)数据

报关与报检实务 / 黄芸主编. —南京：南京大学
出版社，2021.3
ISBN 978 - 7 - 305 - 24148 - 2

Ⅰ. ①报… Ⅱ. ①黄… Ⅲ. ①进出口贸易—海关手续
—中国—教材②国境检疫—中国—教材 Ⅳ. ①F752.5
②R185.3

中国版本图书馆 CIP 数据核字(2020)第 265158 号

出版发行 南京大学出版社
社 址 南京市汉口路 22 号 邮 编 210093
出 版 人 金鑫荣
书 名 报关与报检实务
主 编 黄 芸
责任编辑 武 坦 编辑热线 025 - 83592315
照 排 南京开卷文化传媒有限公司
印 刷 常州市武进第三印刷有限公司
开 本 787×1092 1/16 印张 18 字数 438 千
版 次 2021 年 3 月第 1 版 2021 年 3 月第 1 次印刷
ISBN 978 - 7 - 305 - 24148 - 2
定 价 49.80 元

网 址:http://www.njupco.com
官方微博:http://weibo.com/njupco
微信服务号:njuyuexue
销售咨询热线:025 - 83594756

前　言

报关与报检实务是报关、国际经济与贸易、物流管理等专业的核心专业课程,是实践性较强的一门综合性课程。通过本课程的学习,学生能熟悉国家对外贸易,尤其是海关监管和检验检疫的各种法律法规和政策制度;掌握进出口货物的报关流程和检验检疫流程;培养良好的职业素质,具备从事报关报检的相关能力。

本教材,以"教、学、做"合一的教学法为导向,采用模块项目进行编排,把报关和报检实务工作中涉及的知识系统整合,把程序流程、法律法规有机穿插到模块中,形成特色知识链。同时,选取大量贴近报关及报检实际工作的案例、大量真实直观的样单、综合大量技能实训项目,突出对职业技能的训练和培养,使课程与实际工作更好地无缝对接。

本教材包括进出境报关工作的初步认识、对外贸易经营者备案登记、申领外贸管制证件、缴纳进出口税费、一般进出口货物报关、保税进出口货物的报关、其他监管货物报关、报关单填制、出入境检验检疫工作初步认识、报检单位备案/注册登记、电子报检、申报出境货物检验检疫、申报入境货物检验检疫、进出口货物报检等内容。

由于本教材注重报关报检业务知识的实用性和操作性,除可以作为对外贸易、国际商务、报关与国际货运、港口与航运管理、涉外事务、国际物流等专业报关与报检实务课程的教材外,也可以作为报关及报检人员的培训用书,也适合报关报检人员水平能力提升的参考用书。

本教材在写作过程中,参考了兄弟院校同行专家的著述,在此表示由衷的感谢。由于编者水平和经验有限,书中难免有错误或纰漏,真诚地请专家和广大读者给予意见和指正错误。

编　者

2021 年 2 月

目　录

项目一　进出境报关工作的初步认识

学习目标

知识目标

1. 掌握报关的概念及报关的基本内容。
2. 掌握海关的性质、任务和组织机构。
3. 掌握海关的主要业务制度。

技能目标

1. 能够选择适用海关的权力。
2. 掌握通关一体化的流程操作。
3. 掌握提前申报作业、两步申报作业、先放后税作业的操作。
4. 掌握通关一体化改革的概念及通关制度适用原理。
5. 掌握通关一体化作业流程。
6. 掌握提前申报作业、两步申报作业、先放后税作业模式的概念及相关规定。

情境导入

2020 年春节期间,武汉的新冠病毒疫情牵动着世界人民的心。国内病患人数自春节伊始就已居高不下,各地的白衣天使冲上前线救死扶伤,医疗物资的供给成为一个难题。"武汉加油""中国加油"的口号响彻中外媒体,许许多多国外生产医疗物资的企业、留学生、社会各界人士纷纷伸出援助之手,在海外生产、采购医用护理口罩、防护服、防护镜等物资运往国内的医疗机构。

海外捐赠医疗援助物资进口时通关手续的办理、国内的配送都是分秒必争的,时间就是生命,这些紧急的医疗物资必须在第一时间送到医生和病患的手中。财政部、商务部、海关总署、药品监督管理局等先后发布关于疫情期间进口的医疗物资简化审批手续的通知。国家药品监督管理局医疗器械监督管理司发布《关于紧急进口未在中国注册医疗器械的意见》要求,在疫情期间,对于尚未在中国注册医疗器械证的医疗器械进口供医院治疗使用的,在进口时需向海关提供质量合格证明函件,如不能提供的由省药监局进行实物辨别,必要时送省质量检验所检验,确保捐赠的医疗器械等物资安全送到医护人员与病患手上;海关总署也在 2020 年 1 月 26 日发布《关于用于新型冠状病毒感染的肺炎疫情进口捐赠物资办理通关手续的公告》(海关总署公告 2020 年第 17 号),明确了作为捐赠物资进口的医疗物资海关可凭医药主管部门的证明先予放行,后补办特定减免税审换手续。

案例分析:本案例中进口的医疗物资就其用途、属性而言与一般企业进口医疗器械在国内销售是完全不同的,作为"捐赠物资"进口的医疗物资会对捐赠人、受赠人以及使用人做出限定,满足条件的才可以享受减免进口关税、进口环节增值税及消费税;而对于一般企业进口供上市销售的医疗器械还必须符合《进口医疗器械检验监督管理办法》,提供必要的医疗器械注册备案证明方可进入我国关境。由此可见,进出境报关需要进出口企业根据进出境货物的经营目标及所具备的通关条件,选择某一适用的海关制度来办理进出境手续;进出境货物所涉及的贸易管制,通常也与货物的经济用途及跨境流向息息相关。

思考与讨论:

在某个进出境货物的通关流程过程中,海关如何根据进出境货物的进出境意图、货物的最终流向执行相应的程序性管理制度?

任务一　了解报关与海关管理

一、报关

(一)报关的基本概念

报关的实质是指进出境的对象向海关告知并办理相应手续的过程。在这个过程中,存在着三个基本的当事主体:① 报关申请者,即进出境运输工具负责人、进出口货物收发货人,以及进出境物品所有人;② 作为报关对象的运输工具、货物和物品;③ 作为报关管理者的海关。其中,货物和物品的主要区别在于货物中存在买卖关系,而物品仅属于个人携带进出境的物质资料。另外,报关申请者可以选择委托专业代理机构来负责报关事务。

一般而言,报关是指进出境运输工具负责人、进出口货物收发货人、进出境物品所有人或者其代理人向海关办理运输工具、货物、物品进出境手续及相关海关事务的过程。

(二)报关的分类

按不同的划分标准,报关可分为不同的类型,这里仅按报关主体行为性质和报关对象作简要划分。

1. **按报关主体行为性质划分**

按照报关主体行为性质不同,报关可以分为自理报关和代理报关两类。

1)自理报关

报关主体办理本单位货物进出境手续的行为称为自理报关。这类报关主体在海关注册登记后获得相应自理报关权,且在海关管理中称为进出口货物收发货人。进出口货物收发货人只能办理本单位货物进出口报关手续。

2)代理报关

报关是一项专业技术性较强的工作,出于对自理报关成本、所在国海关通关政策信息的不对称及报关地点等原因的考虑,进出境运输工具负责人、进出口货物收发货人或进出境物品所有人可以委托第三方机构代为报关,这种由第三方代办报关的行为,称为代理报关。这种第三方机构,也称为报关企业。

报关企业必须依法取得报关企业海关注册登记许可并向海关注册登记后方可从事代理报关业务。从资格获取、日常管理到违规违法责任及处罚规定,海关对报关企业的管理相对于进出口货物收发货人而言,要严格许多。同时代理报关时委托方和代理方必须签订委托报关协议书。

2. 按报关对象划分

报关对象是指进出关境的运输工具、货物和物品,这三类报关对象因为进出关境而成为海关监管对象。所以,按照报关对象不同,报关可以分为以下三类。

1) 运输工具报关

进出境运输工具,是指用以载运人员、货物、物品进出境,并在国际范围运营的各种境内或境外船舶、车辆、航空器和驮畜。运输工具是作为人员、货物及物品的进出境载体而成为海关监管对象的。

2) 货物报关

进出口货物报关是所有报关活动中最主要也是管理要求最多的报关。进出口货物的监管种类较多,包括一般进出口货物,保税物流货物,保税加工货物,暂准进出口货物,特定减免税货物,过境、转运和通运、退运、退关货物及其他特殊进出口货物。每种货物的报关流程均有相应的一套监管制度安排,并且由报关员具体地代表报关单位向海关申报相关货物的进出境手续。

3) 物品报关

进出境物品是指进出境的行李物品、邮递物品和其他物品。以进出境人员携带、托运等方式进出境的物品为行李物品;以邮递方式进出境的物品为邮递物品;其他物品主要包括享有外交特权和豁免权的外国机构或者人员的公务用品或自用物品以及通过国际速递进出境的快件等,也包括金银和中外货币等。这些物品的基本属性是非贸易性,即其中不存在买卖关系。《中华人民共和国海关法》(简称《海关法》)规定,"个人携带的自用、合理数量的行李物品免税、免证放行"。这里的"税"指的是进出口相关税费,"证"指的是进出口相关许可证明。

(三) 报关的内容

1. 进出境运输工具报关的基本内容

根据我国海关法律规定,所有进出我国关境的运输工具必须经由设有海关的港口、车站、机场、国界孔道、国际邮件互换局(交换站)及其他可办理海关业务的场所申报进出境。进出境申报是运输工具报关的主要内容。

1) 运输工具申报的基本内容

运输工具申报的基本内容包括运输工具进出境时间、所载运货物情况等六项内容:
① 运输工具进出境的时间、航次;② 运输工具进出境时所运载货物情况,包括过境货物、转运货物、通运货物、溢短卸装货物的基本情况;③ 运输工具服务人员名单及其自用

物品、货币、金银情况；④ 运输工具所载旅客情况；⑤ 运输工具所载邮递物品、行李物品的情况；⑥ 其他需要向海关申报清楚的情况，如由于不可抗力，运输工具被迫在未设立海关地点停泊、降落或者抛掷、起卸货物、物品等情况。

除此以外，运输工具报关时还须提交运输工具从事国际合法性运输必备的相关证明文件，如船舶国籍证书、吨税证书、海关监管簿、签证簿等，必要时还须出具保证书或缴纳保证金。

2）运输工具舱单申报

进出境运输工具舱单（简称"舱单"），是指反映进出境运输工具所载货物、物品及旅客信息的载体，包括原始舱单、预配舱单、装（乘）载舱单。进出境运输工具负责人即舱单电子数据传输义务人应当按照海关备案的范围在规定时限内向海关传输舱单电子数据。

原始舱单，是指舱单传输人向海关传输的反映进出境运输工具装载货物、物品或者乘载旅客信息的舱单。预配舱单，是指反映进出境运输工具预计装载货物、物品或者乘载旅客信息的舱单。装（乘）载舱单，是指反映进出境运输工具实际配载货物、物品或者载有旅客信息的舱单。

2. 进出口货物报关的基本内容

进出口货物的报关业务应由依法取得报关从业资格并在海关注册的报关员办理。进出口货物的报关业务包括按照规定填制报关单，如实申报进出口货物的商品编码、实际成交价格、原产地及相应的优惠贸易协定代码，并办理提交报关单证等与申报有关的事宜；申请办理缴纳税费和退税、补税事宜；申请办理加工贸易合同备案、变更、核销，以及保税监管等事宜；申请办理进出口货物减税、免税等事宜；协助海关办理进出口货物的查验、结关等事宜；办理应当由报关单位办理的其他事宜。

海关对不同性质的进出口货物规定了不同的报关程序和要求，一般来说，进出口货物报关时，报关单位及报关人员要做好以下几方面的工作：① 进出口货物收发货人接到运输公司或邮递公司寄交的提货通知单，或根据合同规定备齐进出口货物后，应当做好向海关办理货物报关的准备工作，或者签署委托代理协议，委托报关企业向海关报关；② 准备好报关单证，在海关规定的报关地点和报关时限内以书面或电子数据方式向海关申报；③ 报关电子数据和书面报关单证经海关审核后，在海关认为必需时，报关人员要配合海关进行货物的查验；④ 对于属于应纳税、应缴费范围的进出口货物，报关单位应在海关规定的时限内缴纳进出口税费；⑤ 进出口货物经海关放行后，报关单位可以安排提取或装运货物。

除了以上工作外，保税加工货物、减免税进出口货物等，在进出境前还必须办理备案申请等手续，进出境后还须在规定的时间内以规定的方式向海关办理核销、结案等手续。

3. 进出境物品报关的基本内容

海关对进出境物品监管的基本原则是：自用、合理数量原则。随身携带或邮政渠道进出境的货物要按货物办理进出境报关手续。

1）进出境行李物品的报关

大多数国家都规定旅客进出境采用"红绿通道制度"，我国也采用"红绿通道制度"。

"绿色通道"(无申报通道),是指带有绿色标志的通道,适于携运物品在数量上和价值上均不超过免税限额,且无国家限制或禁止进出境物品的旅客。"红色通道"(申报通道),适于携运有应向海关申报物品的旅客。选择红色通道的旅客,必须填写申报单。

海关在对外开放口岸实行新的进出境旅客申报制度:① 进出境旅客没有携带应向海关申报物品的,无须填写申报单,选择"无申报通道"通关;② 除海关免于监管的人员以及随同成人旅行的 16 周岁以下的旅客外,进出境旅客携带有应向海关申报物品的,须填写申报单。

2)进出境邮递物品的报关

寄件人填写"报税单"(小包邮件填写"绿色标签"),"报税单"和"绿色标签"随同物品通过邮政企业或快递公司呈递给海关。

3)进出境其他物品的报关

(1)暂时免税进出境物品。

个人携带的暂时免税进出境物品,须由携带者向海关做出书面申报,经海关批准登记后,方可免税携带进出境,且应由本人复带出境或者复带进境。

(2)享有外交特权和豁免权的外国机构或者人员进出境物品。

享有外交特权和豁免权的外国机构或者人员进出境物品包括外国驻中国使馆(简称"使馆")和使馆人员,以及外国驻中国领事馆、联合国及其专门机构和其他国际组织驻中国代表机构及其人员进出境的公务用品和自用物品。

使馆和使馆人员进出境公用、自用物品应当以海关核准的直接需用数量为限。

公务用品,是指使馆执行职务直接需用的物品。自用物品,是指使馆人员和与其共同生活的配偶及未成年子女在中国居留期间直接需要的生活用品。

使馆和使馆人员因特殊需要携运中国政府禁止或者限制进出境物品进出境的,应当事先获得中国政府有关主管部门的批准。

有下列情形之一的,使馆和使馆人员的有关物品不准进出境:① 携运进境的物品超出海关核准的直接需用数量范围的;② 未依照规定向海关办理有关备案、申报手续的;③ 未经海关批准,擅自将已免税进境的物品进行转让、出售等处置后,再次申请进境同类物品的;④ 携运中国政府禁止或者限制进出境物品进出境,应当提交有关许可证件而不能提供的;⑤ 违反海关关于使馆和使馆人员进出境物品管理规定的其他情形。

使馆和使馆人员首次进出境公用、自用物品前,应向主管海关办理备案手续,按规定以书面或者口头方式申报。填写"中华人民共和国海关外交公/自用物品进出境申报单",向主管海关申请,并提交有关材料。

二、报关单位

(一)报关单位概述

1. 报关单位的概念及类型

1)报关单位的概念

报关单位就是报关申请者,一般来说,向海关申请报关的组织或个人,我们统一称之为报关单位。能申请报关的单位必须具备报关权。获得报关权的途径是依法经海关注册登记。《海关法》规定:"进出口货物收发货人、报关企业办理报关手续,必须依法经海关注册登记。未依法经海关注册登记,不得从事报关业务。"

2) 报关单位的类型

报关单位有两种类型:一类是进出口货物收发货人,另一类是报关企业。

(1) 进出口货物收发货人。进出口货物收发货人是指依法直接进口或出口货物的中华人民共和国关境内的法人、其他组织或者个人。普遍意义上的收发货人是指依法向国家外贸主管部门办理过备案登记的对外贸易经营者(如进出口公司),即依法取得了外贸经营权,经海关注册登记后,只为本单位进出口货物报关。

(2) 报关企业。报关企业是指按照《中华人民共和国海关报关单位注册登记管理规定》经海关准予注册登记,接受进出口货物收发货人的委托,以委托人的名义或者以自己的名义,向海关办理代理报关业务,从事报关服务的中华人民共和国关境内的企业法人。报关企业的服务属于中介性质,可以从一定程度上降低委托人自理报关的投入成本。

报关企业主要有两种类型:① 主营业务就是报关的报关公司或报关行;② 兼营业务为报关的、从事国际运输服务的货代公司。

(二) 海关对报关单位的管理

海关对不同报关单位的管理严格程度不同。对进出口货物收发货人来说,因为收发货人本身已经是合法企业,故其仅须在获得外贸经营权的基础上,申请海关注册登记即可;对申请成为报关企业的企业而言,其首先需要成为一个海关认可的企业,即获得海关的注册登记许可,然后才能申请海关注册登记。

1. 进出口货物收发货人的注册登记

进出口货物收发货人应当按照规定到所在地海关办理报关单位注册登记手续。

进出口货物收发货人本身已经是企业,故其申请办理注册登记手续相对简单,具体应提交以下材料:①《报关单位情况登记表》;② 营业执照副本复印件以及组织机构代码证书副本复印件;③ 对外贸易经营者备案登记表复印件或者外商投资企业(含我国台港澳侨投资企业)批准证书复印件;④ 其他与注册登记有关的文件材料。

注册地海关依法对申请注册登记材料进行核对。经核对申请材料齐全、符合法定形式的应当核发《中华人民共和国海关报关单位注册登记证书》。除海关另有规定外,进出口货物收发货人《中华人民共和国海关报关单位注册登记证书》长期有效。

2. 报关企业的注册登记

报关企业获得报关资格需要两个步骤,即先要获得报关企业注册登记许可,然后再申请报关企业注册登记。图1-1所示为报关企业获得报关资格的全部流程,流程第①～④步是报关企业获得注册登记许可的过程,即获得注册登记许可证书,第⑤和⑥步是报关企业的报关注册过程,即获得注册登记证书。

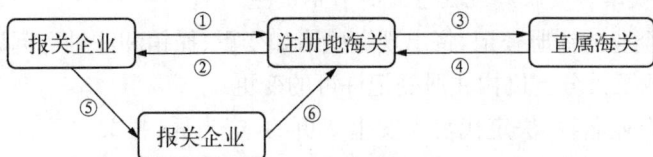

图 1－1　报关企业获得报关资格的流程图

1) 报关企业注册登记手续

申请人应当到所在地海关提出申请并递交申请注册登记许可材料。申请报关企业注册登记许可,应当提交下列文件材料:①《报关单位情况登记表》;② 企业法人营业执照副本复印件;③ 报关服务营业场所所有权证明或者使用权证明;④ 其他与申请注册登记许可相关的材料。

对申请人提出的申请,海关应当根据下列情况分别做出处理:① 申请人不具备报关企业注册登记许可申请资格的,应当做出不予受理的决定;② 申请材料不齐全或者不符合法定形式的,应当场或自签收申请材料起 5 日内一次告知申请人需要补正的全部内容,逾期不告知的,自收到申请材料之日起即为受理;③ 申请材料仅存在文字性、技术性等可以当场更正的错误的,应当允许申请人当场更正,并且由申请人对更正内容予以签字确认;④ 申请材料齐全、符合法定形式,或者申请人按照海关的要求提交全部补正申请材料的,应当受理报关企业注册登记许可申请,并做出受理决定。

所在地海关受理申请后,应当根据法定条件和程序进行全面审查,并且于受理注册登记许可申请之日起 20 日内审查完毕。

2) 报关企业跨关区分支机构注册登记手续

报关企业在取得注册登记许可的直属海关关区外从事报关服务的,应当依法设立分支机构,并且向分支机构所在地海关备案;报关企业在取得注册登记许可的直属海关关区内从事报关服务的,可以设立分支机构,并且向分支机构所在地海关备案。报关企业对其分支机构的行为承担法律责任。报关企业异地分支机构注册登记流程如图 1－2 所示。

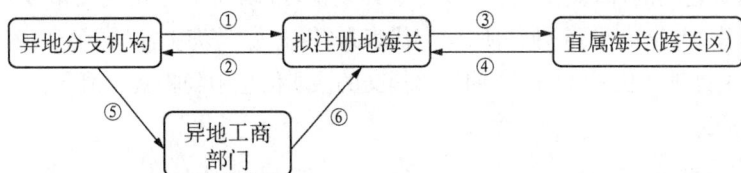

图 1－2　报关企业异地分支机构注册登记流程图

报关企业设立的分支机构应当向其分支机构所在地海关提交下列备案材料:①《报关单位情况登记表》;② 报关企业《中华人民共和国海关报关单位注册登记证书》复印件;③ 分支机构营业执照副本复印件;④ 报关服务营业场所所有权证明复印件或者使用权证明复印件;⑤ 海关要求提交的其他备案材料。

报关企业分支机构备案有效期为 2 年,报关企业分支机构应当在有效期届满前 30 日按规定向分支机构所在地海关办理换证手续。

3）报关企业及其分支机构注册登记许可的其他问题

围绕着报关企业的注册登记，将出现一些诸如变更、撤销和注销等问题。

（1）报关企业及其分支机构注册登记许可的变更。

报关企业的企业名称、法定代表人发生变更的，应当凭《报关单位情况登记表》《中华人民共和国海关报关单位注册登记证书》、变更后的工商营业执照或者其他批准文件及复印件，以书面形式向注册地海关申请变更注册登记许可。

报关企业分支机构企业名称、企业性质、企业住所、负责人等海关备案内容发生变更的，应当自变更生效之日起 30 日内，凭变更后的营业执照副本或者其他批准文件及复印件，向所在地海关办理变更手续。

所属报关人员备案内容发生变更的，报关企业及其分支机构应当在变更事实发生之日起 30 日内，凭变更证明文件等相关材料向注册地海关办理变更手续。

（2）报关企业及其分支机构注册登记许可的撤销和注销。

有下列情形之一的，海关应当依法注销注册登记许可：① 有效期届满未申请延续的；② 报关企业依法终止的；③ 注册登记许可依法被撤销、撤回，或者注册登记许可证件依法被吊销的；④ 由于不可抗力导致注册登记许可事项无法实施的；⑤ 法律、行政法规规定的应当注销注册登记许可的其他情形。海关依据第①条规定注销报关企业注册登记许可的，应当同时注销该报关企业设立的所有分支机构。

（三）报关单位的管理

报关单位应当妥善保管海关核发的注册登记证书等相关证明文件。发生遗失的，报关单位应当及时以书面形式向海关报告并说明情况。

报关单位、报关人员违反《中华人民共和国海关报关单位注册登记管理规定》，构成走私行为、违反海关监管规定行为或者其他违反《海关法》行为的，由海关依照《海关法》和《中华人民共和国海关行政处罚实施条例》（简称《海关行政处罚实施条例》）的有关规定予以处理；构成犯罪的，依法追究刑事责任。

有下列情形之一的，海关予以警告，责令其改正，可以处 1 万元人民币以下罚款：① 报关单位企业名称、企业性质、企业住所、法定代表人（负责人）等海关注册登记内容发生变更，未按照规定向海关办理变更手续的；② 向海关提交的注册信息中隐瞒真实情况、弄虚作假的。

💡 知识链接

报关单位违反海关监管规定的行为及其处罚	
1. 进出口国家禁止进出口的货物	责令退运，处 100 万元以下罚款
2. 进出口国家限制进出口的货物，不能提交许可证件的	进出口货物不予放行，处货物价值 30% 以下罚款
3. 进出口属于自动进出口许可管理的货物，不能提交自动许可证明的	进出口货物不予放行

报关单位违反海关监管规定的行为及其处罚		
4. 报关单位在办理报关业务过程中，进出口货物的品名、税则号列、数量、规格、价格、贸易方式、原产地、启运地、运抵地、最终目的地或其他应申报而未申报或申报不实的	如果是代理报关业务： (1)进出口货物收发货人未按照规定向报关企业提供真实情况，导致发生的左侧违规行为，处罚(如下右侧)由委托人承担； (2)报关企业未对情况真实性进行合理审查或自身疏忽导致发生的左侧违规行为，处罚由报关企业承担：货值10%以下罚款+停业6个月；情节严重的撤销注册登记	
	(1)影响海关统计的准确性的 (2)影响海关监管秩序的 (3)影响国家许可证件管理的 (4)影响国家税款征收的 (5)影响国家外汇、出口退税管理的	(1)警告或1 000~10 000元的罚款 (2)警告或1 000~30 000元的罚款 (3)货物价值5%~30%的罚款 (4)漏缴税款的30%~200%的罚款 (5)申报价格10%~50%的罚款
5.报关单位	(1)未经海关许可，擅自将海关监管货物开拆、提取、交付、发运、调换、改装、抵押、质押、留置、转让、更换标记、移作他用或者进行其他处置的	处货物价值5%~30%罚款，有违法所得的，没收违法所得
	(2)未经海关许可，在海关监管区以外存放海关监管货物的	
	(3)经营海关监管货物的运输、储存、加工、装配、寄售、展示等业务，有关货物灭失、数量短少，或者记录不真实，不能提供正当理由的	
	(4)经营保税货物的运输、储存、加工、装配、寄售、展示等业务，不依照规定办理收存、交付、结转、核销等手续，或者中止、延长、变更、转让有关合同不依照规定向海关办理手续的	
	(5)未如实向海关申报加工贸易制成品单位耗料量的	
	(6)未按照规定期限将过境、转运、通运货物复运出境或者复运进境，擅自留在境内或者境外的	
	(7)未按照规定期限将暂时进出口货物复运出境或者复运进境，擅自留在境内或境外的	
	(8)有违反海关规定的其他行为，致使海关不能或者中断对货物实施监管的	
6.报关单位	(1)擅自开启或者损毁海关封识的	予以警告，可以处3万元以下罚款
	(2)遗失海关制发的监管单证、手册等凭证，妨碍海关监管的	
7.	仿造、变造、买卖海关单证的	处5万元以上，50万元以下罚款，有违法所得的，没收违法所得；构成犯罪的，依法追究刑事责任

报关单位违反海关监管规定的行为及其处罚		
8.	进出口侵犯知识产权的货物的	没收侵权货物，并处货物价值30%以下罚款；构成犯罪的，依法追究刑事责任
	需要向海关申报知识产权状况，而未按规定向海关如实申报的，或者未提交合法适用有关知识产权的证明文件的	处5万元以下罚款
9.报关企业有	（1）拖欠税款或不履行纳税义务	责令整改＋给予警告；可以暂停6个月的报关业务
	（2）报关企业出让其名义供他人办理进出口货物纳税报关事宜的	
	（3）损坏或者丢失海关监管货物，不能提供正当理由的	
	（4）有需要暂停其报关业务的其他违法行为	
10.报关企业有	（1）构成走私犯罪或1年里有2次以上走私行为	海关可以撤销其注册登记
	（2）所属报关员1年里有3人次以上被海关暂停执业	
	（3）暂停业务被恢复后的1年内再次发生B所规定的情形	
	（4）有需要撤销注册登记的其他违法行为	
11.报关企业非法代理他人报关或超范围报关		责令整改＋5万元以下罚款＋暂停6个月的报关业务；情节严重的可撤销其报关注册登记
12.报关企业（包括进出口货物收发货人）向海关工作人员行贿		撤销其注册报关登记＋10万元以下罚款；构成犯罪的依法追究刑事责任，并不得重新登记注册为报关企业
13.提供虚假资料骗取注册登记的		撤销其注册报关登记＋30万以下罚款
14.未经海关注册登记而从事报关业务		取缔＋没收所得＋10万以下罚款
15.报关单位	（1）取得变更登记注册许可或海关注册登记的内容发生变更而未按规定办理变更	警告＋责令改正，并可处1 000～5 000元罚款
	（2）未向海关备案，擅自变更或启用"报关专用章"	
	（3）所属报关员离职未向海关报告并办理相关手续	
此外，对于法人或者其他组织有违反《海关法》及有关法律、法规的行为，除处罚该法人或者组织外，对其主管人员和直接责任人员予以警告，可以处5万元以下罚款，有违法所得的，没收违法所得		

报关员违反海关监管规定的行为及其处罚	
1. 报关员因工作疏忽或在代理报关业务中因对委托人所提供情况的真实性未进行合理审查,致使发生货物的品名、税则号列、数量、规格、价格、贸易方式、原产地、起运地、运抵地、最终目的地或者其他应当申报的项目未申报或者申报不实的	海关可以暂停其6个月以内报关执业;情节严重的,取消其报关从业资格
2. 报关员被海关暂停报关执业,恢复从事有关业务后1年内再次被暂停报关执业的	海关可以取消其报关从业资格
3. 报关员非法代理他人报关或者超出海关准予的从业范围进行报关活动的	责令改正,处5万元以下罚款,暂停其6个月以内报关执业;情节严重的,取消其报关从业资格
4. 报关员向海关工作人员行贿的	取消其报关从业资格,并处10万元以下罚款;构成犯罪的,依法追究刑事责任,并不得重新取得报关从业资格
5. 海关对于未取得报关从业资格从事报关业务的	予以取缔,没收违法所得,可以并处10万元以下罚款
6. 提供虚假资料骗取海关注册、报关从业资格的	撤销其注册,取消其报关从业资格,并处30万元以下罚款
7. 报关员有下列情形之一的	(1) 有报关员执业禁止行为的	予以警告,责令其改正,并可以处2 000元以下罚款
	(2) 报关员海关注册内容发生变更,未按照规定向海关办理变更手续的	

三、报关员

(一) 报关员的基本概念

报关员(Customs Broker)又称企业海关经纪人、企业报关人员。报关员是代表所属企业(单位)向海关办理进出口货物的报关纳税等通关手续,并以此为职业的人员。企业(单位)报关员需要在海关备案登记。报关员不是自由职业者,只能受雇于一个依法在海关注册登记的进出口货物收发货人或者企业,并代表该企业向海关办理业务。我国海关法律规定禁止报关员非法接受他人委托从事业务。报关员必须具备一定的学识水平和实际业务能力,必须熟悉与货物进出口有关的法律、对外贸易、商品知识,必须精通海关法律、法规、规章并具备办理业务的技能。

根据海关总署公告,自2014年起不再组织报关员资格全国统一考试,改革现行报关从业人员资质资格管理制度,取消报关员资格核准审批,对报关人员从业不再设置门槛和准入条件。报关从业人员由企业自主聘用,由报关协会自律管理,海关通过指导、督促报关企业加强内部管理实现对报关从业人员的间接管理。

(二) 报关员的权利和义务

1. 权利

报关员的权利主要有:① 以所在报关单位名义执业,办理报关业务;② 向海关查询其办理的报关业务情况;③ 拒绝海关工作人员的不合法要求;④ 对海关对其做出的处理决定进行陈述、申辩、申诉;⑤ 依法申请行政复议或者提起行政诉讼;⑥ 合法权益因海关违法行为受到损害的,依法要求赔偿;⑦ 参加执业培训。

2. 义务

报关员的义务主要有:① 熟悉所申报货物的基本情况,对申报内容和有关材料的真实性、完整性进行合理审查;② 提供齐全、正确、有效的单证,准确、清楚、完整地填制海关单证,并按照规定办理报关业务及相关手续;③ 海关查验进出口货物时,配合海关查验;④ 配合海关稽查和对涉嫌走私违规案件的查处;⑤ 按照规定参加各地方组织举办的报关业务岗位考核;⑥ 协助落实海关对报关单位管理的具体措施。

(三) 报关员的工作内容

报关员的工作内容主要有:① 按照规定如实申报进出口货物的商品编码、商品名称、规格型号、实际成交价格、原产地及相应优惠贸易协定代码等报关单有关项目,并办理填制报关单、提交报关单证等与申报有关的事宜;② 申请办理缴纳税费和退税、补税事宜;③ 申请办理加工贸易合同备案(变更)深加工结转、外发加工、内销、放弃核准、余料结转、核销及保税监管等事宜;④ 申请办理进出口货物减税、免税等事宜;⑤ 协助海关办理进出口货物的查验、结关等事宜;⑥ 应当由报关员办理的其他报关事宜。

经典案例 1-1

青岛某船务公司报关员小安在从事报关业务中遇到这样一件事情。一家公司从韩国进口了一种人造纤维纱线,报关时,海关要求验货,开箱后发现不是人造纤维纱线,而是一种关税比人造纤维纱线高出很多的氨纶丝。海关认为是小安所在公司与外商串通想逃税。经进一步调查发现是韩国商人有意隐瞒,以逃避巨额关税。请问在这个案例中小安作为报关员有没有责任? 船务公司对小安承担相应的法律责任吗?

案例分析:小安有责任。案例中虽然韩国商人有意隐瞒,但报关员小安在进行代理的时候并未认真审核其货物的品名及税则号是否真实。报关员的海关法律责任:"报关员因工作疏忽或在代理报关业务中因对委托人所提供的真实性未进行合理审查,致使发生进出口货物的品名、税则号列、数量、规格、价格、贸易方式、原产地、起运地、运抵地、最终目的地或其他应当申报的项目未申报或申报不实的,海关可以暂停其6个月以内报关执业。"

(四) 报关水平测试

现在报关从业人员不需要持证上岗了,不用参加海关组织的全国统一考试了,并不意味着社会对报关人员的职业素质要求降低了。没有了全国统一的考试,社会或企业如何来衡量一名报关人员的业务水平呢? 其实,中国报关协会定期会举办关务水平评价测试,用于检验报关从业人员的业务能力。

1. 中国报关协会

中国报关协会(China Customs Brokers Association,简称CCBA),于2002年12月

11 日成立,是经中华人民共和国民政部注册,由在海关注册的报关单位、依法成立的其他相关企事业单位、科研院所、社会团体等及有关人士自愿结成的全国性、行业性社会团体,是非营利性社会组织。中国报关协会是中国唯一的全国性报关行业组织,协会成员包括报关企业、进出口货物收发货人及其报关员。中国报关协会受民政部和海关总署双重管理,其登记管理机关为民政部,业务主管单位为海关总署。

2. 关务水平评价测试

关务水平评价是对参评申请人职业技能、专业知识水平进行的测试和综合评定。中国报关协会依据海关法及相关法律规定、《报关服务作业规范》《报关服务质量要求》等行业标准,设置评价要素、测试范围和合格标准,自行或委托专业机构开展关务水平评价测试。

四、海关

(一)海关的性质和任务

1. 我国海关的性质

理解海关的性质,主要从《海关法》的相关规定入手,其中第二条规定:"中华人民共和国海关是国家的进出关境(简称'进出境')监督管理机关。海关依照本法和其他有关法律、行政法规,监管进出境的运输工具、货物、行李物品、邮递物品和其他物品(简称'进出口运输工具''货物''物品'),征收关税和其他税、费,查缉走私,并编制海关统计和办理其他海关业务。"从法律规定上我们可以把海关的性质归纳为以下三个方面。

1)海关是国家行政机关

中华人民共和国海关总署是国务院下属的正部级直属机构,是我国国家行政机关之一,海关对内对外均代表着国家依法独立行使行政管理权。

2)海关是国家行政监督管理机关

我国海关所承担的监督管理职责属于行政职能中的监管管理范畴,是国家宏观管理的一个组成部分。海关实施监督管理的地域范围是关境,监督管理的对象是所有进出境的运输工具、货物和物品。

知识链接

海关的"关"指的是什么?

海关的"关"指的是关境。关境是世界各国海关通用的概念,指适用于同一海关法或实行同一关税制度的领域。一般来说,关境范围等于国境。但对于如欧盟在内的关税同盟来说,其成员关境大于国境;我国的关境是指国境中除中国港澳以及台澎金马单独关税区以外地区,在我国关境小于国境。

3)海关监督管理属于国家行政执法活动

海关通过法律赋予的权利,对特定范围内的社会经济活动进行监督管理,并对违法行为依法实施行政处罚,以保证这些社会经济活动按照国家的法律规范进行。海关事务属于中央立法事权,这也意味着地方政府出台的法律法规不能构成海关执法的依据。海关执法依据的法律及其立法机构如表1-1所示。

表1-1 海关执法依据的法律及其立法机构

立法机构	基本法律法规
全国人大及其常委会	《中华人民共和国海关法》《中华人民共和国对外贸易法》《中华人民共和国进出口商品检验法》《中华人民共和国行政许可法》等
国务院	专门适用海关执法活动的行政法规和其他相关法规
海关总署	根据法律法规制定的本部门规章,作为执法依据的补充

2. 海关的任务

根据法律规定,海关机构须完成四项基本任务,分别是监管进出境对象、征收关税和其他税费、查缉走私和编制海关统计。

1)监管进出境对象

监管是海关任务中最核心的部分,海关根据国家法律赋予的权力,通过制度和程序对进出境运输工具、货物、物品的进出境活动实施行政管理。监管属于国家管理职能,是手段而非目的。监管是海关四项基本任务之一,海关除了通过备案、审单、放行、后续管理等方式对进出境运输工具、货物、物品的进出境活动实施监管外,还要执行或监督执行国家其他对外贸易管理制度的实施,包括进出口许可制度、外汇管理制度、进出口商品检验检疫制度等。

海关监管并非海关监督管理的简称,海关监督管理是海关全部行政执法活动的统称,而海关监管则是海关运用国家赋予的权力,通过一系列管理制度和程序,依法对进出境运输工具、货物、物品所实施的一种行政管理。从这个角度来看,监管只是海关监督管理的一部分。

2)征收关税和其他税费

代表国家征收关税和其他税费,是海关的另一项重要任务。关税是国家对进出境的货物征收的一种流转税,其他税费主要从进出口环节产生,包括增值税和消费税,也包括作为港口使用费的船舶吨税等。

我国关税的征收主体是国家,课税对象是进出口货物和进出境物品。海关代表国家行使关税征收职能,未经授权,任何单位和个人不得行使征收关税的权力。进口货物和物品经过海关征收关税放行,进入国内流通市场后,也与国内其他货物同等对待,故应被征收相关国内税,包括具体规定的增值税和消费税。为节省行政成本,这部分税费在进出口环节由海关代征,目前海关主要代征进口环节的增值税和消费税。

3)查缉走私

查缉走私简称"缉私"。走私以逃避监管、偷逃税款、牟取暴利为目的,扰乱经济秩序、冲击民族工业,对市场的危害极大,为此国家必须予以严厉打击。缉私是国家为了海关能顺利完成监管和征税任务而赋予其的另一项权利,也属于对海关的保障措施。

根据我国的缉私体制,除海关以外,公安、工商、烟草、税务等部门也有查缉走私的权力,但这些部门所查获的走私案件,必须按照法律规定同一处理。各个行政部门查获的走私案件,应当给予行政处罚的,移送海关依法处理;涉嫌犯罪的,应当移送海关侦察走私犯罪公安机构或地方公安机关依据案件管辖分工和法定程序办理。

4)编制海关统计

海关统计以实际进出口货物作为统计和分析的对象,通过收集、整理、加工处理进出口货物报关单或经海关核准的其他申报单证,对进出口货物的品种、数(重)量、价格、国别(地区)、经营单位、境内目的地、境内货源地、贸易方式、运输方式、关别等项目分别进行统计和综合分析,全面、准确地反映对外贸易的运行态势,及时提供统计信息和咨询,实施有效的统计监督,开展国际贸易统计的交流和合作,促进对外贸易的发展。

我国海关的统计制度规定,实际进出境并引起境内物资存量增加或者减少的货物,列入海关统计;进出境物品超过自用、合理数量的,列入海关统计。部分不列入海关统计的货物和物品,则根据我国对外贸易管理和海关管理的需要,实施单项统计。

知识链接

我国现存最早的通关管理法规——《津关令》

1983年12月到1984年1月,在湖北江陵张家山汉墓出土了1 600多枚竹简,其中247号墓发掘的《二年律令》中除了《金布律》《效律》等20余种法令外,还有《津关令》1篇,共37枚。

《津关令》是吕后二年(公元前186年)以制诏形式颁发的法律之一,完整记载了西汉初期的关津管理办法,是我国现存最早的通关管理制度文物。根据《津关令》记载,汉代关、津设于水陆交通要塞,设关都尉等负责关津的日常管理,在检查行人和违禁物品、征收关税、缉拿罪犯、军事防御等方面起着重要作用。汉代实行严格的通关管理制度,吏民出入关津须携带"符""传"等有效证件,否则不予放行;对阑(即走私)出入关塞、诈伪符传、偷运马匹黄金铜铁等禁限物品予以相应刑罚,并明确界定了守关吏卒失职、渎职的行为及其处罚。当时还重点通过武关、函谷关、临晋关等关隘与沿黄河渡口构筑起由南而北的军事屏障拱卫关中地区,确保长安作为全国政治、经济、军事中心的安全。

(二)海关的权力

1.海关权力概述

为了使海关更好地履行职责和完成四大基本任务,国家必须赋予海关相应的权力,包括检查权,扣留权,查阅、复制权,查问权,查验权,查询权,稽查权,行政处罚权,佩带和使用武器权等,同时海关的权力属于公共行政职权,其行使受到一定范围和条件的限制,且受到执法监督。

海关行使权力在空间范围内的限制俗称"两区",即海关监管区和海关附近的沿海和沿边地区。海关监管区主要是指设立海关的港口、车站、机场、国界孔道、国际邮件互换局

(交换站)和其他有关海关业务的场所,还有虽然尚未设立海关,但经国务院批准的进出境地点。

海关附近的沿海和沿边地区是海关总署和国务院公安部门会同有关省级人民政府确定的边境或沿海设关地周围的一定区域,包括海关大楼、海关监管区、关境及周边一定范围内的区域,相对于海关监管区的范围更广。

2. 海关权力的内容

这里主要介绍海关权力中的检查权和扣留权,简要介绍查阅、复制权,查询权,查验权,稽查权以及行政处罚权,佩带和使用武器权等其他权力不做介绍。

1) 检查权

海关有权检查进出境运输工具;检查有走私嫌疑的运输工具和有藏匿走私货物、物品嫌疑的场所;检查走私嫌疑人的身体。

海关对进出境运输工具的检查不受海关监管区域的限制。对走私嫌疑人身体的检查,应在海关监管区和海关附近沿海沿边规定地区内进行,并应得到海关关长的批准。对于有走私嫌疑的运输工具和有藏匿走私货物、物品嫌疑的场所,在海关监管区和海关附近沿海沿边规定地区内,海关人员可直接进行检查;超过这个范围,在调查走私案件时,应经海关关长批准,才能进行检查,但不能检查公民住处。海关检查权的行使规范如表1-2所示。

表1-2 海关检查权的行使规范

检查对象	检查规则	
	两区内	两区外
普通进出境运输工具	直接检查	直接检查
有走私嫌疑的运输工具,有藏匿走私货物、物品嫌疑的场所	直接检查	经关长批准后检查(公民住处除外)
走私嫌疑人	可以检查	无授权不得检查

2) 扣留权

海关对违反《海关法》或者其他有关法律、行政法规的进出境运输工具、货物、物品以及有关的合同、发票、账册、单据、记录、文件、业务函电、录音录像制品和其他有关资料,可以扣留。

在海关监管区和海关附近沿海沿边规定地区,对有走私嫌疑的运输工具、货物、物品和走私嫌疑人,经海关关长批准,可以扣留;对走私犯罪嫌疑人扣留时间不得超过24小时,在特殊情况下可以延长至48小时。

在海关监管区和海关附近沿海沿边规定地区以外,对其中有证据证明有走私嫌疑的运输工具、货物和物品,可以扣留。海关对查获的走私嫌疑案件,应扣留的走私犯罪嫌疑人,移送海关缉私局调查和处理。事实清楚、证据确凿、需追究刑事责任的,由缉私警察将走私犯罪嫌疑人移送检察院提起公诉,追究其刑事责任。海关扣留权的行使规范如表1-3所示。

表 1-3　海关扣留权的行使规范

扣留对象	扣留规则	
	两区内	两区外
违法的运输工具、货物、物品及其相关合同、发票、单据等资料	直接扣留	直接扣留
有走私嫌疑的运输工具、货物、物品	经关长批准,可以扣留	有证据表明,可以扣留
走私嫌疑人	经关长批准,可以扣留,但不得超过 24 小时,在特殊情况下可以延长至 48 小时	无授权不得扣留

3) 查阅、复制权

查阅、复制权包括查阅进出境人员的证件,查阅复制与进出境运输工具、货物、物品有关的合同、发票、账册、单据、记录、文件、业务函电、录音录像制品和其他有关资料。

4) 查问权

海关根据法律、行政法规的规定,对违反海关规定的当事人进行查问,调查其违法行为。

5) 查验权

查验权是指对进出境货物、个人携带进出境的行李物品、邮寄进出境的物品,海关查验货物认为必要时,可以径行提取货样。

6) 查询权

海关在调查走私违法案件时,经海关关长批准,可以查询当事人在金融机构、邮政企业的存款、汇款。

7) 稽查权

海关根据《海关法》《中华人民共和国海关稽查条例》(简称《海关稽查条例》)的有关规定,自进出口货物放行之日起 3 年内或者保税货物、特定减免税货物的海关监管年限内及海关监管年限期满的次日起 3 年内,对有关企业进行稽查。

8) 海关行政处罚权

海关对尚未构成走私罪的走私行为以及尚未构成走私行为的违反海关法规的行为,有权按照《海关法》《海关行政处罚实施条例》及有关的海关规章进行处罚。

除上述海关权力以外,海关还有佩戴和使用武器权。对于进出境运输工具或者个人违抗海关监管逃逸的,海关有连续追缉权、行政裁定权、行政复议权、行政命令权、行政奖励权,对知识产权实施边境海关保护权;海关缉私局还有对走私案件的调查权、侦查权,对走私罪嫌疑人执行逮捕权和预审权等。

(三) 海关的管理体制和组织机构

1. 海关的领导体制

海关的领导体制可以概括为"集中统一的垂直领导"。海关作为国家的进出境监督管理机关,为了履行其进出境监督管理职能,提高管理效率,应该建立与之相适应的管理体制。改革开放以来,随着我国对外经济贸易和科技文化交流合作的不断发展,海关机构不断扩大,经过不同管理体制的试用,最终通过法律固定了现有的领导体制。

2. 海关的设关原则

海关的设关原则是指海关在各地设立的条件,根据《海关法》规定,"国家在开放的口岸和海关业务监管集中的地点设立海关。海关的隶属关系,不受行政区划的限制"。

1)对外开放口岸

对外开放口岸,是指经国务院批准设立,允许运输工具及载货人员、货物、物品直接出入国境的边境通道,包括车站、码头、港口和机场等。国家规定对外开放口岸必须设立海关和出入境检验检疫机构。

2)海关监管业务集中地

海关监管业务集中的地方不是国务院规定的对外开放的口岸,但该地区海关监管的某类或某几类业务比较集中,包括保税加工业务监管、转关运输监管和减免税业务监管。根据法律规定也应依法设立海关。

3)海关隶属关系不受行政区划限制

海关的管理体制与地方行政一般管理没有必然联系,海关官员的任命和管理也与地方无直接关系,如果存在海关监管需要,可以在现有行政管理体制的区域之外考虑和安排上下级关系与海关相互关系。

3. 海关的组织机构

我国海关机构设置主要分为三级结构,即海关总署、直属海关和隶属海关三级。隶属海关由直属海关领导,向直属海关负责;直属海关由海关总署领导,向海关总署负责。

1)海关总署

海关总署是国务院下属的正部级直属机构,统一管理全国海关。海关总署现有 18 个内设部门、8 个在京直属事业单位,管理 4 个社会团体(海关学会、报关协会、口岸协会、保税区出口加工区协会),并在欧盟、俄罗斯、美国、中国香港等地派驻海关机构。

海关总署是全国海关系统最高的领导机构,它统一管理全国海关机构的人员编制、经费物资和海关业务。由于广东省内的海岸线较长,对外开放的口岸较多,又毗邻香港和澳门,其海关监管的业务量较大,因此,海关总署设立了广东分署,作为派驻机构负责广东省内海关工作的协调。另外,海关总署还分别在上海和天津设立特派员办事处作为其派驻机构。海关总署的基本任务是在国务院领导下,领导和组织全国海关正确贯彻实施《海关法》和国家的有关政策、法规及各项海关业务规章制度,依法行政,为国把关。同时,开展各国海关之间的国际合作与交流,并且承办国务院委托的其他事项。

2)直属海关

直属海关,是指由海关总署直接领导,负责管理一定区域范围内海关业务的海关。海关总署共有 47 个直属海关,广东分署、天津特派办、上海特派办、42 个直属海关、2 所海关院校。直属海关就本关区内的海关事务独立行使职权、向海关总署负责,直属海关承担着在关区内组织开展海关各项业务和关区集中审单作业,全面有效地贯彻执行海关各项政策、法律、法规、管理制度和作业规范的重要职责,在海关三级业务职能管理中发挥着承上启下的作用。

3）隶属海关

隶属海关，是指由直属海关领导，负责办理具体海关业务的海关。它在海关三级业务职能管理中具体实施海关进出境监督管理职能，是办理海关业务，贯彻落实《海关法》和国家有关政策、法规以及各项海关业务制度的基本执行单位。

在通常情况下，隶属海关设立在口岸和海关监管业务集中的地点。隶属海关根据海关业务情况分设若干业务科室，按照相互分离、相互制约的分工原则开展各项海关业务。全国共有 742 个隶属海关和办事处（含现场业务处）。

4）缉私警察机构

海关缉私警察机构是专门打击走私犯罪活动的警察队伍。缉私局设在海关总署，既是海关总署的一个内设局，又是公安部的一个序列局，受海关总署和公安部双重领导，以海关总署领导为主，负责其所在海关业务管辖区域内的走私犯罪案件的查处工作。

任务二　通关一体化作业

一、通关一体化改革

当前的全国海关通关一体化改革以"两中心、三制度"为结构支撑，实现海关监管体制改革。"一次申报、分步处置"是指基于舱单提前传输，通过风险防控中心、税收征管中心对舱单和报关单风险甄别和业务现场处置作业环节的前推后移。在企业完成报关和税款自报自缴手续后，安全准入风险主要在口岸通关现场处置，税收风险主要在货物放行后处置的新型通关管理模式。"三制度"中"一次申报、分步处置"和海关税收征管方式改革对进出境通关作业的影响较为深刻。

从海关作业模式看，"分步处置"第一步是由风险防控中心分析货物是否存在违反禁限管制要求、侵权、品名规格数量伪瞒报等安全准入风险并下达查验指令，由口岸海关通关监管力量实施查验。如果货物通过安全准入风险排查，企业自报自缴税款或提供有效担保后即可予以放行。对存在重大税收风险且放行后难以有效实施海关稽查或追补税的货物，由税收征管中心预设放行前验估指令，交由风险防控中心统筹下达，实施放行前验估。验估中无法当场做出结论的，通过必要的取样、留像等手段存证后放行货物。"分步处置"第二步则是指税收征管中心在货物放行后对报关单税收征管要素实施批量审核，筛选风险目标，统筹实施放行后验估、稽（核）查等作业。

海关通关制度设计的第一步处置是在口岸解决货物"能不能放"的问题，对报关单位而言，货物申报前就要解决"能不能报"和"怎样报关"的问题，除了以下阐述的作业流程之外，在必要时报关单位还需要处理归类、原产地确定，收发货人或相关生产商、贸易商国内备案，办理特定减免税证明等相关海关手续。第二步处置是在更大的管理时空，由更专业的管理力量解决"缴多少税"的问题,从而避免货物因涉税问题滞留口岸,加快货物通关速度。对报关单位而言,第一步已经决定了"缴多少税"的问题,但是具体操作方式又可以根据前期处置灵活操作,从企业的角度来解决通关速度的问题。报关单位应当对应海关通关管理的"分步处置"模式筹划、设计和操作完成进出口货物的进出境通关作业流程。

二、通关制度适用原理

每一次进出境报关都需要进出口企业根据进出境货物的经营目标及所具备的通关条件,选择某一适用的海关制度来办理进出境手续。各项海关制度在实体与程序管理上存在的差异,皆因关税征管政策的差别所致,而关税征管政策的制定又受货物在进出境活动中的经济或贸易的目的(经济用途)左右。也就是说,货物进出境的经济用途及跨境流向直接影响了关税差别政策的制定及贸易管制制度的实施,这也是海关制定程序性管理制度内在的经济和行政的主要因素。在企业报关准备阶段的接单环节,为准确适用海关程序性管理制度及正确填报与海关税收征管、贸易管制相关的进出口报关单栏目,可以使用下列方法先确认报关货物的进出境属性,然后以此为基础对应税收征管的状态,并借助"关税轴心"派生海关制度的规律,选择确定本次报关货物适用的海关程序性管理制度。

(一) 确定进出境经济用途属性

在报关实践中若以经济用途作为确认货物进出境属性的标准,在获取与申报货物相关的信息后,大致可将进出境货物划分为以下四类。

1. 实际进出口货物

实际进出口货物,即商品成交后由境外输入境内或由境内输往境外,其流转呈现单向状态,进口或出口后即投入消费使用,不再复出口或复进口的货物,即狭义的"进出口货物"。这类货物通常以一般贸易方式(单边逐笔售定的现汇贸易方式)及各种对等贸易方式(易货、补偿、回购等)对外成交。

2. 临时进出口货物

这类货物有三种状态。

1) 暂时进出口加工的货物

暂时进出口加工的货物,即因加工业务需要,在暂时进口或暂时出口后,经加工成成品或半成品复运出口或复运进口的货物,又称加工贸易货物。衡量此类货物的性质,可以按国际通行的实质性加工原则来确定。对外成交的方式主要有来料加工、进料加工、出料加工。

2) 暂时进出口储存的货物

暂时进出口储存的货物,又称保税暂存货物或保税物流货物,即因转口贸易、加工贸易备料及进口缓税的需要,进口后暂存于保税仓库或特殊区域,或在保税状态下展示、交易等,待按贸易经营需要复运出口或用于加工贸易或正式进口的货物。

3) 暂时进出口使用的货物

暂时进出口使用的货物,又称暂准进出口货物,即因贸易或科技文化交流的需要,暂时进口或暂时出口使用,并须按原状(允许正常损耗)复运出口或复运进口的货物。

3. 通过关境货物

通过关境货物,即因地理位置或航线的原因,必须经过我国关境才能运达境外目的地的由甲国(地区)向乙国(地区)运送的货物,包括过境、转运、通运三种具体货物。这类货物,并非由我国经营单位对外成交,在通过我国关境时也不为商业目的储存或使用。

4. 特殊进出境货物

特殊进出境货物,即溢卸、误卸、退运、无代价抵偿及服务贸易项下进出境的货物。在这类货物中,一些货物在进出境时会按其最终的经济或贸易的目的(经济用途),重新归属上述与实际进出口或临时进出口货物相关的类别。

(二)确定税费适用状态

货物的进出境属性对应着税收征管的基本形态,赋予报关货物选择确定海关程序性管理制度的条件。货物进出境的海关通关手续在一定程度上取决于进出口关税的征收状况,即按照国际通行的说法,货物进出境的海关程序性管理制度基本上是从所谓"关税轴心"派生出来的。从我国现行的进出境货物海关手续看,除还需受制于进出境贸易管制外,也基本如此。目前,我国海关对进出境货物的关税征收状况,大致包括以下几种,并分别适用前述按进出境经济用途分类的不同性质的货物。

(1)法定减免税:享受《中华人民共和国海关法》(简称《海关法》)、《中华人民共和国进出口关税条例》(简称《关税条例》)和《中华人民共和国进出口税则》(简称《税则》)中所规定的给予减免税的进出口货物。

(2)特定减免税:适用于按国务院特别规定可享受减免税的进口货物。

(3)暂予免税(亦称暂缓办理纳税手续):适用于暂时进出口加工、储存或使用的货物。其中,暂时进口储存的货物在国际制度中亦称保税,而我国也将暂时进出口加工归入保税范畴。而暂准进出口使用的货物虽未被列入保税范畴,但在关税征管的实质意义上,两种提法并无二致。

(4)不予征税:适用于通过我国关境的货物。

(5)法定征税:适用于不享受法定减免税、不享受特定减免税优惠的进口或出口货物。

(三)确定海关程序性管理制度

站在简化归并的角度来观察"关税轴心"派生的海关制度,可以根据进出口货物的经济用途属性和税费适用状态来最终确定海关程序性管理制度。

1. 实际进出口货物

此类货物由于不再复出口或复进口,自然应成为海关进出口关税的征收对象,并应按税则规定的税号归类,按税率计征税费。但对其中由国务院特别法规订明,为鼓励教育、科技和文化的发展或促进友好的国际关系及与现阶段某些经济因素相关而特别进口的货物,应给予有条件的免征或减征关税的优惠。

这样,海关办理进出口货物通关手续时,实际上采用两种不同的程序性管理制度,一是一般进出口海关制度,二是特定减免税进口海关制度。

2. 临时进出口货物

此类货物大都是以复出口或复进口作为最终去向,部分货物可能转为正式进出口货物。因而,在关税的征管上,采取由经营者在提供某种形式的担保后,可以有条件暂予免纳进出关税的办法。然而,由于这类货物的经济用途尚有加工、储存和使用之别,海关实施后续监管的严密程度和可能条件差异较大。

因此,在简化归并通关制度时,仍需从国情出发,对暂时进出口加工和暂时进口储存的货物以及自贸区和特殊监管区用于跨境服务贸易的货物,考虑其进出口较为频繁,加工、储存或用于跨境服务贸易的地点相对集中,适宜实行海关严密监控措施,故可明确为保税货物,适用相应的保税进出口海关制度。而暂时进出口使用的货物,虽然也具有类似保税的性质,但进出口后使用地点相对分散,使用期间海关较难实施严密监控,因此安全准入和税收风险相对较高,海关需采用更为严格的担保措施来弥补监控条件的不足。因此,对该类暂时进出口使用的货物,按国际惯例,称其为暂准进出口(原状复出进口)货物,并适用相应的暂准进出口海关制度。

3. 通过关境货物

因此类货物并不实际进入境内,故在关税征管上不视其为征税对象。但若进入境内流通领域或将其加工、储存,则该类货物的性质也随之发生变化。为保证通过关境货物如数、原状运离关境,海关仍需对其实施严密监管,并采用相对独特的海关监管制度。

4. 特殊进出境货物

在无法适用上述通关制度的情况下,货物可采用各自独特的海关制度。这些独特的海关制度合并划归为其他方式进出境海关制度。

(四)确定贸易管制要求

用货物的进出境属性对应贸易管制的主要措施,需为报关货物办妥安全准入必备的贸易管制证件、证书。对外贸易管制属于国家的行政管理范畴,需要在国家各行政管理部门之间合理分工的基础上,通过各尽其责的通力合作来达到管理目标。由商务主管部门及其他政府职能主管部门依据国家贸易管制政策发放各类许可证件或批准文件,最终由海关依据许可证件或批准文件对实际进出口的货物的合法性实施监督管理。

我国对外贸易管制制度是一种综合制度,主要由关税制度、对外贸易经营资格管理制度、进出口许可制度、出入境检验检疫制度、外汇管理制度及贸易救济制度等构成。其中,进出口许可制度、出入境检验检疫制度、进出口货物收付汇管理制度、对外贸易救济措施等涉及的管制,需要通过报关活动的申报环节向海关递交相关许可证件或批准文件,通过收发货人或其代理人配合海关查验货物,以确认"单""证""货"是否相符。在实践中,透过上述贸易管制措施不难看出,贸易管制的适用货物范围与货物的进出境属性、海关税收征管状态及海关程序性管理制度等都有着规律性的联系,其起源依然来自进出境货物的经济用途及跨境流向。

因此,在货物申报前,进出口企业应准确识别货物的进出境属性,用货物的进出境属性对应税收征管的基本形态,以及选择确定适用的海关程序性管理制度来确认本批次货物涉及贸易管制措施的状况。

从进出境通关角度看,实际进出口的货物因对境内经济秩序、经济循环将产生直接影响,所以在向海关申报进出口时应交验各类相关的进出境贸易管制证件;而临时进出口的货物,因对境内经济秩序、经济循环尚未产生直接影响,除与公共道德、公共安全、公共卫生相关的进出境管制外,在向海关申报进出口时,原则上可免予交验相关的进出口贸易管制许可证件。因此,也可以将贸易管制的实施状态按照货物实际进出口与临时进出口的进出境属性划分为原则上适用全部贸易管制措施与仅需实施涉及公共道德、公共安全、公共卫生等的贸易管制措施两大类。这种分类可以使贸易管制状态与适用的海关税收征管和海关程序性管理很自然地连接在一起,形成又一个通关事务的规律,从而为企业认识并排查进出境货物安全准入风险提供帮助。

(五)确定通关合规要素

在进出口货物申报前,正确、合理地选择本批货物适用的海关程序性管理制度,有助于进出口企业实现既定的贸易经营目标,有助于提前筹划获取国家的进出口贸易许可和商品检验检疫的品质认同,核算应缴进出口税费,并为准确填报报关单上监管方式、征免性质等涉及海关管理程序与管理方式的关键栏目提供依据。

选择本批货物适用的海关程序性管理制度后,可以按下列顺序进行税、证的申报准备和报关单相关栏目的填报。

第一步,核实确认拟申报货物适用的海关程序性管理制度。

(1)确认货物的属性;

(2)以货物属性确认税收征管状况;

(3)视税收征管状况确认适用的海关程序性管理制度;

(4)确定监管方式、征免方式、备案号等报关单栏目的填制内容。

第二步,核实确认拟申报货物的商品编码。

(1)核实确认货物的报验状态;

(2)确认待申报货物的商品编码;

(3)确定与商品申报要素有关的报关单栏目的填制内容。

第三步,核实确认拟申报货物贸易的管制状况。

(1)按商品编码确定进出口货物是否涉及监管证件管理;

(2)按监管方式确定进出口货物是否涉及监管证件管理;

(3)按货物起运或运抵国家(地区)确定进出口货物是否涉及监管证件;

(4)确定与贸易管制有关的报关单栏目的填制内容。

第四步,核实确认拟申报货物的价格。

(1)核定成交价格;

(2)核定完税价格中应当包含或扣除的费用;

(3)有疑问时要求委托报关人提供相关资料或价格证明;

(4)必要时依次使用估价方法核定申报价格;

(5)确定与商品价格有关的报关单栏目的填制内容。

三、通关一体化作业流程

(一) 货物申报前

1. **舱单传输前的作业**

1) 加工提炼准入风险参数和指令

风险防控中心收集、整合能够获取的海关内、外部信息资源，重点收集运输工具舱单等物流信息和运输企业及供应链等其他相关信息，结合运输企业信用等级认定，构建风险分析模型，下达布控查验指令，加工加载安全准入风险参数。

2) 加工提炼税收风险参数和指令

税收征管中心收集商品和行业相关信息情报，结合企业纳税资信状况，分析研判商品信息历史申报、关联信息等数据，加工提炼形成税收风险参数和实货验估指令。

3) 统一加载风险参数，下达布控指令

按照"一次申报、分步处置"模式要求，通关前加载的风险参数包括安全准入风险参数（含报关单安全准入风险参数）、重大税收风险参数、单证验核风险参数、一般税收风险参数。布控指令包括舱单布控指令、报关单布控查验指令（安全准入）和实货验估指令。两中心按照分工，加工提炼风险参数和指令后，由风险防控中心统一加载风险参数，下达布控指令。

2. **舱单传输后至报关单申报前的作业**

1) 舱单传输

舱单传输义务人按照海关规定时限和填制规范向海关传输舱单及相关电子数据。舱单管理系统对传输的舱单数据实施逻辑检控和审核，对于不符合舱单填制规范的，系统退回舱单传输义务人予以修改；对于通过逻辑检控和审核的舱单数据，进入物流（舱单、运输工具）风险待甄别环节。

2) 物流风险甄别与处置

根据已加载的安全准入风险参数、风险判别规则（即风险模型）以及已下达布控查验指令，甄别高风险舱单和运输工具并实施分流处置。在必要情况下，风险防控中心舱单分析岗可要求口岸海关运输工具检查岗、货物查验岗在舱单确报后分别依职责实施运输工具登临检查和货物查验，处置排查安全准入风险。

3. **税款担保备案**

对于需要缴纳税款的货物，企业可自主选择缴税放行或税款担保放行两种方式。对于采用税款担保放行的，企业应在通关前根据相关规定向海关提供担保并备案，其中，符合规定免除担保条件的企业可向海关申请免除担保，并按照海关规定办理有关手续。

(二) 货物现场通关时

1. **企业报关报税**

企业向海关申报报关单及随附单证电子数据，并自行核算应缴的税款。海关通关作业管理系统进行规范性、逻辑性检查，对舱单、许可证件、电子备案信息等进行核注。对于符合条件的,海关接受申报,向企业发送接受申报回执;对于不符合条件的,系统自动退单,发送退单回执。

企业收到接受申报回执的,如选择缴纳税款则可自行向银行缴纳税款,如选择担保则海关办理担保核扣手续;收到退单回执的,企业需重新办理有关申报手续。

2. 海关报关单风险甄别与处置

海关对已接受申报的报关单进行安全准入和税收风险综合甄别,同时结合安全准入风险参数和布控查验指令,确定业务现场如何处置。

(1)未被任何参数或指令捕中且不涉及许可证件的报关单,通关管理系统自动放行;涉及许可证件且已实现联网监管的,通关管理系统直接核扣电子数据后自动放行;涉及许可证件但未实现联网监管的,由现场海关综合业务岗人工核扣。

(2)被安全准入风险参数命中的报关单,优先流转至现场综合业务岗。现场综合业务岗根据处置参数要求进行处置,发现涉及安全准入风险的,将相关信息推送至风险防控中心的风险处置岗。风险处置岗做出具体处置决定并将相关信息推送至现场综合业务岗,由现场综合业务岗执行。根据处置需要,风险处置岗可对需查验的报关单下达布控查验指令。

(3)被重大税收风险参数捕中的报关单,由税管中心进行放行前的税收征管要素风险排查处置,并根据审核结果或审核需要下达报关单修撤、退补税或单证验核、实货验估等指令,现场综合业务岗、验估岗、查验岗根据指令要求进行相关处置,按规定向税管中心反馈处置结果。

(4)被单证验核风险参数捕中的报关单,由现场验估岗在货物放行前进行单证验核,留存有关单证、图像等资料后放行。

税管中心或现场验估岗处置过程中决定调整商品归类的,通关管理系统自动判断是否涉证。涉及许可证件验核且涉及安全准入风险的,相关报关单转风险处置岗进行处置。涉嫌违规的,移交缉私部门处置。对于已实现联网监管的,系统直接核扣电子数据;未实现联网监管的,转现场海关综合业务岗人工核扣。

(5)被一般税收风险参数命中的报关单,通关管理系统设置放行后批量审核标志,放行后分流至税收征管中心专家岗研判处置。

(6)被风险防控中心布控查验指令或/和税收征管中心实货验估指令命中的报关单,由口岸海关现场查验人员实施准入查验或/和验估查验操作。两中心通过远程视频、网上答疑等形式向查验人员提供技术支持或操作指导。查验人员实施准入查验或/和验估查验,完成操作(含取样、留像等存证操作)后,按指令来源分别向两中心反馈查验结果。两中心依据反馈的结果进行相关后续处置。

查验异常的,按查验异常处置流程处置。

3. 货物放行

经风险处置后的报关单,由系统自动研判放行条件。对符合放行条件的,海关放行信息自动发送至卡口,企业根据海关的放行信息,办理实货提离手续;对不符合放行条件的,企业根据海关要求办理相关手续。

（三）货物放行后

1. 税收风险数据筛选与研判

运用风险模型对放行后的所有报关单数据进行智能筛选，形成风险参数为 H4 的报关单，同时随机抽取一定比例的已放行报关单数据形成风险参数为 H5 的报关单，连同通关中被税收风险参数（H3）命中的报关单，以及放行前实货验估、单证验核后存证放行的报关单，按商品分类由系统分派至税收征管中心专家岗实施研判。

2. 税收风险处置

税收征管中心专家岗根据系统风险提示和甄别结果，结合企业信用情况，对系统分派的报关单数据实施放行后批量审核。

（1）对确定存在涉税要素申报差错的，下达报关单修撤、退补税指令，现场综合业务岗办理有关手续。

（2）对需要通过收集并验核有关单证资料、样品，开展质疑、磋商等方式确定税收征管要素的，下达验估指令，现场验估岗按照指令要求进行处置，并反馈结果。

（3）对风险存疑，需要对与进出口货物直接有关的企业（单位）的账簿、单证等有关资料和有关进出口货物进行核查的，下达稽（核）查指令，稽查部门按照指令要求开展稽（核）查作业，并反馈处置结果。

（4）将涉嫌违法违规案件线索的，移交缉私部门处置；对发现可能存在安全准入风险的，将有关情况告知风险防控中心。

现场海关综合业务岗、验估岗、稽查部门、缉私部门根据税收征管中心指令和线索完成作业及处置后，向税收征管中心反馈处置结果。

3. 放行后综合风险评估与处置

两中心各自对本部门加工的风险参数和下达的指令实施运行状况及绩效评估，优化完善风险分析模型和规则。

在出入境检验检疫管理职责和队伍划入海关总署后，按照全国通关一体化改革，"一次申报、分步处置"通关流程的要求全面梳理现场综合业务和检务职责，以流程整合优化为主线理顺职责关系，优化现场作业流程，将原检验检疫现场检务部门作业并入现场海关综合业务部门，实现统一现场执法、优化通关流程、提高通关效率的目标。

四、提前申报作业

提前申报是指在舱单数据提前传输的前提下，进口货物的收货人、受委托的报关企业提前向海关申报，海关提前办理单证审核及税费征收。提前申报出口货物应于货物运抵海关监管场所前 3 日内向海关申报。对于采用无纸化方式申报，电子支付税款，且不涉及查验的货物，企业在货物运输阶段就可完成申报前准备和申报手续，实现货物到港即提离。与传统的"货物到港，申报进口"模式相比，进口提前申报模式下海关通关作业前置，货物整体通关时间大幅缩短。

提前申报海关管理要求：进出口货物的收发货人、受委托的报关企业提前申报的，应当先取得提（运）单或载货清单（舱单）数据。其中，提前申报进口货物应于装载货物的进境运输工具启运后、运抵海关监管场所前向海关申报;提前申报出口货物应于货物运抵海关监管场所前3日内向海关申报。提前申报出口货物,因故未在海关规定的期限内运抵海关监管场所或者与提前申报内容不一致的,进出口货物的收发货人或其代理人需向海关提交说明材料,按照《中华人民共和国海关进出口货物报关单修改和撤销管理办法》向海关申请删改单。

(1)对于采用进口提前申报模式向海关申报的,进境运输工具载有货物、物品的,舱单传输人应当在下列时限向海关传输原始舱单主要数据:

① 集装箱船舶装船的24小时之前,非集装箱船舶抵达境内第一目的港的24小时之前;

② 航程4小时以下的,航空器起飞前;航程超过4小时的,航空器抵达境内第一目的港4小时之前;

③ 铁路列车抵达境内第一目的站的2小时之前;

④ 公路车辆抵达境内第一目的站的1小时之前。

舱单传输人应当在进境货物、物品运抵目的港以前向海关传输原始舱单其他数据。

(2)对于采用出口提前申报模式向海关申报的,出境运输工具预计载有货物、物品的,舱单传输人应当在办理货物、物品申报手续之前向海关传输预配舱单主要数据。海关接收预配舱单主要数据传输后,舱单传输人应当在下列时限向海关传输预配舱单其他数据:

① 集装箱船舶装船的24小时以前,非集装箱船舶开始装载货物、物品的2小时之前;

② 航空器装载货物、物品的4小时之前;

③ 铁路列车装载货物、物品的2小时之前;

④ 公路车辆装载货物、物品的1小时之前。

进口提前申报的货物运抵后,船名航次、件数、重量等已向海关申报的电子数据自动与舱单数据比对,信息比对一致,且未被布控查验的,提前申报报关单将自动触发放行。出境货物、物品运抵海关监管场所时,海关监管场所经营人应当以电子数据方式向海关提交运抵报告。运抵报告提交后,海关即可办理货物、物品的查验、放行手续。

在货物提前申报之后、实际进出口之前,国家贸易管制政策发生调整的,适用货物实际进出口之日的贸易管制政策。提前申报的进出口货物,应当适用装载该货物的运输工具申报进出境之日实施的税率和汇率;提前申报的进出口转关货物,应当适用装载该货物的运输工具抵达指运地之日实施的税率。

五、两步申报作业

为贯彻落实国务院"放管服"改革要求,进一步优化营商环境,促进贸易便利化,在不改变报关单申报项目填制要求的前提下,海关总署于2019年8月试点"两步申报",于2020年1月1日全国范围内推广"两步申报"模式。该模式将原先的一次申报分为两步进行:第一步称为"概要申报",第二步称为"完整申报"。

对于采用"两步申报"模式且进口属应税货物的,企业需在进行概要申报前向注册地直属海关关税职能部门提交税收担保备案申请,担保额度可根据企业税款缴纳情况循环使用。进入概要申报环节,企业向海关申报进口货物是否属于禁限管制、是否依法需要检验或检疫(是否属法检目录内商品及法律法规规定的需检验或检疫的商品)、是否需要缴纳税款。不属于禁限管制且不属于依法需检验或检疫的,仅需申报"境内收发货人""运输方式/运输工具名称及航次号""提运单号""监管方式""商品编号(6位)""商品名称""数量及单位""总价"及"原产国(地区)"9个项目,并确认涉及物流的"毛重"以及"集装箱号"2个项目,应税的需选择符合要求的担保备案编号;属于禁限管制的需增加申报"许可证号/随附证件代码及随附证件编号"以及"集装箱商品项号关系"2个项目;依法需检验或检疫的需增加申报"产品资质(产品许可/审批/备案)""商品编号(10位)+检验检疫名称""货物属性""用途"以及"集装箱商品项号关系"5个项目。

企业自运输工具申报进境之日起14日内完成完整申报,办理缴纳税款等其他通关手续。税款缴库后,企业担保额度自动恢复。如概要申报时选择不需要缴纳税款,完整申报时经确认为需要缴纳税款的,企业应当按照进出口货物报关单撤销的相关规定办理。

加工贸易和海关特殊监管区域内企业以及保税监管场所的货物申报在使用"金关二期"系统开展"两步申报"时,第一步"概要申报环节"不使用保税核注清单,第二步"完整申报环节"报关单按原有模式,由保税核注清单生成。

进口收货人或代理人可通过中国国际贸易"单一窗口"标准版(简称"单一窗口",网址:https://www.singlewindow.cn,下同)或全国海关"互联网+海关"一体化网上办事平台(https://online.customs.gov.cn,下同),开展进口货物"两步申报",也可通过"掌上海关"App开展非涉证、非涉检、非涉税情况下的概要申报。境内收发货人信用等级为一般信用及以上、货物涉及的监管证件已实现联网核查的,且实际进境的货物均可采用"两步申报"。

除"两步申报"模式外,海关总署还配套出台了"两段准入"的监管制度,进一步优化营商环境,促进贸易便利化,提升通关整体效能。

六、先放后税作业

(一) 汇总征税申报方式

汇总征税是海关对进出口税收进行征缴的一种作业模式,其支付方式本质上也属于电子支付,是海关对符合条件的进出口纳税义务人于某一段时期内多次进出口产生的税款集中进行汇总计征,这与电子支付/电子支付银行担保缴税及柜台支付逐票征税、缴税方式明显不同。

目前,除海关企业信用管理中的"失信企业"外,所有在海关注册登记的进出口货物收发货人均可申请适用汇总征税模式。有汇总征税需求的企业需要在进出口货物通关前向属地直属海关提交总担保,总担保应当依法采用担保机构提交的保函等海关认可的形式,通过后即可在申请的多个直属海关范围内通用。

应税企业采用无纸化申报时选择汇总征税模式的,无布控查验等海关要求事项的汇总征税报关单担保额度扣减成功,海关即放行。应税企业采用有纸申报时选择汇总征税模式的,同无纸化申报流程一致,在担保额度扣减成功后货物即放行。有纸申报企业应在货物放行之日起10日内递交纸质报关单证,至当月月底不足10日的,应在当月底前递交。

所有应税企业应于每月第5个工作日结束前完成上月应纳税款的汇总电子支付,支付成功后企业即可自行打印税单。汇总征税作业系统可实现担保额度的智能化管理,根据企业税款缴纳情况循环使用,税款缴库后,企业担保额度自动恢复。企业未按规定缴纳税款的,海关径行打印纸质的海关税款缴款书,交付或通知企业履行纳税义务,企业在规定期限内仍未缴税的,海关办理保证金转税手续或通知担保机构履行担保纳税义务。企业出现欠税风险的,进出口地直属海关暂停企业适用汇总征税;风险解除后,经注册地直属海关确认,恢复企业适用汇总征税。

目前,海关总署在创新税收担保方式、完善汇总征税制度方面还有许多有益尝试,以进一步适应现代金融与担保体制机制改革趋势。主要有结合企业信用管理制度改革,建立差别化担保制度,根据《中华人民共和国海关事务担保条例》(简称《海关事务担保条例》)的相关规定,结合企业信用管理,对符合条件的企业实施免除担保制度;加快实施除银行或非银行金融机构保函外的第三方担保形式,对资信良好、供应链信息对海关透明的企业,尤其是生产型企业,考虑引入第三方信用担保模式。已经在部分直属海关成功试点采用企业财务公司、保险公司参与总担保备案;增加可以用于担保的财产和权利种类,允许企业以汇票、本票、支票、债券、存单等海关认可的财产、权利提供担保。

(二)关税保证保险申报方式

为优化口岸营商环境,提升跨境贸易便利化水平,海关总署、中国银行保险监督管理委员会(简称"银保监会")决定在全国海关范围内开展以关税保证保险单作为税款类担保的关税保证保险改革试点,包括期限纳税担保与涉税要素担保。海关总署、银保监会公告2018年第155号(关于开展关税保证保险通关业务试点的公告)中,对试点事项进行了详细的说明:2019年1月1日起,对于关税保证保险单的适用扩大业务试点范围,从原先试点的十个直属海关扩大到全国海关;并且由原先的逐票签保的模式优化为关税保证保险单汇总缴纳税费及在保险期间内循环担保、循环使用的模式,减少企业办理逐票保险业务和缴纳税费所耗用的时间,进一步提升通关时效。

目前,参与试点的保险公司有中国人民财产保险股份有限公司、中国太平洋财产保险股份有限公司、中银保险有限公司、中国平安财产保险股份有限公司、中国大地财产保险股份有限公司、中国人寿财产保险股份有限公司、阳光财产保险股份有限公司和太平财产保险有限公司。信用等级为一般信用及以上的进出口货物收发货人,可适用关税保证保险通关业务模式。根据《海关事务担保条例》第四条,企业凭关税保证保险单办理纳税期限担保,应在申报时选择"关税保证保险"模式,并选取相应关税保证保险单电子数据。

对接受申报且满足全部放行条件的,海关即可实施现场卡口放行。有布控查验等其他海关要求事项的,按有关规定办理。企业应于每月第5个工作日结束前,完成上月应纳税款的汇总电子支付。税款缴库后,企业担保额度自动恢复,可循环用于下一次关税担保业务。企业凭关税保证保险单办理征税要素担保,仍需逐票进行担保流程办理,申报时向海关提交关税保证保险单正本;逾期未缴纳税款的,海关可以停止其办理关税保证保险通关业务。

进口收货人或代理人可通过"单一窗口"的"金融服务"模块办理上述两种"先放后税"的担保申请以及办理进度查询。境内收发货人信用等级为一般信用及以上的均可线上申请。目前,"汇总征税"与"期限纳税担保"均已实现电子审核、联网核扣,进口收货人或代理人通过"单一窗口"向海关发送电子报关单数据时,申报系统会提示选择框,进口收货人或代理人根据该批货物对应的保单编号选择申报即可。"涉税要素担保"模式下,海关仍采取纸质保单形式进行担保审批。

知识链接

1.《关于推进全国海关通关一体化改革的公告》(海关总署公告 2017 年第 25 号)。

2.《关于取消区域通关一体化通关模式的公告》(海关总署公告 2017 年第 38 号)。

3.《关于推广新一代海关税费电子支付系统的公告》(海关总署公告 2018 年第 74 号)。

4.《关于原海关电子税费支付系统停止使用的公告》(海关总署公告 2018 年第 17 号)。

5.《关于扩大新一代海关税费电子支付系统适用范围的公告》(海关总署公告 2018 年第 122 号)。

6.《关于扩大汇总征税担保数据电子传输银行范围的公告》(海关总署公告 2018 年第 176 号)。

7.《关于关税保证保险应用于汇总征税的公告》(海关总署公告 2018 年第 215 号)。

8.《关于分段实施准入监管加快口岸验放的公告》(海关总署公告 2019 年第 160 号)。

项目二　对外贸易经营者备案登记

学习目标

知识目标
掌握办理报关单位和报关员注册登记手续的相关知识。

技能目标
能够办理报关单位和报关员的注册登记手续。

情境导入

某公司是 2010 年 9 月在广东深圳市新建的外商投资企业,主营电子配件的生产,尚未办理进出口备案手续,也未注册登记为报关单位,现因业务需要,要拓展国外市场,货物主要从福田、罗湖口岸进出。该公司安排了李强去办理相关手续。

小李的工作任务有三个:

(1) 完成新报关单位的注册登记。

(2) 货物进出口会涉及哪些部门,还要去哪些部门备案注册?

(3) 到这些部门备案注册时应提交哪些主要资料?

任务一　了解报关单位注册登记相关知识

一、两种类型报关单位的区别

报关注册登记制度是指进出口货物收发货人、报关企业依法向海关提交规定的注册登记申请材料,经注册地海关依法对申请注册登记的材料进行审核,准予其办理报关业务的管理制度。

根据《海关法》的规定,可以向海关办理报关注册登记的单位有两类:一是进出口货物收发货人,主要包括依法向国务院对外贸易主管部门或者其委托的机构办理备案登记的对外贸易经营者等;二是报关企业,主要包括报关行、国际货物运输公司等。

以下是进出口货物收发货人与报关企业两种类型报关单位的区别。

（一）报关注册登记条件不同

对进出口货物收发货人注册登记实行备案制,凡有外贸经营权的境内法人、其他组织和个人均可直接向海关办理注册登记。其注册的有效期为 3 年。

对报关企业注册登记实行行政许可制,凡具备下列条件,且在工商部门登记注册的,方可向海关办理注册登记。其注册许可条件是:① 具备境内企业法人资格;② 注册资本不低于人民币 150 万元;③ 报关员人数不少于 5 人;④ 负责人有 5 年以上相关经历;⑤ 健全的组织机构和财务管理制度;⑥ 有固定的经营场所和设施;⑦ 无因走私违法行为被海关撤销注册登记许可的记录等。其注册登记许可期限为两年。

（二）委托对象不同

进出口货物收发货人只能为本单位进出口货物报关,不能接受别人的委托为其代理报关,即只能自理报关。

报关企业可以接受进出口货物收发货人的委托为其代理报关。目前,我国报关企业大都采取直接代理形式代理报关,间接代理报关只适用于经营收件业务的国际运输代理企业。

（三）报关区域不同

进出口货物收发货人可以在关境内任何口岸从事报关活动。

报关企业只能在直属海关的辖区内各口岸从事报关活动,不能异地报关。若要异地报关,需在异地设立分支机构。

申请分支机构注册登记许可的报关企业应符合的条件:① 报关企业取得"报关企业注册登记证书"满两年;② 近两年报关企业未因走私受过处罚;③ 每申请一项跨关区分支机构注册登记许可,应当增加注册资本人民币 50 万元。

报关企业跨关区设立的分支机构拟取得注册登记许可的,应当具备的条件包括:① 符合境内企业法人分支机构设立条件;② 报关员人数不少于 3 名;③ 分支机构负责人具有 5 年以上相关经历;④ 报关业务负责人、报关员均无走私行为记录;⑤ 有固定的经营场所和设施等。

分支机构注册登记许可期限为两年。报关企业未办理注册登记许可延续手续或者海关未准予注册登记许可延续的,自丧失注册登记许可之日起,其跨关区分支机构注册登记许可自动终止。报关企业对其分支机构的行为承担法律责任。

（四）注册登记换证手续不同

进出口货物收发货人在注册登记证书有效期届满前 30 天到海关办理换证手续;报关企业在注册登记证书有效期届满前 40 天到海关办理许可延续手续。

根据《中华人民共和国海关报关单位注册登记管理规定》相关规定,报关单位注册登记分为报关企业注册登记和进出口货物收发货人注册登记。

二、报关企业注册登记

报关企业通过登录"中国国际贸易单一窗口"标准版的"企业资质"子系统（网址：http://www.singlewindow.cn）进行申报，或登录"互联网＋海关"的"企业管理"子系统（网址：http://online.customs.gov.cn/）进行申报。办理注册登记许可后，应当到工商行政管理部门办理许可经营项目登记，并且自工商行政管理部门登记之日起 90 日内到企业所在地海关办理注册登记手续。逾期海关不予注册登记。

（一）申请报关企业注册登记许可所需材料

申请报关企业注册登记许可，应当提交下列文件材料：

（1）《报关单位情况登记表》。

（2）"一照一码"营业执照复印件（根据相关文件规定，"三证合一"等级制度改革过渡期为 2015 年 10 月 1 日至 2017 年 12 月 31 日。在此期间，原发的营业执照、组织机构代码证和税务登记证可继续使用；2018 年 1 月 1 日后，原发的营业执照、组织机构代码证和税务登记证不再有效）。

（3）报关服务营业场所所有权证明或者使用权证明。

（4）其他与申请注册登记许可相关的材料。

申请人应当到所在地海关提出申请并递交申请注册登记许可材料，按照相关规定提交复印件的，应当同时向海关交验原件。

（二）分支机构的设立

（1）报关企业在取得注册登记许可的直属海关关区外从事报关服务的，应当依法设立分支机构，并且向分支机构所在地海关备案。

（2）报关企业在取得注册登记许可的直属海关关区内从事报关服务的，可以设立分支机构，并且向分支机构所在地海关备案。

（3）报关企业分支机构可以在备案海关关区内从事报关服务。备案海关为隶属海关的，报关企业分支机构可以在备案海关所属直属海关关区内从事报关服务。

（4）报关企业对其分支机构的行为承担法律责任。

（5）报关企业设立分支机构应当向其分支机构所在地海关提交下列备案材料：

①《报关单位情况登记表》。

② 报关企业《中华人民共和国海关报关单位注册登记证书》复印件。

③ 分支机构"一照一码"营业执照复印件（根据相关文件规定，"三证合一"等级制度改革过渡期为 2015 年 10 月 1 日至 2017 年 12 月 31 日。在此期间，原发的营业执照、组织机构代码证和税务登记证可继续使用；2018 年 1 月 1 日后，原发的营业执照、组织机构代码证和税务登记证不再有效）。

④ 报关服务营业场所所有权证明复印件或者使用权证明复印件。

⑤ 海关要求提交的其他备案材料。

申请人按照相关规定提交复印件的，应当同时向海关交验原件。

三、进出口货物收发货人注册登记

进出口货物收发货人通过登录"中国国际贸易单一窗口"标准版的"企业资质"子系统（网址：http://www.singlewindow.cn）进行申报，或登录"互联网＋海关"的"企业管理"子系统（网址：http://online.customs.gov.cn/）进行申报，办理注册登记许可。进出口货物收发货人在海关办理注册登记后可以在中华人民共和国关境内口岸或者海关监管业务集中的地点办理本企业的报关业务。

（一）进出口货物收发货人申请办理注册登记所需材料

进出口货物收发货人申请办理注册登记应当提交下列文件材料，另有规定的除外：

（1）《报关单位情况登记表》。

（2）"一照一码"营业执照复印件（根据相关文件规定，"三证合一"等级制度改革过渡期为 2015 年 10 月 1 日至 2017 年 12 月 31 日。在此期间，原发的营业执照、组织机构代码证和税务登记证可继续使用；2018 年 1 月 1 日后，原发的营业执照、组织机构代码证和税务登记证不再有效）。

（3）对外贸易经营者备案登记表复印件或者外商投资企业（台港澳侨投资企业）批准证书复印件。

（4）其他与注册登记有关的文件材料。

申请人按照相关规定提交复印件的，应当同时向海关交验原件。

经注册地海关核对，申请材料齐全、符合法定形式的，核发《中华人民共和国海关报关单位注册登记证书》。除海关另有规定外，进出口货物收发货人的《中华人民共和国海关报关单位注册登记证书》长期有效。

（二）临时注册登记适用单位及登记所需材料

1. 适用单位

下列单位未取得对外贸易经营者备案登记表，按照国家有关规定需要从事非贸易性进出口活动的，应当办理临时注册登记手续。

（1）境外企业、新闻、经贸机构、文化团体等依法在中国境内设立的常驻代表机构。

（2）少量货样进出境的单位。

（3）国家机关、学校、科研院所等组织机构。

（4）临时接受捐赠、礼品、国际援助的单位。

（5）其他可以从事非贸易性进出口活动的单位。

临时注册登记单位在向海关申报前，应当向所在地海关办理备案手续。特殊情况下可以向拟进出境口岸或者海关监管业务集中地海关办理备案手续。

2. 办理临时注册登记所需材料

应当提交下列文件材料：

（1）本单位出具的委派证明或者授权证明；

（2）非贸易性活动证明材料。

临时注册登记的,海关可以出具临时注册登记证明,但是不予核发注册登记证书。临时注册登记有效期最长为1年,有效期届满后应当重新办理临时注册登记手续。

已经办理报关注册登记的进出口货物收发货人,海关不予办理临时注册登记手续。

任务二　"新报关单位注册登记系统"的操作

为加快推进企业管理业务关检融合,经海关总署升级改造,目前采用的新报关单位注册登记系统,其最大的亮点就是实现了"一次申请、一网办理、一本证书",即将报关单位注册登记系统和报检单位备案系统,报关资质证书和报检资质证书"合二为一",同时企业信息填报项目由56项缩减至18项,填报事项大幅精简。

"情景导入"中的李强可以采用以下两种方式完成新报关单位的注册登记。

方式一:登录"中国国际贸易单一窗口"标准版的"企业资质"子系统(网址:http://www.singlewindow.cn)进行申报。

步骤1:登录"中国国际贸易单一窗口"(见图2-1)。

图2-1　中国国际贸易单一窗口

点击"标准版应用"—"企业资质"—"海关企业注册备案",进入账号登入界面。

步骤2:注册用户账号(见图2-2)。

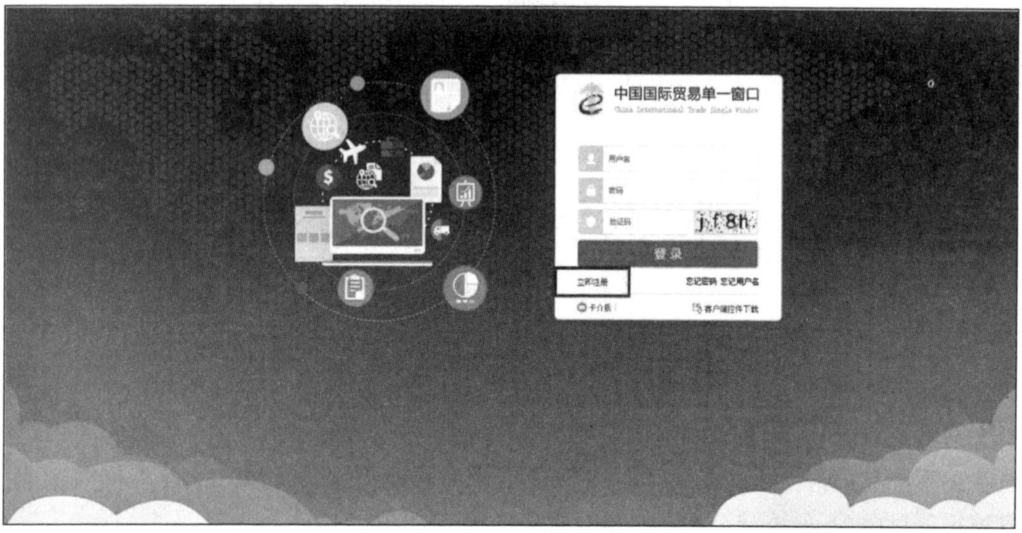

图2-2　注册用户账号

点击"立即注册",选择"企业用户注册"。

如果公司没有办理过电子口岸"IC"卡,可以选择"无卡用户",录入相关信息后完成用户账号注册。

步骤3:填制资质申报信息(见图2-3、图2-4)。

通过登录用户账号进入企业资质申请界面,在"海关企业通用资质"栏目下点击"企业注册登记"栏目(若选择注册报关企业,则点击"报关企业行政许可"栏目),按要求录入"企业基本信息"。

注意:背景为黄底的栏目为必填项。

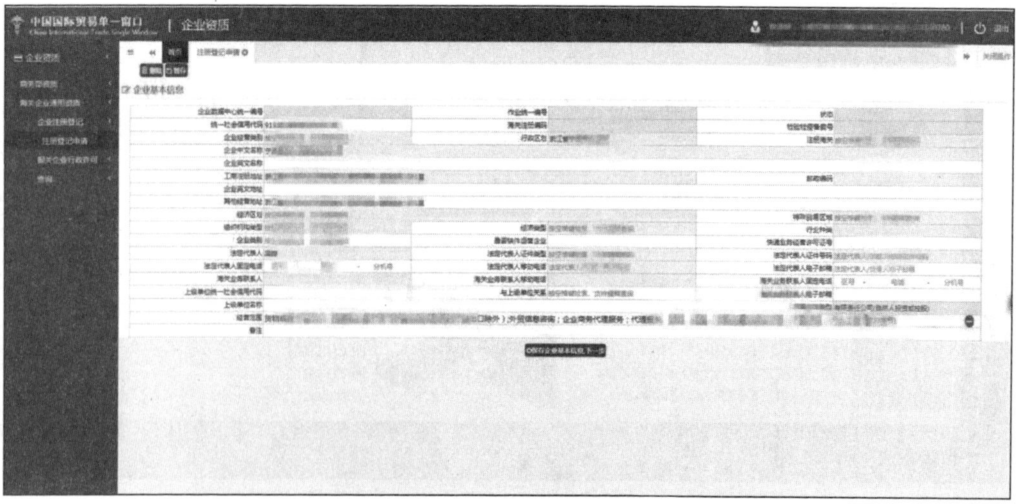

图2-3　填制资质申报信息(1)

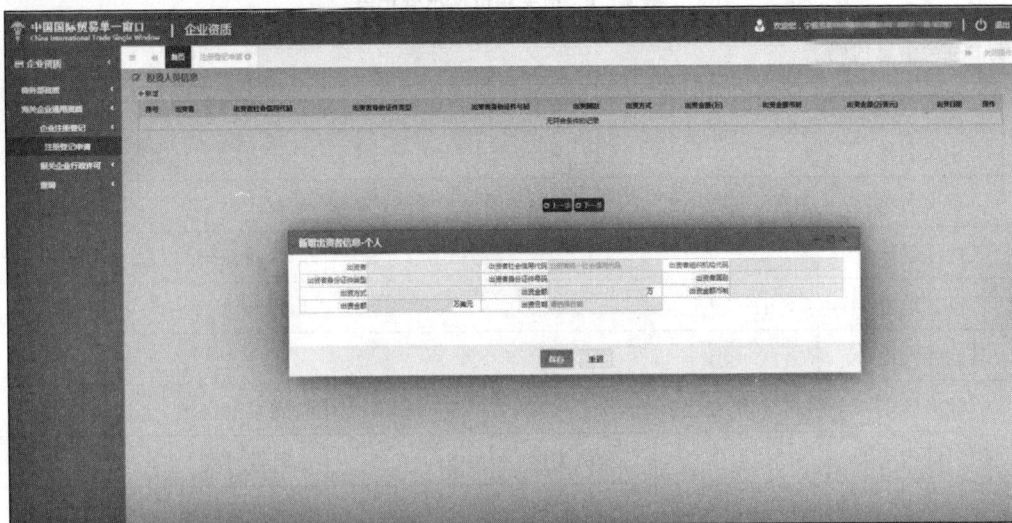

图 2-4 填制资质申报信息(2)

及时保存企业基本信息并按照系统提示继续录入"投资人员信息"和"报关人员信息"。

步骤 4:提交注册登记申请(见图 2-5)。

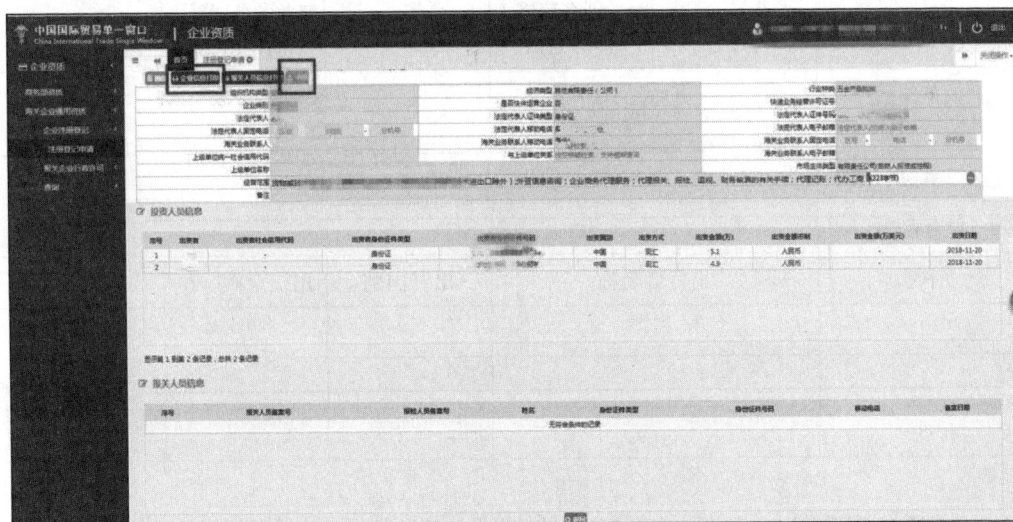

图 2-5 提交注册申请

相关信息录入完成后,点击"申报",系统将向海关发送该资质申请数据。同时点击"企业信息打印",打印《报关单位情况登记表》。

步骤 5:现场提交纸质材料。

在新系统中提交注册登记申请后,就可以携带加盖企业公章的《报关单位情况登记表》到所在地海关企业管理窗口进行资质备案了。

注意:《报关单位情况登记表》(见表 2-1)需加盖企业公章。

表 2-1 报关单位情况登记表

统一社会信息代码					
经营类别		行政区划		注册海关	
中文名称					
英文名称					
工商注册地址				邮政编码	
英文地址					
其他经营地址					
经济区划				特殊贸易区域	
组织机构类型		经济类型		行业种类	
企业类别		是否为快件运营企业		快递业务经营许可证号	
法定代表人(负责人)		法定代表人(负责人)移动电话		法定代表人(负责人)固定电话	
法定代表人(负责人)身份证件类型		身份证件号码		法定代表人(负责人)电子邮箱	
海关业务联系人		海关业务联系人移动电话		海关业务联系人固定电话	
上级单位统一社会信用代码		与上级单位关系		海关业务联系人电子邮箱	
上级单位名称					
经营范围					
序号	出资者名称		出资国别	出资金额(万)	出资金额币制
1					
2					
3					

本单位承诺,我单位对向海关所提交的申请材料以及本表所填报的注册登记信息内容的真实性负责并承担法律责任。

(单位公章)

年　　月　　日

方式二:登录"互联网＋海关"的"企业管理"子系统(网址:http://online.customs.gov.cn/)进行申报,如图2-6所示。

图2-6 "互联网＋海关"的"企业管理"子系统

注意:企业注销、变更申请均可通过上述两种方式"申报",申报后携带加盖企业公章的《报关单位情况登记表》到所在地海关即可办理。至此,申请办理的进出口货物收发货人备案工作顺利完成了。

任务三 相关部门办理开展进出口业务所需的有关手续

企业申领了《对外贸易经营者备案登记表》后,应到相关部门办理开展进出口业务所需的有关手续。

一、工商局"登记股"

"情景导入"中的李强前往工商局"登记股"(所在镇/街道的工商局内),递交如下申请资料:

(1)公司变更登记表;

(2)办理变更委托书;

(3)股东会决议;

(4)章程修正案;

(5)执照正副本。

二、海关"稽查科"

"情景导入"中的李强前往海关"稽查科",递交如下申请资料:

(1) 国家主管部门或其授权部门核发的《对外贸易经营者备案登记表》(内资企业提交)复印件;

(2) 工商行政管理机关核发的《企业法人营业执照》(副本)复印件;

(3) 国税部门核发的《税务登记证》(副本)复印件;

(4) 技术监督部门核发的《组织机构代码证》(副本)复印件;

(5) 企业章程(内资企业提交)正本两份(外商投资企业提交);

(6) 《房屋所有权证》和《土地使用证》复印件(租用厂房的需提交经县级以上公证机关公证的厂房租赁合同);

(7) 企业法定代表人身份证明文件复印件;

(8) 银行开户许可证复印件(中国人民银行制发);

(9) 企业行政印章、法定代表人签章、企业报关专用章、企业财务专用章(印模);

(10) 《自理报关注册登记申请书》《企业情况登记表》《企业管理人员情况登记表》《企业基本情况申报表》(向海关领取);

(11) 企业的财务会计制度、与进出口业务有关的账簿设置情况、财会机构负责人或主管人员名单等资料;

(12) 企业所在位置标识图(图中应标明方向、附近主要建筑物及路牌名称);

(13) 企业现有生产设备清单(需列明名称、规格、型号和来源);

(14) 海关需要的其他文件资料。

三、外管局"经常项目科"

外管局办理"对外付汇进口单位名录"或者出口收汇核销备案登记手续,当地外汇局审核无误后颁发"经常项目业务核准件";个人对外贸易经营者凭该核准件到所在地经营外汇业务的银行办理开户手续。

四、国税"受理股"

(1) 出口货物退(免)税认定表(一式两份);

(2) 对外贸易经营者备案登记表(原件及复印件);

(3) 国税税务登记证副本(原件及复印件);

(4) 工商营业执照副本(原件及复印件);

(5) 自理报关单位注册登记证明书(原件及复印件);

(6) 出口企业退税账户的开户银行证明(原件及复印件);

(7) 增值税一般纳税人资格证书或增值税一般纳税人申请认定审核表(原件及复印件,由增值税一般纳税人提供);

(8) 出口企业出口退税管理责任书(一式两份)。

海关自申请之日起20日内做出准予注册登记的决定(见表2-2),申请人于10个工作日内取得注册登记证书。

表 2-2　报关单位注册登记管理规定中有关限时或限额的规定

项　目	限时或限额规定	
报关企业注册资本	报关企业本部注册登记:需有 150 万元注册资金	
	报关企业申请一项跨关区分支机构注册:增加注册资金 50 万元	
报关员人数	报关企业本部:不少于 5 名	
	跨关区分支机构:不少于 3 名	
报关企业负责人资历	报关企业本部	应当具有 5 年以上从事外贸工作经验或者报关工作经验
	跨关区分支机构	
海关对申请注册登记许可的审查时限	受理海关:自受理申请之日起 20 日	
	直属海关:自收到受理海关审查意见之日起 20 日内	
报关注册登记许可及延续许可的期限	报关企业本部与跨关区分支机构: (1) 有效期均为 2 年 (2) 延续申请均应在有效期届满前 40 天 (3) 延续许可的有效期均为 2 年	
申请分支机构注册登记许可的年限条件	报关企业取得海关核发的"中华人民共和国海关报关企业报关注册登记证书"之日起满 2 年	
报关注册登记的时效	报关企业 2 年	
	进出口货物收发货人 3 年	
报关注册登记换证期限	报关企业	均为"中华人民共和国海关报关企业注册登记证书"届满前 30 日
	进出口货物收发货人	
报关单位变更登记	报关企业取得变更注册登记许可后应当自批准变更之日起 30 日	
	进出口货物收发货人注册登记内容方式变更应当自批准变更之日起 30 日内	
临时注册登记有效期	最长为 7 日,法律、行政法规、海关规章另有规定的除外	

知识链接

个人能做外贸生意吗?

　　2004 年 7 月 1 日正式实施的新版《对外贸易法》,与 1994 年外贸法相比,新修订的外贸法根据入世以后的新要求,对外贸调查、外贸救济及知识产权保护等问题制定了一些具体规定,而更为引人注目的是,新外贸法将赋予自然人外贸经营的资格。这意味着 7 月 1 日以后,普通百姓将能以个人身份从事进出口贸易活动。

　　从 2004 年 9 月 10 日起,从事外贸经营的个人,可到银行开立外贸结算账户,用于外贸交易货款的收付。开户三步骤:海关—外汇局—银行。据了解,个人对外贸易经营者从事对外货物贸易经营活动,首先应当在海关办理"中国电子口岸"入网手续;后到工商局登记取得其他执业资格所在地的外汇局办理"对外付汇进口单位名录"或者出口收汇核销备案登记手续,当地外汇局审核无误后颁发"经常项目业务核准件";个人对外贸易经营者凭该核准件到所在地经营外汇业务的银行办理开户手续。银行开立个人对外贸易结算账户时,应当在账户名称中加注"个人"字样的标识。开立账户无须手续费,它只是一个结算账户,不像普通储蓄账户有存折和借记卡。如果个人在 9 月 10 日之前已经开始外贸经营的,可以通过个人外汇储蓄账户收取货款,但不能用于支付。现汇账户不得提存外币现钞。据介绍,按实际经营需要开立的个人对外贸易结算账户主要用于货物贸易进出口项目的收付汇,账户限额按货物贸易实际外汇收入的 100% 核定。该账户为现汇账户,不得存入和提取外币现钞,但可与本人的外币储蓄现汇账户相互划转外汇资金,并可向外币储蓄现钞账户划转外汇资金,但外币储蓄现钞账户不得向结算账户内划转资金。同时,个人贸易者在从事对外货物贸易经营活动时,可以直接到银行办理购汇对外支付、结汇手续,也可以通过个人对外贸易结算账户办理,但不得通过个人外币储蓄账户直接办理对外付汇手续,也不得与本人其他外币储蓄账户串用或者混用。支付或结汇不同,金额规定不同。在对外支付货物贸易项目预付货款时,一次支付等值 3 万美元(含 3 万美元)以下的,个人外贸者应持进口合同、进口付汇核销单及形式发票等相关证明材料到银行办理对外支付手续;一次支付超过等值 3 万美元的,应持进口合同、进口付汇核销单、形式发票和预付货款保函到银行办理。个人外贸者从事货物贸易出口所得的外汇收入,可以直接结汇,或存入个人对外贸易结算账户结汇,也可以先存入个人对外贸易结算账户并划转至个人外币储蓄账户后结汇。一次性结汇 1 万美元(含 1 万美元)以下的,凭本人身份证到银行直接办理。1 万美元以上以信用证、保函、跟单托收等方式结算的,凭结算方式下有效商业单据办理结汇手续;以汇款方式结算,属于自营出口直接结汇和存入个人对外贸易结算账户后结汇的,凭本人身份证、出口报关单和出口收汇核销单等证明材料,经银行审核真实性后方可办理。

项目三　申领外贸管制证件

学习目标

知识目标
1. 了解外贸管制的含义、目的和实现途径。
2. 掌握我国外贸管制制度的主要内容。
3. 理解我国外贸管制的主要管理措施。

技能目标
1. 理解我国贸易管制主要措施的报关规范。
2. 掌握进、出口许可证件管理的海关规范,并能结合工具查找所需要的监管证件。

情境导入

李峰在商务部网站(www.mofcom.gov.cn)看商务部、海关总署 2018 年第 71 号公告《关于 2019 年度铁合金出口许可申报条件和申报程序的公告》,公告对铁合金出口许可申报条件、申报及审核程序、相关报送材料做了明确规定。规定根据管理要求和产品特性,将产品的企业分为两类:A 类企业是指经营税号 7202 项下全部产品的企业;B 类企业是指经营税号 7202 项下除硅铁(72022100)、锰铁(72021100、72021900)及硅锰铁(72023000)之外的其他产品的企业。符合该公告所列明的规定条件的企业,可以申报 2019 年铁合金出口许可。铁合金出口许可证实行"一批一证"管理,许可证有效期为许可证签发之日起 6 个月内有效。

李峰有些不大明白:什么是出口许可证管理?为什么中国钢铁缺口较大,没有禁止出口呢?国家对进出口贸易进行管理管制的目的是什么?我国外贸管制还有哪些措施呢?

任务一　了解对外贸易管制相关知识

一、我国对外贸易管制制度的构成及目的

对外贸易管制又称为进出口贸易管制,即对外贸易的国家管制,是指一国政府从国家的宏观经济利益、国内外政策需要以及为履行所缔结或加入国际条约的义务出发,为对本国的对外贸易活动实现有效的管理而颁布实行的各种制度以及所设立的相应机构及其活

动的总称,简称贸易管制。

我国对外贸易管制制度是一种综合制度,主要由海关制度、关税制度、对外贸易经营者的资格管理制度、进出口许可制度、出入境检验检疫制度、进出口货物收付汇管理制度以及贸易救济制度等构成。

实行对外贸易管制是保护和扶植我国的民族工业、建立与巩固我国社会主义经济体系、防止外国产品冲击国内市场、保障我国有限的外汇储备能有效地发挥最大作用等的有效手段;实行对外贸易管制可以集中力量对国际市场的价格波动及世界经济危机做出迅速反应,防止这些因素对我国经济建设产生不良影响;实行对外贸易管制有利于加强我国在国际市场竞争中的竞争能力,增强国际贸易中的谈判地位;实行对外贸易管制还有助于更好地实现国家职能,政府通过对外贸易管制,对外可以及时根据我国在国际斗争中的政策和策略,调整外贸结构和格局,全面发展与世界各国的贸易往来,为维护世界和平、促进全球经济繁荣做出贡献,对内则可以达到维护正常的国内经济秩序、保障经济建设的顺利进行、不断提高人民生活水平、丰富人民不断增长的物质文化生活需要的目的。

知识链接

我国对外贸易管制的主要内容可以概括为:"证""备""检""核"和"救"五个字。

1. "证"

即货物、技术进出口的许可。它主要是指进出口许可证件,即法律、行政法规规定的各种具有许可进出性质的证明、文件。进出口许可证件是我国实行进出口许可制度中的重要内容。进出口许可制度不仅是我国贸易管制的核心管理制度,而且也是我国贸易管制的主要实现方式之一。进出口许可证是货物或技术进出口的证明文件,既是我国贸易管制的最基本手段,同时又是我国有关行政管理机构执行贸易管制与监督的重要依据。此外,国家有关主管部对出口文物、进出口黄金及其制品、进口音像制品、进出口濒危野生动植物、进出口药品药材和进口废物等特殊进出口商品的批准文件或许可文件,同样是我国有关职能管理机构执行贸易管制的重要依据。

2. "备"

即对外贸易经营资格的备案登记。它突出强调的是我国对外贸易经营者在从事或参与对外贸易经营活动以前,须按规定向国务院对外贸易主管部门或者其委托的机构办理备案登记。根据我国《对外贸易法》的相关规定,对外贸易经营者未按照规定办理备案登记的,海关不予办理进出口货物的验放手续。

3. "检"

即商品质量的检验检疫、动植物检疫和国境卫生检疫,简称为"三检"。它主要强调的是对货物的进出口实行必要的检验或检疫,也是我国贸易管制方面的重要内容之一。其基本目标是为了保证进出口商品的质量、保障人民的生命安全与健康。我国出入境检验检疫机构可依法对进出口的货物实施必要的检验检疫。

4. "核"

即进出口收、付汇核销。它反映我国有关进出口货物的收、付汇管理,强调对实际进出口的货物与技术实行较为严格的收、付汇核销制度,以达到国家对外汇实施管制的目的,防止偷逃、偷套外汇。

5."救"

即贸易管制中的救济措施。根据世界贸易组织的有关规定,任何一个世贸组织成员都可以为维护自身经济贸易利益的目的,防止或阻止本国产业受到侵害和损害而采取保护性措施。在对进出口贸易实行管制过程中,我国根据国际公认的规则所采取的贸易补救措施主要包括反倾销、反补贴和保障措施。

二、我国贸易管制主要管理措施及报关规范

贸易管制措施有关报关规范由两大方面构成,一是如实申报,所谓如实申报是指进出口货物收发货人在海关申请办理通关手续时,按照规定的格式(进出口货物报关单)真实、准确地填报与货物有关的各项内容。二是按照政策规定,主动向海关提交有关许可证件及其他有关证明文件,即通过进出口货物类别,准确认定其所应适用的国家贸易管制政策,对其中属于国家实行许可证件管理的货类,向海关申请办理通关手续时应主动递交相应的许可证件;对涉及多项国家贸易管制措施的货类,依据国家贸易管制措施相对独立的原则,应分别递交相应的许可证件。准确理解和执行上述两个规范,是我们做好报关工作的前提条件。

(一) 禁止进出口管理

1. 禁止进口的货物

(1) 列入《禁止进口货物目录》的商品。

① 《禁止进口货物目录》第一、六批:根据我国所缔结或者参加的国际条约、协定,需要禁止进口的货物,如四氯化碳、犀牛角、麝香、虎骨等。

② 《禁止进口货物目录》第二批:旧机电产品类。

③ 《禁止进口货物目录》第三、四、五批所涉及的对环境有污染的固体废物类。

④ 《禁止进口货物目录》第六批:保护人的健康,维护环境安全,淘汰落后产品,如长纤维青石棉、二噁英等。

(2) 国家有关法律法规明令禁止进口的商品。

① 来自动植物疫情流行的国家和地区的有关动植物及其产品和其他检疫物。

② 动植物病原及其他有害生物、动物尸体、土壤。

③ 带有违反"一个中国"原则内容的货物及其包装。

④ 以氯氟羟物质为制冷剂、发泡剂的家用电器产品和以氯氟羟物质为制冷工具的家用电器用压缩机。

⑤ 滴滴涕、氯丹等。

⑥ 莱克多巴胺和盐酸莱克多巴胺。

(3) 其他。

① 以 CFC-12 为制冷工质的汽车及以 CFC-12 为制冷工质的汽车空调压缩机。

② 右置方向盘的汽车。

③ 旧衣服。

④ Ⅷ因子制剂等血液制品。

⑤ 氯酸钾、硝酸铵。

2. 禁止出口的货物

禁止出口的货物主要包括：

(1) 列入《禁止出口货物目录》的商品。

① 《禁止出口货物目录》第一、三批：根据我国所缔结或者参加的国际条约、协定，需要禁止出口的货物，如四氯化碳、犀牛角、虎骨、麝香等。为了保护我国自然生态环境和生态资源，禁止出口的商品，如有防风固沙作用的发菜和麻黄草等植物。

② 《禁止出口货物目录》第二批：主要是为了保护我国的森林资源，如禁止出口木炭。

③ 《禁止出口货物目录》第三批：保护人的健康，维护环境安全，淘汰落后产品，如长纤维青石棉、二噁英等。

④ 《禁止出口货物目录》第四批：主要包括硅砂、石英砂及其他天然砂。

⑤ 《禁止出口货物目录》第五批：包括无论是否经化学处理过的森林凋落物以及泥炭（草炭）。

(2) 国家有关法律法规明令禁止出口的商品。

① 未定名的或者新发现并有重要价值的野生植物。

② 原料血浆。

③ 商业性出口的野生红豆杉及其部分产品。

④ 劳改产品。

⑤ 以氯氟烃物质为制冷剂、发泡剂的家用电器产品和以氯氟烃物质为制冷工质的家用电器用压缩机。

⑥ 滴滴涕、氯丹等。

⑦ 莱克多巴胺和盐酸莱克多巴胺。

（二）进出口许可证管理

1. 主管部门及发证部门

进出口许可证主管部门是商务部，进出口许可证发证部门是商务部配额许可证事务局，商务部驻各地特派员办事处，各省、自治区、直辖市、计划单列市以及商务部授权的其他省会城市商务厅（局）、外经贸委（厅、局）。

2. 管理范围

(1) 根据商务部、海关总署公告 2021 年第 72 号公布的《进口许可证管理货物目录（2021）》规定，2021 年实施进口许可证管理的货物为消耗臭氧层物质（49 个 10 位数海关编码；在京央企由配额许可证局发证、其他由各地外经贸委商务厅发证）和重点旧机电产品（13 类 69 个 10 位海关商品编码，由配额许可证事务局发证），具体实施内容和发证机关如表 3-1 所示。

① 消耗臭氧层物质进口许可证由各地外经贸委（厅、局）、商务厅（局）签发；在京中央管理企业的进口，由商务部配额许可证事务局签发。

表 3-1　进口许可证管理的货物

	具体内容	发证机构
消耗臭氧层物质	三氯氟甲烷 CFC-11、三氯二氟甲烷 CFC-12 等商品	进口许可证由各地三级发证机构发证；在京中央管理企业的进口，由配额许可证事务局签发
重点旧机电产品	化工设备类、旧金属冶炼设备类、旧工程机械类、旧起重运输设备类、旧造纸设备类、旧电力电器设备类、旧农业机械类、旧纺织机械类、旧印刷机械类、旧食品加工包装设备、旧船舶类、旧硒鼓、旧 X 射线管等 13 类	商务部配额许可证事务局负责进口许可证的发证工作

② 重点旧机电产品由商务部配额许可证事务局负责进口许可证的签发工作。

（2）实施出口许可证管理的货物。

根据商务部、海关总署公告 2020 年第 71 号公布的 2021《出口许可证管理货物目录（2021 年）》规定，实施出口许可证管理的货物共 43 种。

① 许可证局负责签发以下 6 种货物的出口许可证：小麦、玉米、煤炭、原油、成品油（不含一般贸易方式出口润滑油、润滑脂及润滑油基础油）、棉花等货物的出口单位申领的出口许可证和在京的属于国务院国资委管理申领的出口许可证。

② 商务部驻有关地方特派员办事处负责签发以下出口许可证：活牛、活猪、活鸡、大米、小麦粉、玉米粉、大米粉、药料用人工种植麻黄草、甘草及甘草制品、蔺草及蔺草制品、天然砂、磷矿石、镁砂、滑石快（粉）、锡及锡制品、钨及钨制品、锑及锑制品、锯材、白银、铂金（铂或白金）、铟及铟制品等货物。

③ 省级地方商务主管部门或副省级城市商务主管部门签发以下出口许可证：牛肉、猪肉、鸡肉、矾土、萤石（氟石）、稀土、钼及钼制品、焦炭、成品油（仅限一般贸易方式出口润滑油、润滑脂及润滑油基础油）、石蜡、部分金属及制品、硫酸二钠、碳化硅、消耗臭氧层物质、柠檬酸、摩托车（含全地形车）及其发动机和车架、汽车（包括成套散件）及其底盘等货物。其中，以一般贸易方式出口润滑油、润滑脂及润滑油基础油的，由省级地方商务主管部门凭货物出口合同签发出口许可证；以承包工程、境外投资、加工贸易、外资企业出口及边境贸易等方式出口的，仍按照商务部、发展改革委、海关总署 2008 年第 30 号公告相关规定执行。

④ 以陆运方式出口活牛（对港澳）活猪（对港澳）、活鸡（对香港）的出口单位申领的出口许可证，由商务部驻广州特派员办事处和驻深圳特派员办事处签发。

⑤ 药料用人工种植麻黄草出口单位申领的出口许可证，由商务部驻天津特派员办事处签发。

⑥ 福建省行政区域内天然砂（对台湾）出口单位申领的出口许可证和标准砂出口单位申领的出口许可证，由商务部驻福州特派员办事处签发。海南省行政区域内天然砂（对台港澳）出口单位申领的出口许可证，由商务部驻海南特派员办事处签发。福建省和海南省行政区域以外天然砂（对台港澳）出口单位申领的出口许可证，由商务部驻广州特派员办事处签发。

3．办理程序

(1) 进口消耗臭氧层物质及实行出口许可证管理的商品。

在组织该类进出口应证商品前,经营者应事先向主管部门申领进出口许可证,可通过网上(许可证联网申领系统)和书面[提交进(出)口商品的进(出)口合同复印件、加盖公章的进(出)口许可证申请表、企业首次领证时应出具《中华人民共和国进出口企业资格证书》]两种形式申领。

发证机构自收到符合规定的申请之日起 3 个工作日内发放进(出)口许可证。特殊情况下,进口许可证的签发最迟不得超过 10 个工作日。进出口许可证申请流程如图 3-1 所示。

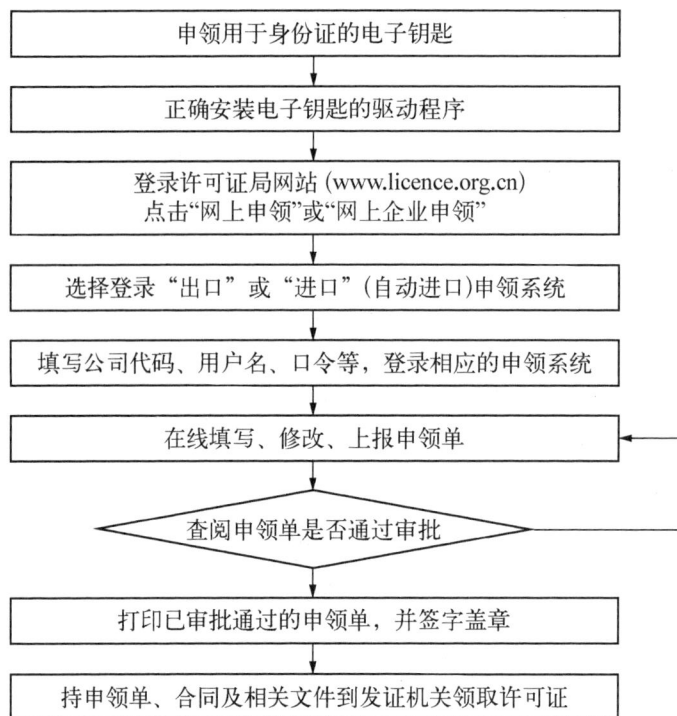

图 3-1　进出口许可证申请流程

(2) 进口重点旧机电产品。

进口前经营者应事先向主管部门申领进出口许可证,可通过网上和书面形式申领。申领时应由旧机电产品进口的最终用户提出申请,并且申请企业应具备从事重点旧机电产品用于翻新(含再制造)的资质。

商务部正式受理后 20 日内决定是否批准进口申请,如需征求相关部门或行业协会意见,商务部在正式受理后 35 日内决定是否批准进口申请。旧机电产品进口许可证申请流程如图 3-2 所示。

```
┌─────────────────────────┐
│ 企业登录中国国际招标网注册      │ ──→ 注册程序
│ www.chinahidding.com    │
└─────────────────────────┘
         │
         ↓
┌─────────────────────────┐
│ 1.在线填写机电产品进口申领表   │ ──→ 填表规范
│ 2.提交书面申请材料          │ ──→ 所需卡面申请材料
└─────────────────────────┘
```

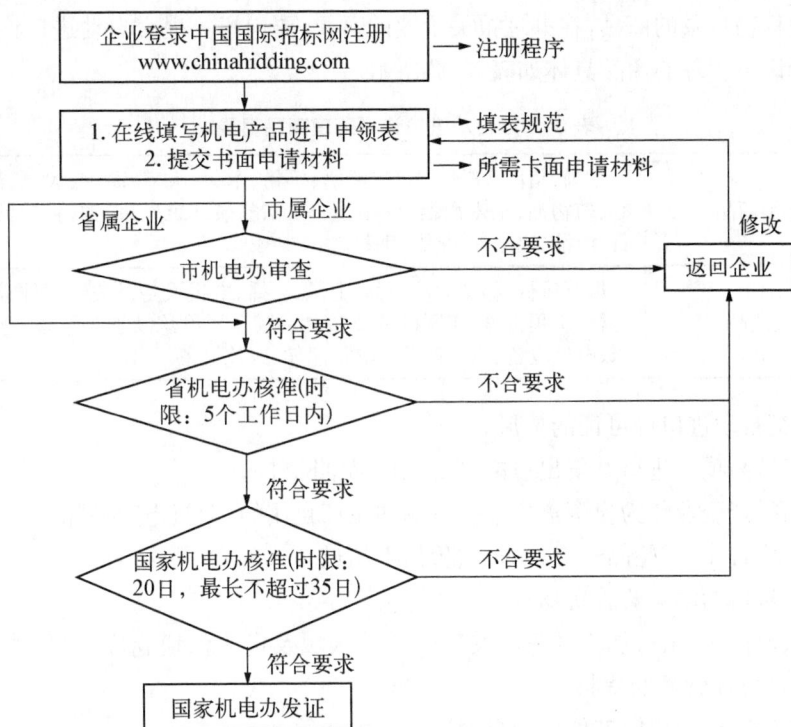

图 3-2　旧机电产品进口许可证申请流程

4. 报关规范

(1) 进口许可证有效期 1 年,当年有效,需跨年度使用时,最长不得超过次年 3 月 31 日。

(2) 出口许可证的有效期最长不得超过 6 个月,且有效期截止时间不得超过当年 12 月 31 日。

(3) 不得擅自更改许可证证面内容。

(4) 进出口许可证实行"一证一关",一般情况下实行"一批一证"制度。如要实行"非一批一证",发证机关在签发许可证时在许可证的备注栏中注明"非一批一证"字样,但最多不超过 12 次。消耗臭氧层物质的进出口许可证实行"一批一证"制。

(5) 对于大宗、散装货物,溢装数量不得超过进口许可证所列进口数量的 5%,其中原油、成品油溢装数量不得超过其进出口许可证所列数量的 3%。

(三) 自动进口许可证管理

1. 主管部门及发证部门

自动进口许可证主管部门是商务部,自动进口许可证发证部门是商务部配额许可证事务局、商务部驻各地特派员办事处、各省级以及商务部授权的其他省会城市商务厅(局)、外经贸委(厅、局)、各地机电办公室。

2. 商品范围

(1) 自动进口许可证管理的商品范围。

2021 年实施自动进口许可管理的商品包括非机电类商品、机电类产品。列入自动进口许可管理货物目录的商品,在办理报关手续的时候,要向海关提交自动进口许可证。实施自动进口许可管理的商品具体如表3-2所示。

表3-2 自动进口许可管理商品目录

非机电类商品	牛肉、猪肉、羊肉、肉鸡、鲜奶、奶粉、木薯、大麦、高粱、大豆、油菜籽、食糖、植物油、玉米酒糟、豆粕、烟草、二醋酸纤维丝束、铜精矿、煤、铜、铁矿石、原油、成品油、化肥、钢材
机电类商品	烟草机械、移动通信产品、卫星、广播、电视设备及关键部件、汽车产品、钢材、工程机械、印刷机械、纺织机械、金属冶炼及加工设备、金属加工机床、电气设备、汽车产品、飞机、船舶、医疗设备

(2)免交自动进口许可证的情形。

①加工贸易项下进口并复出口的(原油、成品油除外);

②外商投资企业作为投资进口或投资额内生产自用的(旧机电产品除外);

③货样广告品、实验品进口,每批次价值不超过5 000元人民币的;

④暂时进口的海关监管货物;

⑤进入保税区、出口加工区等海关特殊监管区域及进入保税仓库、保税物流中心的属自动进口许可证管理的货物;

⑥国家法律法规规定其他免领自动进口许可证的。

3. 办理程序

(1)进口属于自动进口许可管理的货物,收货人在办理海关报关手续前,应向所在地或相应的发证机构提交自动进口许可证申请,并取得自动进口许可证。

(2)收货人可通过书面申请,也可通过网上申请。发证机构自收到符合规定的申请后,应当予以签发自动进口许可证,最迟不得超过10个工作日。

(3)对于已申领的自动进口许可证,如未使用应当在有效期内交回发证机构,并说明原因。

(4)自动进口许可证,如有遗失,应书面报告挂失。原发证机构经核实无不良后果的,予以重新补发。

(5)对于自动进口许可证,自签发之日起1个月后未领证的,发证机构予以收回并撤销。具体内容如表3-3所示。

表3-3 自动进口许可证办理要求

申请(领)形式		材料上交时间	申请材料	时 效
自动进口许可证	网上	收货人应先到发证机构申领用于企业身份认证的电子钥匙。申请时,登录网站,填写资料,提交有关材料	①从事货物进出口的资格证书、备案登记文件或外商投资批准证书;②自动进口许可证申请表;③货物进口合同	发证机构自收到符合规定的申请后,应当予以签发自动进口许可证,最迟不得超过10个工作日。对于自动许可证,自签发之日起1个月后未领证的,发证机构可予以收回并撤销
	书面	收货人可以到发证机构领取或从相关网站下载自动进口许可证申请表(可复印)等有关材料		

4. 报关规范

(1) 自动进口许可证的有效期为 6 个月,仅限公历年度内有效。

(2) 原则上实行"一批一证"管理,对部分可实行"非一批一证"管理,在有效期内可以分批次累计报关使用,但累计使用不得超过 6 次。

(3) 对于散装货物,溢短装数量在货物总量正负 5% 以内予以验放。

(4) 对于原油、成品油、化肥、钢材的散装货物,溢短装数量在货物总量正负 3% 以内予以验放。

(四) 两用物项和技术进出口许可证管理

1. 主管部门及发证部门

(1) 全国两用物项和技术进出口许可证的归口部门是商务部。

(2) 商务部委托商务部配额许可证事务局(以下简称许可证局)统一管理、指导全国各发证机构的两用物项和技术进口许可证发证工作。

许可证局和商务部委托的省级商务主管部门为两用物项和技术进出口许可证的发证机构。

2. 管理范围

《两用物项和技术进出口许可证管理目录》内列明的商品包括敏感物项(核、核两用品及相关技术、导弹及相关物项和技术、生物两用品及相关设备和技术、监控化学品、有关化学品及相关设备和技术)和易制毒化学品。

3. 办理程序

经营者在进出口前获得相关行政主管部门批准文件后,凭批准文件到所在地发证机构申领两用物项和技术进出口许可证(在京的企业向许可证局申领);两用物项和技术进出口许可证实行网上申领;发证机构收到相关行政主管部门批准文件和相关材料并经核对无误后,应在 3 个工作日内签发两用物项和技术进口或出口许可证。

4. 报关规范

进出口时经营者应当主动向海关出具有效的两用物项和技术进出口许可证;

当海关对于进出口的货物是否属于两用物项和技术提出质疑,经营者应按规定向主管部门申请进口或者出口许可,或者向商务主管部门申请办理不属于管制范围的相关证明;

两用物项和技术进口许可证实行"非一批一证"和"一证一关"制,两用物项和技术出口许可证实行"一批一证"和"一证一关"制;

两用物项和技术进出口许可证有效期一般不超过 1 年,跨年度使用时,在有效期内只能使用到次年 3 月 31 日,逾期发证机构将根据原许可证有效期换发许可证。

🔖 知识链接

关于全面禁止进口固体废物有关事项的公告

公告 2020 年 第 53 号

《中华人民共和国固体废物污染环境防治法》于 2020 年 4 月 29 日,已由第十三届全国人民代表大会常务委员会第十七次会议修订通过,自 2020 年 9 月 1 日起施行。为贯彻落实《中华人民共和国固体废物污染环境防治法》有关固体废物进口管理的修订内容,做好相关衔接工作,现将有关事项公告如下。

一、禁止以任何方式进口固体废物。禁止我国境外的固体废物进境倾倒、堆放、处置。

二、生态环境部停止受理和审批限制进口类可用作原料的固体废物进口许可证的申请;2020 年已发放的限制进口类可用作原料的固体废物进口许可证,应当在证书载明的 2020 年有效期内使用,逾期自行失效。

三、海关特殊监管区域和保税监管场所[包括保税区、综合保税区等海关特殊监管区域和保税物流中心(A/B 型)、保税仓库等保税监管场所]内单位产生的未复运出境的固体废物,按照国内固体废物相关规定进行管理。需出区进行贮存、利用或者处置的,应向所在地海关特殊监管区域和保税监管场所地方政府行政管理部门办理相关手续,海关不再验核相关批件。

四、海关特殊监管区域和保税监管场所外开展保税维修和再制造业务单位生产作业过程中产生的未复运出境的固体废物,参照第三款规定执行。

本公告自 2021 年 1 月 1 日起施行。原环境保护部、海关总署、原质检总局办公厅《关于加强固体废物进口管理和执法信息共享的通知》(环办〔2011〕141 号),原环境保护部、发展改革委、商务部、海关总署、原质检总局 2015 年第 69 号公告,原环境保护部、商务部、发展改革委、海关总署、原质检总局 2017 年第 39 号公告,生态环境部、商务部、发展改革委、海关总署 2018 年第 6 号公告,生态环境部、商务部、发展改革委、海关总署 2018 年第 68 号公告同时废止。

特此公告。

生态环境部

商务部

发展改革委

海关总署

2020 年 11 月 24 日

(五)濒危物种进出口管理

1. 主管部门及发证部门

濒危物种进出口许可证的归口管理和发证部门是中华人民共和国濒危物种进出口管理办公室。

2. 非公约证明管理范围及报关规范

1)管理范围

非公约证明是我国进出口许可管理中具有法律效力,用来证明对外贸易经营者经营列入《进出口野生动植物种商品目录》中属于我国自主规定管理的野生动植物及其产品合法进出口的证明文件。

2)报关规范

无论以何种方式进口列入上述目录的野生动植物及其产品,均须事先申领非公约证明。非公约证明实行"一批一证"制度。

3. 公约证明管理范围及报关规范

1）管理范围

公约证明是用来证明对外贸易经营者经营列入属于《濒危野生动植物物种国际贸易公约》成员国应履行保护义务的物种合法进出口的证明文件。

2）报关规范

无论以何种方式进口列入上述管理范围的野生动植物及其产品，均须事先申领公约证明。公约证明实行"一批一证"制度。

4. 物种证明管理范围及报关规范

1）管理范围

列入《进出口野生动植物种商品目录》中适用"公约证明""非公约证明"管理的《濒危野生动植物种国际贸易公约》附录及国家重点保护野生动植物以外的其他列入商品目录的野生动植物及相关货物或物品和含野生动植物成分的纺织品，均事先申领"物种证明"。

2）报关规范

"物种证明"分为"一次使用"和"多次使用"两种。

（1）一次使用：有效期自签发之日起不得超过6个月。

（2）多次使用：只适用同物种、同货物类型、同一报关口岸多次进出口的野生动植物。有效期截至发证当年12月31日。持证者须于1月31日之前将上一年度使用多次"物种证明"进出口有关野生动植物标本的情况汇总上报发证机关。

（3）须按"物种证明"规定范围进出口野生动植物，超越许可范围的申报行为，海关不予受理。

（4）海关对进出口列入《进出口野生动植物种商品目录》的商品以及含野生动植物成分的纺织品是否为濒危野生动植物种提出质疑的，经营者应按海关要求，申领"物种证明"；属于"公约证明"或"非公约证明"管理范围的，应申领"公约证明"或"非公约证明"。未能出具证明书或"物种证明"的，海关不予办理有关手续。

（5）对进出境货物或物品包装或说明中标注含有商品目录所列野生动植物成分的，经营者应主动、如实申报，海关按实际含有该野生动植物的商品进行监管。

（六）进出口药品管理

1. 主管部门及发证部门

进出口药品管理的主要部门是国家食品药品监督管理总局。

2. 管理范围

进出口药品实行分类和目录管理，进出口药品从管理角度可分为进出口麻醉药品、进出口精神药品、进出口兴奋剂及进口一般药品。

3. 报关规范

1）精神药品进出口管理范围及报关规范

《精神药品管制品种目录》所列药品进出口时，货物所有人或其合法代理人在办理进出口报关手续前,均须取得国家食品药品监督管理总局核发的《精神药品进出口准许证》,"准许证"实行"一批一证"制度。

2)麻醉药品进出口管理范围及报关规范

任何单位以任何方式进出口列入《麻醉药品管制品种目录》的药品,不论何种用途,均须取得国家食品药品监督管理总局核发的《麻醉药品进出口准许证》,"准许证"实行"一批一证"制度。

3)兴奋剂进出口管理范围及报关规范

列入《兴奋剂目录》的药品,包括蛋白质同化剂品种、肽类激素品种、麻醉药品品种、刺激剂(含精神药品)品种、药品类易制毒化学品品种、医疗用毒性药品品种、其他品种等7类。进出口兴奋剂时,须向国家食品药品监督管理总局申领"进口准许证"或"出口准许证"并凭其向海关办理报关手续。

4)一般药品进口管理范围及报关规范

国家对一般药品进口的管理实行目录管理。国家食品药品监督管理总局授权的口岸药品检验所以签发进口药品通关单的形式对列入目录管理的商品实行进口限制管理。向海关申报进口列入《进口药品目录》中的药品,应向海关提交《进口药品通关单》。进口药品通关单仅限在该单注明的口岸海关使用,并实行"一批一证"制度。目前一般药品出口暂无特殊规定。

(七) 出入境检验检疫制度

1. 进出境商品的报检范围

(1)法律、行政法规规定必须由检验检疫机构实施检验检疫的报检范围(法定检验)。法检商品必须要进行强制性检验,否则不准出口。依据为《中华人民共和国进出口商品检验法》及其实施条例、《中华人民共和国进出境动植物检疫法》及其实施条例、《中华人民共和国国境卫生检疫法》及其实施细则、《中华人民共和国食品卫生法》等有关法律、行政法规的规定。包含以下范围:

① 列入《出入境检验检疫机构实施检验检疫的进出境商品目录》内的货物。

② 入境进口旧机电产品。

③ 出口危险货物包装容器的性能检验和使用鉴定。

④ 进出境集装箱。

⑤ 进境、出境、过境的动植物、动植物产品及其他检疫物。

⑥ 装载动植物、动植物产品和其他检疫物的装载容器、包装物、铺垫材料;进境动植物性包装物、铺垫材料。

⑦ 来自动植物疫区的运输工具;装载进境、出境、过境的动植物、动植物产品及其他检疫物的运输工具。

⑧ 进境拆解的废旧船舶。

⑨ 出入境人员、交通工具、运输设备以及可能传播检疫传染病的行李、货物和邮包等物品。

⑩ 旅客携带物(包括微生物、人体组织、生物制品、血液及其制品、骸骨、骨灰、废旧

物品和可能传播传染病的物品以及动植物、动植物产品和其他检疫物）和携带伴侣动物。

⑪ 国际邮寄物（包括动植物、动植物产品和其他检疫物、微生物、人体组织、生物制品、血液及其制品以及其他需要实施检疫的国际邮寄物）。

⑫ 其他法律、行政法规规定需经检验检疫机构实施检验检疫的其他应检对象。

（2）输入国家或地区规定必须凭检验检疫机构出具的证书方准入境的报检范围。

有的国家发布法令或政府规定要求，对某些来自中国的入境货物须凭检验检疫机构签发的证书方可入境。如一些国家和地区规定，对来自中国的动植物、动植物产品、食品，凭我国检验检疫机构签发的动植物检疫证书以及有关证书方可入境；又如一些国家或地区规定，从中国输入货物的木质包装，装运前要进行热处理、熏蒸或防腐等除害处理，并由我国检验检疫机构出具《熏蒸/消毒证书》，货到时凭《熏蒸/消毒证书》验放货物。因此，凡出口货物输入国家和地区有此类要求的，报检人须报经检验检疫机构实施检验检疫或进行除害处理，取得相关证书。

（3）有关国际条约规定必须经检验检疫的报检范围。

随着加入世界贸易组织和其他一些区域性经济组织，我国已成为一些国际条约、公约和协定的成员。此外，我国还与世界几十个国家缔结了有关商品检验或动植物检疫的双边协定、协议。认真履行国际条约、公约、协定或协议中的检验检疫条款是我们的义务。因此，凡是国际条约、公约或协定规定须经我国检验检疫机构实施检验检疫的出入境货物，报检人须向检验检疫机构报检，由检验检疫机构实施检验检疫。

（4）对外贸易合同约定凭检验检疫机构签发的证书进行交接、结算的报检范围。

在国际贸易中，买卖双方相距遥远，难以做到当面点交货物，也不能亲自到现场查看履约情况。为了保证对外贸易的顺利进行，保障买卖双方的合法权益，通常需要委托第三方对货物进行检验检疫或鉴定并出具检验检疫鉴定证书，以证明卖方已经履行合同，买卖双方凭证书进行交接、结算。此外，对某些以成分计价的商品，由第三方出具检验证书更是计算货款的直接凭据。因此，凡对外贸易合同、协议中规定以我国检验检疫机构签发的检验检疫证书为交接、结算依据的进出境货物，报检人须向检验检疫机构报检，由检验检疫机构按照合同、协议的要求实施检验检疫或鉴定并签发检验检疫证书。

2. 报检的种类

1）进境商品的报检

入境货物报检可分为进境一般报检、进境流向报检和异地施检报检。

（1）进境一般报检。进境一般报检是指法定检验检疫入境货物的货主或其代理人，持有关证单向卸货口岸检验检疫机构申请取得《入境货物通关单》，并对货物进行检验检疫的报检。对进境一般报检业务而言，签发《入境货物通关单》和对货物的检验检疫都由口岸检验检疫机构完成，货主或其代理人在办理完通关手续后，应主动与货物目的地检验检疫机构联系落实检验检疫工作。

（2）进境流向报检。进境流向报检亦称口岸清关转异地进行检验检疫的报检，指法定入境检验检疫货物的收货人或其代理人持有关单证在卸货口岸向口岸检验检疫机构报检，获取《入境货物通关单》并通关后，由进境口岸检验检疫机构进行必要的检疫处理，货物调往目的地后再由目的地检验检疫机构进行检验检疫监管。申请进境流向报检货物的通关地与目的地属于不同辖区。

（3）异地施检报检。异地施检报检是指已在口岸完成进境流向报检,货物到达目的地后,该批进境货物的货主或其代理人在规定的时间内,向目的地检验检疫机构申请进行检验检疫的报检。因进境流向报检只在口岸对装运货物的运输工具和外包装进行了必要的检验处理,并未对整批货物进行检验检疫,只有当检验检疫机构对货物实施了具体的检验、检疫,确认其符合有关检验检疫要求及合同、信用证的规定,货主才能获得相应的准许进口货物销售使用的合法凭证,完成进境货物的检验检疫工作。异地施检报检时应提供口岸检验检疫机构签发的《入境货物调离通知单》。

2）出境商品的报检

出境货物报检可分为出境一般报检、出境换证报检、出境预检报检。

（1）出境一般报检。出境一般报检是指法定检验检疫出境货物的货主或其代理人,持有关证单向产地检验检疫机构申请检验检疫以取得出境放行证明及其他证单的报检。对于出境一般报检的货物,检验检疫合格后,在当地海关报关的,由报关地检验检疫机构签发《出境货物通关单》,货主或其代理人持《出境货物通关单》向当地海关报关;在异地海关报关的,由产地检验检疫机构签发《出境货物通关单》或"换证凭条"向报关地的检验检疫机构申请换发《出境货物通关单》。

（2）出境换证报检。出境换证报检是指经产地检验检疫机构检验检疫合格的法定检验检疫出境货物的货主或其代理人,持产地检验检疫机构签发的《出境货物换证凭单》或"换证凭条"向报关地检验检疫机构申请换发《出境货物通关单》的报检。对于出境换证报检的货物,报关地检验检疫机构按照国家质检总局规定的抽查比例进行查验。

（3）出境预检报检。出境预检报检是指货主或其代理人持有关单证向产地检验检疫机构申请对暂时还不能出口的货物预先实施检验检疫的报检。预检报检的货物经检验检疫合格的,检验检疫机构签发《出境货物换证凭单》;正式出口时,货主或其代理人可在检验检疫有效期内持此单向检验检疫机构申请办理放行手续。申请预检报检的货物须是经常出口的、非腐烂变质、非易燃易爆的商品。

经典案例 3－1

1998年,美国政府以从中国进口的货物的木质包装托盘中发现大量的光肩星天牛,担心因为本土没有天牛天敌会导致其大量蔓延为由,决定对来自中国的木质包装实施强制检疫制度。2000年,芬兰、瑞典及法国从来自中国、日本、加拿大等国的木质包装中发现了松材线虫,为此,欧洲林业委员会制订了对入境木质包装的检疫处置方案。

2002年3月,国际植物保护公约组织(IPPC)公布了国际植物检疫措施标准第15号《国际贸易中的木质包装材料管理准则》,要求货物使用的木质包装应在出境前进行除害处理,并加施IPPC确定的专用标志。目前,欧盟、加拿大、美国、澳大利亚等国家已采纳该标准并已于2005年3月1日始陆续实施,将来会有更多的国家采用该国际标准。对于不符合国际标准的木质包装,进口国家或地区将在入境口岸采取除害处理、销毁、拒绝入境等措施。

思考讨论:

木质包装的检验是属于商品检验,还是动植物检疫,或是卫生检疫,为什么?

经典案例 3-2

2019 年 7 月 5 日,重庆某公司委托代理公司向宁波海关申报进口一批高密度聚乙烯 HDPE 货物,并申报该批货物木质包装情况为天然木托 396 件。海关查验人员对该批货物实施木质包装现场查验,发现该公司在未经许可的情况下,擅自将部分货物连同木质包装运离港区,并无法再提回查验。宁波海关依法对该公司实施了行政处罚。

案例分析:进境木质包装作为境外有害生物传入我国的主要载体之一,携带各种有害生物,危害国家农林生态安全,历来是口岸检疫防控的重点。近年来发现的违规情况,主要有以下几方面的原因:① 贸易双方缺乏检疫常识,对木质包装的申报不重视;② 贸易相关方缺乏沟通和跟踪,特别是对国际物流仓储、装运环节中加固、支撑用木质包装相关信息沟通不畅;③ 报关工作存在失误,少数报关人员存在漏报或错报行为。

对于未按照规定向海关报检、报检与实际情况不符、未经海关许可擅自将木质包装货物卸离运输工具或者运递的,海关将依照《中华人民共和国进出境动植物检疫法》及其实施条例的相关规定予以行政处罚;对于未经海关许可,擅自拆除、遗弃木质包装的,未按海关要求对木质包装采取除害或者销毁处理的,伪造、变造、盗用 IPPC 专用标志的,由海关处以 3 万元以下罚款。

海关提醒:进口企业应增强自我防范意识和防控能力,在签订贸易合同时,应明确提出木质包装检验检疫及除害处理的要求,约定相应的违约责任条款。另外,还应及时了解木质包装的相关规定,如不清楚相关规定应及时向海关咨询,入境货物在使用木质包装时要注意核对,避免无意违法,给自身带来不必要的损失。

任务二 办理批件

对于进出口经营者来说,对外贸易管制的背后是进出口批件申领,由于一国贸易管制往往是以"奖出限入"为导向,故尤其对进口批件的办理应引起足够重视。进口批件也非常繁杂,这里我们以进口许可证和自动进口许可证的办理为例进行讲解,其他许可证件的申领与此大同小异。

一、进口许可证办理

（一）应向发证机关提交的申请材料

（1）对外贸易经营者资格证书、备案登记表或外商投资企业批准证书（年度内初次申领者提交）。

（2）进口许可证申请表。

（3）进口合同（正本复印件）。

（4）属于委托代理进口的，应提交委托代理进口协议。

（5）相关主管部门审批文件，如进口放射性同位素需提供环境保护部核批的《放射性同位素进口审批表》。

（6）进口经营者公函（介绍信）原件。

（7）进口经营者领证人员的有效身份证明。

（8）如因异地申领等特殊情况，需要委托他人申领的，被委托人应提供进口经营者出具的委托公函（其中应注明委托理由和被委托人身份）原件和被委托人的有效身份证明。

（二）申领程序

进口许可证的申领可以分为网上申领和书面申领。

1. 网上申领

（1）进口经营者在网上申领前，应先申领用于企业身份认证的电子钥匙。申请时，登录商务部配额许可证事务局网站（www.licene.org.cn），进入相关申领系统。

（2）根据当年《进口许可证管理货物目录》和《进口许可证管理货物分级发证目录》，按要求如实在线填写《进口许可证申请表》等资料。

（3）在线查看《进口许可证申请表》状态，待复审通过后打印《进口许可证申请表》并加盖公章。

（4）持《进口许可证申请表》及相关材料到商务部行政事务服务中心或地方商务主管部门领取进口许可证。

2. 书面申领

（1）企业从商务部配额许可证事务局网站下载《进口许可证申请表》。

（2）根据当年《进口许可证管理货物目录》和《进口许可证管理货物分级发证目录》，按要求如实填写申请表（一式两联）并加盖公章。

（3）将《进口许可证申请表》及相关材料递交商务部行政事务服务中心或地方商务主管部门，同时按要求如实在线填写《进口许可证申请表》。保存、上报申请表电子数据。

（4）申请内容正确且形式完备的，经过经办人初审、主管负责人复审后予以签发进口许可证。

知识链接

国家对部分出口货物实行指定口岸管理

锑及锑制品出口报关,指定黄埔海关、北海海关、天津海关;轻(重)烧镁出口,指定大连特办签发许可证,大连、天津、青岛、天津、长春、满洲里为报关口岸;甘草出口,指定天津海关、上海海关、大连海关为出口报关口岸;甘草制品出口,指定天津海关、上海海关为出口报关口岸;以陆运方式出口的对港澳地区的活牛、活猪、活鸡的出口许可证,指定广州特办、深圳特办签发;出口药品,指定北京、天津、上海、大连、青岛、成都、武汉、重庆、厦门、南京、杭州、宁波、福州、广州、深圳、珠海、海口、西安、南宁口岸。

二、自动进口许可证的办理

(一) 应向发证机关提交的申请材料

(1) 进出口经营资格证书、备案登记表或外商投资企业批准证书(以上证书、文件仅限公历年度内初次申领者提交)。

(2) 自动进口许可证申请表。

(3) 货物进口合同(正本复印件)。

(4) 属于委托代理进口的,应提交委托代理进口协议(正本复印件)。

(5) 对进口货物用途或者最终用户法律法规有特定规定的,应当提交进口货物用途或者最终用户符合国家规定的证明材料。

(6) 针对不同商品在"目录"中列明的应当提交的材料。

(7) 商务部规定的其他应提交的材料。

(8) 进口经营者公函(介绍信)原件。

(9) 进口经营者领证人员的有效身份证明。

(10) 如因异地申领等特殊情况,需要委托他人申领的,被委托人应提供进口经营者出具的委托公函(其中应注明委托理由和被委托人身份)原件和被委托人的有效身份证明。

(二) 申领程序

进口经营者可以通过网上申领或书面申领向相关商务主管部门提出申请。

1. 网上申领

(1) 进口经营者在网上申请前,应先申领用于企业身份认证的电子钥匙。申请时登录相关网站,如商务部配额许可证事务局网站(http://www.licence.org.cn),中国国际招标网(http://www.chinabidding.com.cn),进入相关申领系统。

(2) 按要求如实在线填写《自动进口许可证申请表》等资料。在线查看《自动进口许可证申请表》状态,待复审通过后打印《自动进口许可证申请表》并加盖公章。

（3）持《自动进口许可证申请表》及相关材料到相关商务主管部门领取自动进口许可证。

2．书面申领

（1）进口经营者可以从商务部配额许可证事务局网站下载《自动进口许可证申请表》（可复印）等有关材料。

（2）按要求如实填写，与本办法规定的其他材料一并递交相关商务主管部门。

经典案例 3-3

某公司从英国进口一台旧焊接机，申报的商品编码为 8515390000，企业在做完旧机电产品预装运检验后，将焊接机运抵上海口岸，在向海关申报环节被告知需要提供《中华人民共和国进口许可证》。

企业很不理解，根据海关监管要求，海关监管条件显示为"A"，未显示"O"（进口自动许可证），似乎该产品是不涉及进口许可证的。那么，为何会被告知需要提供进口许可证呢？

案例分析：根据《机电产品进口管理办法》，在进口机电产品时，除了自由进口的情况，还涉及限制进口（进口许可，海关监管证件"1"）和禁止进口情况（禁止，海关监管证件"6"）。本案例中进口的旧焊接机，申报商品编码为 8515390000，被列入到《重点旧机电产品进口目录》，虽然海关监管证件未进行对应标注，但是根据商务部、海关总署联合发布的《重点旧机电产品进口管理办法》以及《重点旧机电产品进口目录》的要求，重点旧机电产品实行进口许可证管理，进口企业还是需要办理相关的进口许可证件，海关凭该证核放货物。

故该案例中，由于监管证件"1"未进行对应标注，带有极大的隐蔽性和迷惑性，所以在进行机电产品进口时需要注意此类问题。

项目四　缴纳进出口税费

学习目标

知识目标

1. 理解进出口环节有关税费的含义、种类和征收范围。
2. 掌握进出口货物完税价格的审定原则。
3. 理解进出口货物原产地确定原则和方法。

技能目标

1. 能够计算进出口环节的税费。
2. 能够应用进出口货物完税价格的估价方法。
3. 能够处理进出口税费的退补。

情境导入

　　张晓在随张经理报一票单子:浙江义乌的一家做模具的公司进口设备200套(属于自动许可证管理、法定检验的商品),该企业向海关出具的发票价格为CIF 50 000美元/台。但在该货物进口后,该企业在境内将设备售出,并将其所提价款的10%(8 000美元/台)返还给境外的分公司。张晓查看《企业报关实用手册》,发现该设备适用的最惠国税率为13%,增值税税率为17%。张经理让张晓在报关之前先算出这票单子应征的税款,并通知收货人或其货代,让他们准备税款,这样海关的税款缴款书(俗称"税单")一出来,就可以及时缴税,从而可以结束通关,及时提货。

　　可张晓还是有些懵懂:什么是关税? 什么是增值税? 进出口完税价格如何审定? 进出口货物原产地确定原则是什么? 进口税费如何计算?

任务一　关税的计算与缴纳

一、征缴关税的依据

　　征缴关税的依据是《中华人民共和国海关法》(2017年11月4日修订)、《中华人民共和国海关进出口关税条例》《中华人民共和国海关审定进出口货物完税价格办法》《税率适用说明》《中华人民共和国海关进口税则》《中华人民共和国海关出口税则》及四个附录和其他相关法律法规。

二、关税的含义

关税(Customs 或 Tariff)是由海关对进出国境或关境的货物和物品征收的一种税,是世界各国普遍征收的一个税种。

国境是一个主权国家行使主权的境域,包括领土、领海、领空。关境又称税境或海关境域,是一个国家的关税法令完全实施的境域。在通常情况下,一个国家的关境与其国境是一致的。但在国境内设有免征关税的自由港或自由贸易区时,关境就小于国境;如几个国家结成关税同盟,在成员国之间货物进出国境不征收关税,只对来自和运往非同盟成员国的货物进出共同关境时征收关税,这时就各成员国来说,关境就大于国境。

三、关税的征税对象

根据《中华人民共和国海关进出口关税条例》的规定,关税的征税对象为进出我国国境的货物和物品。

货物是指贸易性商品,物品则是指非贸易的行李、邮包等,包括入境旅客随身携带的行李和物品、个人邮递物品、各种运输工具上的服务人员携带进口的自用物品、馈赠物品以及其他方式进境的个人物品。

四、关税的纳税人

进口货物关税的纳税人为进口我国准许进口的货物的收货人或其代理人。从我国境外采购进口的原产于我国境内的货物,也应当缴纳进口关税。

出口货物关税的纳税人为出口我国准许出口的货物的发货人或其代理人。

行李和邮寄物品进口关税的纳税人为携带有应税个人自用物品的入境旅客和运输工具服务人员、进口邮递物品的收件人以及其他方式进口应税个人自用物品的收件人。

五、关税税则

海关进出口税税则,简称关税税则,是指一个国家通过一定的立法程序制定和颁布实施的、按照一定的标准对进出境货物进行的归类,并根据货物归类制定的税目税率以及对归类总规则和税目税率表的运用所做的规定和说明。关税税则是一个国家关税制度的重要组成部分。

它是一国海关据以对进出口商品计征关税的规章和对进出口的应税与免税商品加以系统分类的一类表。里面有海关征收关税的规章条例及说明,也有海关的关税税率表。关税税率表的主要内容有:税则号列、商品分类目录和税率三部分。《中华人民共和国进出口税则》是《中华人民共和国进出口关税条例》的重要组成部分,主要包括进口税则、出口税则、规则与说明等。进口税则商品分类目录采用《商品名称及编码协调制度》。税目税率表设置序号、税则号列、货品名称、最惠国税率、协定税率、特惠税率、普通税率、关税配额税率、暂定税率栏目。出口税则包括归类规则与税目税率表。归类规则与进口税则相同,不单独列明。税目税率表设置序号、税则号列、货品名称、出口税率等栏目。《中华人民共和国进出口税则》的税号,采用 8 位编码。

我国关税条例明确规定,海关进出口税则是关税条例的组成部分。但是,由于关税税则本身的独立性,它又是独立于关税条例之外的一个关税法律文件。各国海关都是根据本国关税税则中规定的税率征收关税的。

我国关税税则商品分类目录采用国际通用的商品分类目录。自 1992 年 1 月 1 日起,我国海关开始采用《商品名称及编码协调制度》(简称《协调制度》),这是一种新的适用于与国际贸易有关的各方面需要的商品分类目录。按《协调制度》确定商品目录时,不仅可以在世界范围内统一各国海关税则的商品分类,而且可以统一各方对外贸易统计的商品分类,还可以在世界各国国际运输、生产部门、进出口部门作为商品目录使用,从而使各国在国际贸易谈判和关税谈判中使用的资料、数据有统一的或共同的基准,便于各国比较进出口贸易数量和关税水平。

根据《协调制度公约》的规定,凡签署该公约的缔约国在制定关税税率方面不承担任何义务,但应采用《协调制度》的所有税目、子目及其相应编号编制商品分类目录,不得做任何增添或删改;必须采用归类总规则及所有类、章、税目和子目的注释,不得更改类、章、税目和子目的范围及编号顺序;应按《协调制度》6 位数级目录公布本国的进出口贸易统计资料;各国可根据本国情况在 6 位数级编码后,增加本国的细目,从而使协调制度在国际通用的前提下,还可为各国经济利益服务。

我国关税税则、海关统计以及其他有关的对外贸易业务统一采用《协调制度》规定的分类目录,这对发展我国对外贸易事业具有重大意义。具体表现在:有利于海关充分运用经济、行政和法律手段加强对进出口货物的宏观调控;有利于海关实行计算机管理,推动报关自动化,提高工作质量和工作效率,促进全社会的节约;有利于加强海关的业务基础工作,促使海关的业务基础建设提高到一个新水平;有利于发展国际贸易,在国际谈判、信息分析和交流中可以取得更为准确的共同语言。

六、关税税率

海关进出口税则就是关税的税目税率表。该税率表将关税税率分为进口税率和出口税率两部分。由于篇幅的限制,教材只介绍税率的种类和使用方法,具体税率可以查询《中华人民共和国海关进出口税则》,这里推荐一个网址,即中国海关律师网(http://www.customslawyer.cn/),从中既可以查看所有进出口税则的全部内容,也可进行分类分章查询,还可以快速查找具体货物的税则号列、最惠国关税税率、关税普通税率、消费税税率、增值税税率、监管条件等内容。

(一) 进口关税税率

进口税率又分为普通税率和优惠税率。不同税率的适用是以进口货物的原产地为标准的。对原产于与中华人民共和国未订有关税互惠协议的国家或者地区的进口货物,按照普通税率征税;对原产于与中华人民共和国订有关税互惠协议的国家或者地区的进口货物,按照优惠税率征税。优惠税率是指最惠国优惠关税所规定的税率。

前款规定按照普通税率征税的进口货物,经国务院关税税则委员会特别批准,可以按照优惠税率征税。任何国家或者地区对其进口的原产于中华人民共和国的货物征收歧视性关税或者给予其他歧视性待遇的,海关对原产于该国家或者地区的进口货物,可以征收特别关税。征收特别关税的货物品种、税率和起征停征时间,由国务院关税税则委员会决定,并公布施行。

进出口货物,应当依照《海关进出口税则》规定的归类原则归入合适的税号,并按照适用的税率征税。

进出口货物,应当按照收发货人或者他们的代理人申报进口或者出口之日实施的税率征税。

进口货物到达前,经海关核准先行申报的,应当按照装载此项货物的运输工具申报进境之日实施的税率征税。

进出口货物的补税和退税,适用该进出口货物原申报进口或者出口之日所实施的税率。具体办法由海关总署另行规定。

(二) 出口关税税率

对出口货物征税的政策精神是,既要服从鼓励出口的政策,又要做到能够控制一些商品的盲目出口。目前我国只对极少数货物征税。

(三) 行李和邮寄进境物品进口税税率

海关对入境旅客行李物品、个人邮递物品以及其他个人进口自用物品征收的进口税,简称行邮物品进口税。

我国于 1962 年开始对行邮物品征收进口关税。1978 年为简化计征手续,将个人携带或邮递入境物品征收的进口关税和工商统一税合并,统称进口税,并取消征收地方附加税。1991 年 3 月 5 日,为适应对外开放的形势,海关总署重新制定发布了《关于入境旅客行李物品和个人邮递物品征收进口税办法》。

新的进口税征收办法规定,准许应税进口的旅客行李物品、个人邮寄物品以及其他个人自用物品,除另有规定的以外,都要征收进口税。进口税采取从价计征,以完税价格乘以进口税税率为应纳进口税税额。其中完税价格由海关参照同类物品的境外正常零售平均价格确定。

进口税税率经过多次调整,自 1996 年 8 月 1 日起,除免税外,税率从 10% 至 100%,共分 5 级。目前应征旅客行李物品和个人邮递物品进口税的税则号列分为 4 级,即 4 个税号。

第 1 税号税率为 13%,适用物品范围包括书报、刊物、教育专用的电影片、幻灯片、原版录音带、录像带、金银及其制品、食品、饮料,第 2、3、4 税号所不包括的其他商品。

第 2 税号税率为 20%,适用物品范围包括纺织品和制成品,皮革服装及配饰、箱包及鞋靴等,电器用具(不包括摄像机)照相机、自行车、手表、钟表(含配件、附件)、钻石及钻石首饰等。

第 3 税号税率为 30%,适用物品范围包括摄像机、"体育用品"中高尔夫球及球具,"表、钟及其配件、附件"中的高档手表(完税价格在 10 000 元以上的手表)等。

第 4 税号税率为 50%,适用物品范围包括烟、酒,贵重首饰及珠宝玉石等。

鉴于避孕用具及药品作为货物进口时综合税率为零,为平衡政策,对旅客携带和个人邮寄进境的避孕用具及药品不归入征税物品范围。对旅客携带和个人邮寄超出海关规定的自用合理数量部分按有关规定予以退运或按货物进口程序办理报关及验放手续。

应税个人自用汽车、摩托车及其配件、附件所适用的征税办法不同于其他个人自用物品。对进口应税个人自用汽车、摩托车及其配件、附件,应按《中华人民共和国海关进出口税则》和其他有关税法、规定征税。

知识链接

根据国务院关税税则委员会发布关于 2021 年进口暂定税率等调整方案的通知,2021 年将调整部分进口商品的最惠国税率、协定税率和暂定税率。自 2021 年 1 月 1 日起,对部分商品的进口关税进行调整;支持一些抗癌药、医疗器材、婴儿奶粉的价格下降,与新基建和高新技术产业发展相关的部分进口设备以及零部件将有更充足的保障。

2021 年关税调整方案中明确,对部分抗癌药和罕见病药品原料实行零关税;降低人工心脏瓣膜、助听器等医疗器材的进口关税;降低乳清蛋白粉等部分婴儿奶粉原料的进口关税,降幅甚至达到 50%。

自 2021 年 1 月 1 日起,我国将对 883 项商品实施低于最惠国税率的进口暂定税率。与此同时,相应取消金属废碎料等固体废物进口暂定税率,恢复执行最惠国税率。其中,中国与毛里求斯自贸协定从 2021 年 1 月 1 日起生效并实施降税。进一步降税的有中国与新西兰、秘鲁、哥斯达黎加、瑞士、冰岛、巴基斯坦、智利、澳大利亚、韩国、格鲁吉亚自贸协定以及亚太贸易协定。2021 年 7 月 1 日起,我国还将对 176 项信息技术产品的最惠国税率实施第六步降税。

本次调整体现出较强的"惠民生"导向,有利于降低患者和消费者的经济负担,提高生活品质。乳清蛋白粉、乳铁蛋白这些原料是生产高档婴儿奶粉的必要原料,所以降低这些原料的进口关税,可以降低最终产品也就是婴儿奶粉的终端价格,消费者就可以花更少的钱购买这些婴儿奶粉。

除了惠民生"礼包",还有促经济的重磅利好。燃料电池循环泵、铝碳化硅基板、砷烷等产品的进口关税进一步降低,从 5%~8% 降到 2%~4%。像燃料电池循环泵这些听起来有些晦涩的产品名字,实际上都是支持新基建和高新技术产业发展的重要设备、零部件以及原材料。从目前产业结构来看,我们国家的传统优势在于下游制造业,尤其是加工制造环节。那么,降低这些中间产品的进口关税,可以提高我们下游制造业在国际市场中的竞争力,可以更好地扩大出口,当然也可以更好地满足国内市场的需求。

从经济高质量发展的角度出发,新一轮关税调整还降低了一部分节能环保产品的进口关税。例如,作为汽车节能减排的重要部件,废气再循环阀的进口关税由 7% 降到 5%。

此外,针对一些来自特定国家的产品,进口关税下调还有不少"小惊喜"。比如 2022 年 1 月 1 日起,对蒙古开始执行亚太贸易协定税率。我国从蒙古进口较多的焦炭的关税税率也将从目前的 5% 下调到协定税率的 2.5%,这无疑将促进我国能源进口的多元化。

本次关税调整是近年来力度较大的一次调整,不仅涉及税率调整,也涉及以往几年触及不多的税目调整,因此颇具看点。调整后的税目总数达到 8 580 个,比 2020 年增加了 31 个。

七、关税的减免

关税减免是贯彻国家关税政策的一项重要措施。关税减免分为法定减免税、特定减免税和临时减免税。

(一)法定减免

法定减免是税法中明确列出的减税或免税。符合税法规定可予减免税的进出口货物,纳税义务人无须提出申请,海关可按规定直接予以减免税。海关对法定减免税货物一般不进行后续管理。我国《海关法》和《进出口条例》明确规定,下列货物、物品予以减免关税:

(1)关税税额在人民币 50 元以下的一票货物,可免征关税。

(2)无商业价值的广告品和货样,可免征关税。

(3)外国政府、国际组织无偿赠送的物资,可免征关税。

(4)进出境运输工具装载的途中必需的燃料、物料和饮食用品,可予免税。

(5)经海关核准暂时进境或者暂时出境,并在 6 个月内复运出境或者复运进境的货样、展览品、施工机械、工程车辆、工程船舶、供安装设备时使用的仪器和工具、电视或者电影摄制器械、盛装货物的容器以及剧团服装道具,在货物收发货人向海关缴纳相当于税款的保证金或者提供担保后,可予暂时免税。

(6)为境外厂商加工、装配成品和为制造外销产品而进口的原材料、辅料、零件、部件、配套件和包装物料,海关按照实际加工出口的成品数量免征进口关税;或者对进口料、件先征进口关税,再按照实际加工出口的成品数量予以退税。

(7)因故退还的中国出口货物,经海关审查属实,可予免征进口关税,但已征收的出口关税不予退还。

(8)因故退还的境外进口货物,经海关审查属实,可予免征出口关税,但已征收的进口关税不予退还。

(9)进口货物如有以下情形,经海关查明属实,可酌情减免进口关税:

① 在境外运输途中或者在起卸时,遭受损坏或者损失的;

② 起卸后海关放行前,因不可抗力遭受损坏或者损失的;

③ 海关查验时已经破漏、损坏或者腐烂,经证明不是保管不慎造成的。

(10)无代价抵偿货物,即进口货物在征税放行后,发现货物残损、短少或品质不良,而由国外承运人、发货人或保险公司免费补偿或更换的同类货物,可以免税。但有残损或质量问题的原进口货物如未退运国外,其进口的无代价抵偿货物应照章征税。

(11)我国缔结或者参加的国际条约规定减征、免征关税的货物、物品,按照规定予以减免关税。

(12)法律规定减征、免征的其他货物。

（二）特定减免

特定减免,是指在法定减免之外,为了适用经济发展的需要,由海关总署、财政部根据国务院的政策所规定的减免税,以及对某些情况经过特别批准实施的减免税。其原则是:

（1）对国家需要优先发展的教育、科研事业和国民经济的薄弱部门,需要从关税政策上支持,而税则规定的税率又无法体现支持,于是通过特定关税减免予以支持。

（2）在形式上已经进口,实际上还需复运出口的货物,因其不在国内销售,按照关税的征税原则不应征收的,需另订办法予以管理。

（3）对于因策略上需要不宜在税则中列明免税进口的货物,如军用武器,另行制订免税办法。

（三）临时减免

临时减免税是指以上法定和特定减免税以外的其他减免税,即由国务院根据《海关法》对某个单位、某类商品、某个项目或某批进出口货物的特殊情况,给予特别照顾,一案一批,专文下达的减免税。一般有单位、品种、期限、金额或数量等限制,不能比照执行。

按照规定减征、免征关税的进口货物,在监管年限之内经海关核准出售、转让或者移作他用时,应当按照其使用时间折旧估价,补征关税。

八、关税的计算

报关时,报关员要在报关单申请表上填上申报的货物名称和所归税号。海关审核后,根据税号对应的税率计算应收的进口关税和代征增值税、消费税。

关税有四种计算方法:从价关税、滑准税、复合税和从量税等计算方法。

（一）从价关税的计算方法

从价关税的计算公式如下:

$$从价关税＝关税完税价格×特别关税税率$$

（二）滑准税的计算方法

滑准税是指关税的税率随着进口商品价格的变动而反方向变动的一种税率形式,即价格越高,税率越低。税率为比例税率。因此,实行滑准税率,进口商品应纳关税税额的计算方法,与从价税的计算方法相同。其计算公式如下:

$$应纳关税税额＝完税价格×滑准税率$$

（三）复合税的计算方法

复合税亦称混合税,它是对进口商品既征从量税又征从价税的一种办法。一般以从量税为主,再加征从价税。混合税额的计算公式如下:

$$\begin{aligned}\frac{\text{应纳}}{\text{税额}}&=\frac{\text{应税进口}}{\text{货物数量}}\times\frac{\text{关税单位}}{\text{税额}}+\frac{\text{应税进口}}{\text{货物数量}}\times\frac{\text{单位完税价格}}{\text{适用税率}}\end{aligned}$$

(四) 从量税的计算方法

从量税是依据商品的数量、重量、容量、长度和面积等计量单位为标准来征收关税的。它的特点是不因商品价格的涨落而改变税额,计算比较简单。从量税额的计算公式如下:

$$\text{应纳税额}=\text{应税进口货物数量}\times\text{关税单位税额}$$

九、关税完税价格的确定

关税一般实行从价计征,以进出口货物或物品的完税价格为计税价格,按规定的税率计算征收应纳税额。

例如,某企业进口货物 100 台,每台完税价格折合人民币 10 000 元,计算该企业应纳关税税额。若该批货物税率为 10%,则应纳税额 100 000 元($=10\,000\times100\times10\%$)。

在税率一定的情况下,能否准确无误地审定完税价格,是正确计算应纳关税税额的关键。

(一) 进口货物完税价格的确认

1. 基本形式:进口货物完税价格的确认

(1) 进口货物以海关确认的正常成交价格为基准的 CIF 价格作为完税价格。正常成交价格是指成交双方不具有特殊经济关系,且该项货物在公开市场上可以采购到的正常价格。所称的 CIF 价格,包括货价以及加上货物运抵中国关境内输入地起卸前的包装、运输、保险和其他劳务等费用。对于卖方付给我方的正常回扣、佣金,在合同内订明的,应从成交价格内扣除。在成交价格外,买方另行付给卖方一部分佣金,应加入成交价格。

(2) 进口货物的成交价格经海关审查未能确定的,应以从该货物的同一出口国(地区)购进的相同或类似货物的正常成交价格为基础的 CIF 价格作为完税价格。

上述相同货物是指在所有方面都相同的货物,包括物理或化学性质、质量和信誉,但是表面上的微小差别或包装上的差别允许存在。

上述类似货物是指具有类似原理和结构、类似特性、类似组成材料,并有同样的使用价值,而且在功能上与商业上可以互换的货物。

(3) 如按上述规定,完税价仍未能确定的,应当以相同或类似进口货物在国内市场的批发价格,减去进口关税、进口环节其他税收以及进口后的正常运输储存、营业费用、利润作为完税价格,上述进口后的各项费用及利润经综合计算定为完税价格的 20%。

2. 特殊形式:进口货物完税价格的确认

(1) 运往境外加工的货物,出境时已向海关报明,并在海关规定期限内复运进境的,应当以加工后的货物进境时的 CIF 价格与原出境货物或者相同的、类似的货物在进境时的 CIF 价格之间的差额作为完税价格。

如上述原出境货物在进境时的 CIF 价格无法得到,可用原出境货物报出境时的 FOB 价格替代。如上述两种方法的 CIF 价格都无法得到时,可用原出境货物在境外加工时支付的工缴费、加工运抵中国关境输入地点起卸前的包装费、运费、保险费和其他劳务费等一切费用作为完税价格。

(2) 运往境外修理的机械器具、运输工具或者其他货物,出境时已向海关报明并在海关规定期限内复运进境的,应当以海关审定的修理费和料件费作为完税价格。

(3) 以租赁(包括租借)方式进境的货物应当以海关审定的货物的租金,作为完税价格。如租赁进口货物是一次性支付租金的,也可以海关审定的该项进口货物的成交价格作为完税价格。

(4) 寄售进口货物完税价格的确认,有两种方法:一种是作为保税货物处理,即将货物存保税仓库,以实际出库销售的价格作为完税价格;另一种是进口后即投入市场销售,则以海关审核的货主开出的发票价格作为该项货物的完税价格。

3. 进出口货物完税价格确认中的共同要求

进出口货物的收发货人或者他们的代理人,应当如实向海关申报进出口货物的成交价格。申报的成交价格明显低于或者高于相同或者类似货物的成交价格的,由海关依照有关规定确定完税价格。

进出口货物的 CIF 价格、FOB 价格或者租金、修理费、料价费等以外币计价的,由海关按照填发税款缴纳证之日的人民币外汇牌价的买卖中间价,折合人民币计征关税。

完税价格金额计算到元为止,元以下四舍五入。进口货物完税价格具体计算方法如下。

1) CIF 价格

以我国口岸 CIF 价格、CIF 价格加佣金价格、CIF 价格加战争险价格成交的或者和我国毗邻的国家以两国共同边境地点交货价格成交的,分别以该价格作为完税价格。其计算公式如下:

$$完税价格＝CIF 价格$$

2) FOB 价格

以国外口岸 FOB 价格或者从输出国购买以国外口岸 CIF 价格成交的,必须分别在上述价格基础上加从发货口岸或者国外交货口岸运到我国口岸以前的运杂费和保险费作为完税价格。若以成本加运费价格成交的,则应另加保险费作为完税价格。

完税价格内应当另加的运费、保险费和其他杂费,原则上应按实际支付的金额计算。若无法得到实际支付金额时,也可以外贸海运进口运费率或按协商规定的固定运杂费率计算运杂费,保险费则按中国人民保险公司的保险费率计算。其计算公式如下:

$$完税价格＝(FOB＋运费)÷(1－保险费率)$$

3) CFR 价格(货价加运费价格,或称含运费价格)

以货价加运费价格成交的,应当另加保险费作为完税价格。其计算公式如下:

$$完税价格＝CFR÷(1－保险费率)$$

为了计算方便,可先计算出常数。其计算公式如下:

$$常数＝1÷(1－保险费率)$$

再计算完税价格。计算公式如下:

$$完税价格＝CFR 价格×常数$$

对个别货物实际没有支付运费,以及货物没有投保的,在计征时可酌加运费和普通保险费。由陆路进口的货物,在计算完税价格时,所有应加运费等均应计算至该货物运抵我国国境为止。

4)正常批发价格

若海关不能确定进口货物在采购地的正常批发价格,则应以申报进口时国内输入地点的同类货物的正常批发价格,减去进口关税和进口环节代征税以及进口后正常运输储存、营业费用及利润作为完税价格。如果国内输入地点的同类货物的正常批发价格不能确定或者有其他特殊情况时,货物的完税价格由海关估定。

(1)不征国内税货物,计算公式如下:

$$完税价格＝国内市场批发价格÷(1＋进口优惠税率＋20\%)$$

(2)应缴纳国内税的货物应当扣除国内税,计算出完税价格。其计算公式如下:

$$\frac{完税}{价格}＝\frac{国内市场}{批发价格}÷\left[1＋\frac{进口关税}{优惠税率}＋20\%＋\left(1＋\frac{关税}{税率}\right)÷\left(1－\frac{代征税}{税率}\right)×\frac{代征税}{税率}\right]$$

(注:以上两公式分母中的 20% 为需从批发价格中减除的费用利润。)

4. 进口货物完税价格海关估价方法

海关对进口货物完税价格的估价方法有成交价格法、相同货物成交价格法、类似货物成交价格法、倒扣价格法、计算价格法和合理法六种。这六种方法必须依次使用。另外,经海关同意,倒扣价格法和计算价格法可以颠倒使用。

1)进口货物成交价格法

(1)完税价格。完税价格是由海关以该货物的成交价格为基础审查确定,并应包括货物运抵中华人民共和国境内输入地点起卸前的运输及相关费用、保险费。

(2)成交价格。成交价格是指卖方向中华人民共和国境内销售该货物时买方为进口该货物向卖方实付、应付的,并按有关规定调整后的价款总额,包括直接支付的价款和间接支付的价款。

成交价格不完全等同于贸易中实际发生的发票价格,需要按有关规定进行调整。

(3)成交价格的调整因素。

① 计入因素(也叫计入项目):

a.除购货佣金以外的佣金和经济费用。

佣金分为购货佣金和销售佣金。购货佣金也叫买方佣金,不计入完税价格。而销售佣金(卖方佣金)要计入完税价格。

b. 与进口货物作为一个整体的容器费。

c. 包装费,既包括材料费,也包括人工费。

d. 协助的价值。

在国际贸易中,买方以免费或以低于成本价的方式向卖方提供了一些货物或者服务,这些货物或服务的价值被称为协助价值。包括进口货物所包含的材料、部件、零件和类似货物的价值;在生产进口货物过程中使用的工具、模具和类似货物的价值;在生产进口货物过程中消耗的材料的价值;在境外完成的为生产该货物所需的工程设计、技术研发、工艺及制图等工作的价值。

e. 特许权使用费。

f. 返回给卖方的转售收益。

如果买方在货物进口后,把进口货物的转售、处置或使用的收益一部分返还给卖方,这部分收益的价格应该计入完税价格中。

上述所有项目的费用或价值计入完税价格中,必须同时满足三个条件:

a. 由买方负担。

b. 未包括在进口货物的实付或应付价格中。

c. 有客观量化的数据资料。

② 扣除项目(不计入完税价格的项目):

进口货物的价款中单独列明的下列费用,如果成交价格中已经包含这些项目,则将其从成交价格中扣除;如果成交价格中没有包含这些项目,则不计入该货物的完税价格。

a. 厂房、机械、设备等货物进口后进行建设、安装、装配、维修和技术服务的费用。

b. 货物运抵境内输入地点起卸后的运输及其相关费用、保险费。

c. 进口关税及国内税收。

d. 为在境内复制进口货物而支付的费用。

e. 境内外技术培训及境外考察费用。

(4) 成交价格本身须满足的条件。

① 买方对进口货物的处置和使用不受限制。以下情况视为限制:

a. 进口货物只能用于展示或者免费赠送。

b. 进口货物只能销售给指定第三方。

c. 进口货物加工为成品后只能销售给卖方或指定第三方的。

d. 其他经海关审查认定买方对进口货物的处置或者使用受到限制的。

② 货物的价格不应受到导致该货物成交价格无法确定的条件或因素的影响。以下情况视为有影响:

a. 进口货物的价格是以买方向卖方购买一定数量的其他货物为条件确定的。

b. 进口货物的价格是以买方向卖方销售其他货物为条件而确定的。

c. 其他经海关审查,认定货物的价格受到使该货物成交价格无法确定的条件或者因素影响的。

③ 卖方不得直接或间接地从买方获得因转售、处置或使用进口货物而产生任何收

益,除非按照《关税条例》及《中华人民共和国海关审定进出口货物完税价格办法》(简称《审价办法》)的相关规定做出调整。

④ 买卖双方之间的特殊关系不影响价格。以下情况视为有特殊关系:

a. 买卖双方为同一家族成员。

b. 买卖双方互为商业上的高级职员或董事。

c. 一方直接或间接地受另一方控制。

d. 买卖双方都直接或间接地受第三方控制。

e. 买卖双方共同直接或间接地控制第三方。

f. 一方直接或间接拥有、控制或持有对方 5% 以上(含 5%)公开发行的有表决权的股票或股份。

g. 一方是另一方的雇员、高级职员或董事。

h. 买卖双方是同一合伙的成员。

2)相同或类似货物成交价格法

不能够采用成交价格方法,按照顺序考虑采用相同或类似进口货物的成交价格方法。

(1)"相同货物"和"类似货物"。

相同货物指进口货物在同一国家或者地区生产的,在物理性质、质量和信誉等所有方面都相同的货物,但是表面的微小差异允许存在。

类似货物指与进口货物在同一国家或者地区生产的,虽然不是在所有方面都相同,但是却具有相似的特征、相似的组成材料、相同的功能,并且在商业中可以互换的货物。

(2)时间要素。

指"相同货物"或"类似货物"必须与进口货物同时或大约同时进口。同时或大约同时进口指进口货物接受申报之日的前后各 45 天以内。

(3)运用。

首先应用和进口货物处于相同商业水平、大致相同数量的相同或类似货物的成交价格,应优先使用同一生产商生产的相同或类似货物的成交价格。

3)倒扣价格法

倒扣价格法是以进口货物、相同或类似进口货物在境内第一环节的销售价格为基础,扣除境内发生的有关费用来估定完税价格。

(1)用以倒扣的上述销售价格应同时符合以下条件:

① 在被估货物进口时或大约同时,与该货物相同或类似进口货物在境内销售的价格。

② 按照该货物进口时的状态销售的价格。

③ 在境内第一环节销售的价格。

④ 向境内无特殊关系方销售的价格。

⑤ 按照该价格销售的货物合计销售总量最大。

(2)倒扣价格方法的核心要素:

① 按进口时的状态销售。

② 时间要素。

③ 合计的货物销售总量最大。

（3）倒扣价格方法必需的倒扣项目。

① 在境内第一环节销售时通常支付的佣金或利润和一般费用。

② 货物运抵境内输入地点之后的运保费。

③ 进口关税以及在境内销售有关的国内税。

④ 加工增值额。

4）计算价格法

以发生在生产国或地区的生产成本作为基础。

计算价格法为第五种估价方法，但如果进口货物纳税义务人提出要求，并经海关同意，计算价格方法可以与倒扣价格方法颠倒顺序使用。

5）合理方法

当海关不能根据前面 4 种估价方法确定完税价格时，根据公平、统一、客观的估价原则，以客观量化的数据资料为基础审查确定进口货物完税价格的估价方法。

合理估价方法，实际上不是一种具体的估价方法，而是规定了使用方法的范围和原则。运用合理方法估价时，首先应当依次使用前五种估价方法。

（二）出口货物完税价格的确认

出口货物应当以海关审查确定的货物售与境外的离岸价格扣除关税后的余额作为完税价格。售与境外的离岸价格，是指出口货物装上运输工具离开我国国境时的价格，应以其实际结汇的价格或者贸易合同规定的价格为计算依据。其计算公式为：

$$完税价格＝离岸价格÷（1＋出口关税税率）$$

对于以离岸价格加运费价格和国外口岸价格成交的货物，其价格内所包括的运费和保险费，原则上以实际支付金额加以扣除。对于以离岸价格成交的出口商品，若其价格内包括了向国外支付的佣金，则应先扣除佣金，再扣除出口关税后计算完税价格。离岸价格不能确定时，其完税价格由海关估定。

（三）行李和邮递物品完税价格的确认

行李和邮递物品进口税实行从价计征。纳税人应当按照海关填发税款缴纳证当日有效的税率和应税物品的完税价格计算纳税。其完税价格应当以到岸价格为计税依据，无法确定到岸价格的，可以按照《进口旅客行李物品和个人邮递物品完价格表》规定的价格计税，也可由海关参照应税物品的境外正常零售价格确定完税价格。但对于个人进口自用的电视机、收录机、电子计算器及其主要零部件的完税价格，参照国内零售价计税。

上述到岸价格和离岸价格以外币计价的，应当由海关按照填发税款缴纳证之日国家外汇管理部门公布的人民币外汇牌价的买卖中间价，折合成人民币。无牌价的外币，按国家外汇管理部门决定的汇率折合计算。

进出口货物的收、发货人或者他们的代理人，应当如实向海关申报进出口货物的成交价格。如果申报的成交价格明显低于或者高于相同或者类似货物的成交价格，海关可以根据类似货物的成交价格、国际市场价格、国内市场价格或者其他合理的方法估定完税价格。

进出口货物的收、发货人或者他们的代理人,在向海关递交进出口货物报关单时,应当交验载明货物的真实价格、运费、保险费和其他费用的发票,以及包装清单和其他有关单证(必要时,海关还可以检查买卖双方的有关合同、账册、单据和文件,或者做其他调查);否则,应当按照海关估定的完税价格纳税;事后补交单证的,税款也不做调整。

十、关税的征收

(一) 申报制度

申报制度是指进出口单位向海关进口或出口,接受海关监督检查所必须履行的通关手续。办完报关手续,结清应付的税款和其他费用,经海关同意,货物即可通关放行。

(二) 纳税方式

1. 集中纳税

1993 年 1 月 1 日前,凡是对外贸易部所属各进出口总公司的国外统一订货,并负责对外承付货款的进口货物,由总公司在北京集中缴纳。

2. 口岸纳税

口岸纳税也称就地纳税,是各国海关通常使用的关税征收方式。采用这种方式,进(出)口货物在进(出)口地,由收(发)货人向海关申报。经当地海关对实际货物进行监督、查验后,计算应纳关税和在进口环节应代征的税费,填发税款缴纳证,交由纳税人在规定的税款缴纳期限内,向指定银行缴纳税款,解缴中央金库。

集中纳税使海关监管与征税脱节,容易造成漏税和拖欠税款。为避免这一问题,自1993 年 1 月 1 日起进口货物一律在进口地海关办理申报和纳税手续。对出口货物,一直实行分散纳税方式,由出口货物申请人或者代理人在出口地海关办理申报和纳税手续。

(三) 纳税期限与滞纳金、滞报金

1. 纳税期限

关税应当在按照进出口货物规定向海关申报之后,海关放行之前一次缴纳。进出口货物的收、发货人或者他们的代理人,应当自海关填发税款缴纳证的之日起 7 日之内,向指定银行缴纳税款,然后由海关办理结关放行手续。

在某些特殊情况下(如易腐、急需、有关手续无法立即办结等),海关可以在提取货样、收取保证金或者接受纳税人提供的其他担保之后,先办理放行货物的手续,后办理征纳关税的手续。

2. 滞纳金

逾期缴纳税款的,需要缴纳滞纳金。滞纳金在应纳税额的基础上,按日加收税额的 1‰。

$$关税滞纳金＝滞纳关税税额×0.05\%×滞纳天数$$

3. 滞报金

进口货物报关人逾期申报的,需要缴纳滞报金。滞报金以进口货物完税价格为基础,按日加收税额的 0.05%。

$$关税滞报金＝进口货物完税价格×0.05\%×滞报天数$$

十一、关税的退税与补征

(一) 关税的退税

对下列情况,纳税人可以从缴纳税款之日起的 1 年内,书面申明理由,连带纳税收据向海关申请退税,逾期不予受理:

(1) 因海关误征,多征税款的。

(2) 海关核准免验的进口货物,在完税后,发现有短缺情况,经海关审查认可的。

(3) 已征出口关税的货物,因故未装运出口,申报退关,经海关查验属实的。

海关应当自受理退税申请之日起 30 日内做出书面答复并通知退税申请人。

(二) 关税的补征

进出境货物完税后,如果发现有少征或者漏征税款的情况,海关应当自缴纳税款或者货物放行之日起 1 年内,向收、发货人或者他们的代理人补征。对于纳税人违章而造成的短缴税款,海关可以在 3 年内追征。

任务二　增值税的计算与缴纳

一、增值税及其征纳依据

增值税是以商品或劳务的增值额为计征对象的一种税,因此叫增值税。但由于在实际中准确计算商品的增值额十分繁杂,因此目前大多数国家都是根据增值税的计税原理,采取抵扣已征税款办法计算征收增值税。具体做法是以商品销售额为计税依据,按照税法规定的税率计算出商品应负担的增值税额,然后扣除为生产商品所耗的外购物资(如原材料、燃料、低值易耗品等)在以前生产流通环节已缴纳的增值税,扣除后的余额为企业应纳税额。

在我国,增值税是指在我国境内销售或者提供加工、修理修配劳务以及进口货物的单位和个人。就其商品或劳务销售额以及进口货物的金额为计税依据,并实行扣除已征税款制度的一种流转税。

增值税一般被认为是中性税种,能够避免重复征税,能较好地体现公平税负的原则,有利于企业间在同等条件下进行公平竞争,使自然资源和劳动力达到最佳配置。

增值税的征纳依据主要有《中华人民共和国增值税暂行条例》(简称《增值税暂行条例》)及其《实施细则》、相关法律法规。

二、增值税的纳税人

增值税的纳税人就是在我国境内销售或者提供加工、修理修配劳务以及进口货物的单位和个人。只要在我国境内销售或者提供加工、修理修配劳务以及进口货物,无论是单位还是个人,都是增值税的纳税人,因此包括个体工商户和其他个人(自然人)在内的个人也是纳税人。

为了严格增值税的征收管理,《增值税暂行条例》将增值税纳税人分为一般纳税人和小规模纳税人。

小规模纳税人是指年销售额在规定标准以下或者会计核算不健全,不能按规定报送有关税务资料的增值税纳税人。所称会计核算不健全是指不能正确核算增值税的销项税额、进项税额和应纳税额。

小规模纳税人的认定标准是:① 从事货物生产或提供应税劳务的纳税人,以及以从事货物生产或提供应税劳务为主,并兼营货物批发或零售的纳税人,年应税销售额在100万元以下的。② 从事货物批发或零售的纳税人,年应税销售额在180万元以下的。年应税销售额超过小规模纳税人标准的个人、非企业性单位、不经常发生应税行为的企业,视同小规模纳税人纳税。③ 自1998年7月1日起,凡年应税销售额在180万元以下的小规模商业企业,无论财务核算是否健全,一律不得认定为一般纳税人,均应按照小规模纳税人的规定征收增值税。这里的商业企业是指从事货物批发或零售的企业、企业性单位以及从事货物批发或零售为主,并兼营货物生产或提供应税劳务的企业或企业性单位。

一般纳税人是指年应征增值税销售额超过小规模纳税人的标准且会计核算制度健全的企业和企业性单位。对一般纳税人的确认,由主管税务机关依照税法规定的标准认定。

凡增值税一般纳税人,均应依法向其企业所在地的国税机关申请办理一般纳税人认定手续。纳税人总分支机构不在同一县(市)的,应分别向其机构所在地主管税务机关申请办理一般纳税人认定手续。企业申请办理一般纳税人认定手续,应提出申请报告,并提供下列有关证件、资料:① 营业执照;② 有关合同、章程、协议书;③ 银行账号证明;④ 税务机关要求提供的其他有关证件、资料。

县级以上主管税务机关在初步审核企业的申请报告和有关资料后,发给《增值税一般纳税人申请认定表》,企业应如实填写《增值税一般纳税人申请认定表》。企业填报《增值税一般纳税人申请认定表》一式两份,审批后,一份交基层征收机关,一份退企业留存。对于企业填报的《增值税一般纳税人申请认定表》,负责审批的税务机关应在收到之日起30日内审核完毕。符合一般纳税人条件的,发给"增值税一般纳税人资格证书",作为领购增值税专用发票的证件。

三、增值税的征税范围

增值税的征税范围包括销售货物或者提供加工、修理修配劳务以及进口货物。

销售货物,指有偿转让货物的所有权。货物是指有形动产,包括电力、热力、气体在内,但不包括无形资产和不动产,销售不动产和转让无形资产属于营业税的征税范围。

提供加工和修理修配劳务都属于劳务服务性业务。"加工"是指受托加工货物,即委托方提供原料及主要材料,受托方按照委托方的要求制造货物并收取加工费的业务。"修理修配"是指受托对损伤和丧失功能的货物进行修复,使其恢复原状和功能的业务。提供加工和修理修配劳务都是指有偿提供加工和修理修配劳务。单位或个体经营者聘用的员工为本单位或雇主提供加工、修理修配劳务则不包括在内。提供除加工、修理修配以外的其他劳务不征增值税,也属于营业税的征税范围,如提供运输劳务。

进口货物,指申报进入我国海关境内的货物。确定一项货物是否属于进口货物,必须看其是否办理了报关进口手续。只要是报关进口的应税货物,均属于增值税征税范围,在进口环节缴纳增值税。

四、视同销售行为的征税

视同销售行为是指纳税人的活动不是典型意义的销售货物行为,虽然没有销售收入或者货物的所有权不发生转移,但是要计征增值税的行为。单位或个体经营者的下列行为视同销售行为:

(1) 将货物交付他人代销。

(2) 销售代销货物。

(3) 实行统一核算纳税人的、不在同一县(市)范围内的、两个以上机构之间的货物移送。

(4) 将自产或委托加工的货物用于在建工程等非应税项目。

(5) 将自产、委托加工或购买的货物作为投资提供给其他单位或个体经营者。

(6) 将自产、委托加工或购买的货物分配给股东或投资者。

(7) 将自产、委托加工的货物用于集体福利或个人消费。

(8) 将自产、委托加工或购买的货物无偿赠送他人。

相关链接

2010 年 10 月 14 日,宁波海关缉私局侦破一起低报价格走私进口破碎锤案。2009 年 9 月至 2010 年 4 月间,宁波某工程机械有限公司为逃避海关监管,伪造虚假单证,以低报价格的方式从境外走私进口破碎锤,并在国内销售牟利。经核定,该案案值人民币 193.3 万元,涉嫌偷逃应缴税款共计人民币 45.8 万元。

五、增值税税率

(一) 一般纳税人的税率

我国对增值税一般纳税人设置了一档基本税率、一档低税率和对出口货物实施的零税率。

1. 基本税率

纳税人销售或进口货物,除出口、低税率和小规模纳税人简征办法中列举的以外,税率均为13%;提供加工、修理修配劳务的,税率也为13%。

2. 低税率

纳税人销售或进口下列货物的,税率为9%:

(1) 粮食等农产品、食用植物油、食用盐。

(2) 自来水、暖气、冷气、热水、煤气、石油液化气、天然气、沼气、居民用煤炭制品。

(3) 图书、报纸、杂志、音像制品、电子出版物。

(4) 饲料、化肥、农药、农机(不包括农机零部件)、农膜。

(5) 国务院规定的其他货物。

这里需要说明的是,农业产品包括种植业、养殖业、林业、牧业、水产业生产的各种植物、动物的初级产品。除农业生产者销售自产农业产品予以免征增值税外,一切单位和个人销售外购农业产品或外购农业产品生产、加工后销售的仍然属于注释所列农业产品的,应按规定税率征税。

3. 零税率

纳税人出口货物,税率为零,并实行出口退税制度,但是国务院另有规定的货物除外。

基本税率和低税率也适用进口货物。

(二) 小规模纳税人的征收率

小规模纳税人实行按销售额与征收率计算应纳税额的简易办法,小规模纳税人征收率一般为3%。

一般纳税人生产下列货物,可按简易办法依照征收率计算缴纳增值税,并可由其自己开具专用发票。也可不按简易办法而按有关对一般纳税人的规定计算缴纳增值税,但是选择的计算缴纳增值税的办法至少3年内不得变更。

(1) 县以下小型水力发电单位生产的电力。

(2) 建筑用和生产建筑材料所用的砂、土、石料。

(3) 以自己采的砂、土、石料或其他矿物连续生产的砖、瓦、石灰,但不包括黏土实心砖、瓦。

(4) 用微生物、微生物代谢产物、动物毒素、人或动物的血液或组织制成的生物制品。

(5) 自来水。

(6) 商品混凝土(仅限于以水泥为原料生产的水泥混凝土)。

(7) 属于增值税一般纳税人的单采血浆站销售非临床用人体血液,可以按照简易方法依照 6% 征收率计算应纳税额,但不得对外开具增值税专用发票;也可以按照销项税额抵扣进项税额的办法依照增值税使用税率计算应纳税额。

六、增值税的计算

(一)一般纳税人的计税

增值税一般纳税人销售货物或提供劳务时,计税方法相对小规模纳税人要复杂,计税公式为:

$$应纳税额＝当期销项税额－当期进项税额$$

增值税一般纳税人当期应纳税额的多少,取决于当期销项税额和当期进项税额这两个因素。在分别确定销项税额和进项税额的情况下,就不难计算出应纳税额。销项税额是增值税法规中计算一般纳税人应纳税额时的一个特定概念,是指纳税人销售货物或者提供应税劳务,按照销售额或应税劳务收入和规定的税率计算并向购买方收取的增值税税额。销项税额的计算公式为:

$$销项税额＝销售额×适用税率$$

销项税额的计算取决于销售额和适用税率两个因素。适用税率此前已有说明,此处主要介绍销售额。销售额与前面所介绍的小规模纳税人确定销售额的方法基本一致,主要是含税销售额换算成不含税销售额有一定的区别,换算公式为:

$$计税销售额＝含税销售额÷(1＋税率)$$

例如,某百货商场为一般纳税人,2月份含税销售额为 113 万元,则计税销售额为 100 万元[＝113÷(1＋13%)],销项税额为 13 万元(＝100×13%)。

进项税额将在后面介绍。

(二)小规模纳税人的计税

小规模纳税人销售货物或提供应税劳务时,按照简易办法计算应纳增值税税额,计算公式为:

$$应纳税额＝销售额×征收率$$

例如,某加工厂为小规模纳税人,2021 年 2 月份取得不含税销售收入 2 万元,则该工厂 2 月份应纳增值税额为 600 元(＝20 000×3%)。

(三)进口环节增值税的计算

进口环节增值税按下列公式计算,不得抵扣。

$$应纳增值税税额＝组成计税价格×税率$$

$$组成计税价格＝关税完税价格＋关税＋消费税$$

进口货物的完税价格由海关以成交价格以及该货物运抵我国境内输入地点起卸前的运输及其相关费用、保险费为基础审查确定。

消费税的确定将在后面介绍。

进口环节增值税税额在人民币 50 元以下的一票货物,免征进口环节增值税。

七、增值税的征管

(一) 增值税的纳税地点

增值税应向主管国税机关申报纳税,具体纳税地点是这样规定的:固定业户向其机构所在地主管税务机关申报纳税;固定业户到外县(市)销售货物的,向其机构所在地主管税务机关申请开具外出经营活动税收管理证明,向其机构所在地主管税务机关申报纳税;非固定业户销售货物或者应税劳务,向销售地主管税务机关申报纳税;进口货物由进口人或其代理人向报关地海关申报纳税。

(二) 增值税的纳税期限

增值税的纳税期限分别为 1 日、3 日、5 日、10 日、15 日或者 1 个月。纳税人的具体纳税期限,由主管税务机关根据纳税人应纳税额的大小分别核定;不能按照固定期限纳税的,可以按次纳税。纳税人以 1 个月为一期纳税的,自期满之日起 10 日内申报纳税;以 1 日、3 日、5 日、10 日或者 15 日为一期纳税的,自期满之日起 5 日内预缴税款,于次月 1 日起 10 日内申报纳税并结清上月应纳税款。纳税人进口货物,应当自海关填发税款缴纳证的次日起 15 日内缴纳税款。纳税申报期限的最后一日是法定假日的,以休假日的次日为期限的最后一日;在期限内有连续 3 日以上法定休假日的,按休假日天数顺延。

八、出口退税

《中华人民共和国增值税暂行条例》规定,纳税人出口商品的增值税税率为零,对于出口商品,不但在出口环节不征税,而且税务机关还要退还该商品在国内生产、流通环节已负担的税款。

(一) 出口退税条件

出口退税必须同时具备以下四个条件:

(1) 增值税、消费税征收范围内的货物。

增值税、消费税的征收范围,包括除直接向农业生产者收购的免税农产品以外的所有增值税应税货物,以及烟、酒、化妆品等 15 类列举征收消费税的消费品。

(2) 报关离境出口的货物。

离境出口,即输出关口,它包括自营出口和委托代理出口两种形式。区别货物是否报关离境出口,是确定货物是否属于退(免)税范围的主要标准之一。凡在国内销售、不报关离境的货物,除另有规定者外,不论出口企业是以外汇还是以人民币结算,也不论出口企业在财务上如何处理,均不得视为出口货物予以退税。对在境内销售收取外汇的货物(如宾馆、饭店等收取外汇的货物等),因其不符合离境出口条件,不能给予退(免)税。

(3) 在财务上做出口销售处理的货物。

出口货物只有在财务上做出口销售处理后,才能办理退(免)税。也就是说,出口退(免)税的规定只适用于贸易性的出口货物,而对非贸易性的出口货物,如捐赠的礼品、在国内个人购买并自带出境的货物(另有规定者除外)、样品、展品、邮寄品等,因其一般在财务上不做销售处理,故按照现行规定不能退(免)税。

(4) 已收汇并经核销的货物。

按照现行规定,出口企业申请办理退(免)税的出口货物,必须是已收外汇并经外汇管理部门核销的货物。

(二) 范围

(1) 下列企业出口属于增值税、消费税征收范围内的货物可办理出口退(免)税,除另有规定外,给予免税并退税。

① 有出口经营权的内(外)资生产企业自营出口或委托外贸企业代理出口的自产货物。

② 有出口经营权的外贸企业收购后直接出口或委托其他外贸企业代理出口的货物。

③ 生产企业(无进出口权)委托外贸企业代理出口的自产货物。

④ 保税区内企业从区外有进出口权的企业购进直接出口或加工后再出口的货物。

⑤ 下列特定企业(不限于是否有出口经营权)出口的货物:

a. 对外承包工程公司运出境外用于对外承包项目的货物。

b. 对外承接修理修配业务的企业用于对外修理修配的货物。

c. 外轮供应公司、远洋运输供应公司销售给外轮、远洋国轮而收取外汇的货物。

d. 企业在国内采购并运往境外作为在国外投资的货物。

e. 援外企业利用中国政府的援外优惠贷款和合资合作项目基金方式下出口的货物。

f. 外商投资企业特定投资项目采购的部分国产设备。

g. 利用国际金融组织或国外政府贷款,采用国际招标方式,由国内企业中标销售的机电产品。

h. 境外带料加工装配业务企业的出境设备、原材料及散件。

i. 外国驻华使(领)馆及其外交人员、国际组织驻华代表机构及其官员购买的中国产物品。

以上"出口"是指报关离境,退(免)税是指退(免)增值税、消费税,对无进出口权的商贸公司,借权、挂靠企业不予退(免)税。上述"除另有规定外"是指出口的货物属于税法列举规定的免税货物或限制、禁止出口的货物。

(2) 下列出口货物,免征增值税、消费税:

① 来料加工复出口的货物,即原材料进口免税,加工自制的货物出口不退税。

② 避孕药品和用具、古旧图书,内销免税,出口也免税。

③ 出口卷烟:计划内出口卷烟已在生产环节免征增值税、消费税,出口环节不办理退

税。其他非计划内出口的卷烟照章征收增值税和消费税,出口一律不退税。

④ 军品以及军队系统企业出口军需工厂生产或军需部门调拨的货物免税。

⑤ 国家现行税收优惠政策中享受免税的货物,如饲料、农药等货物出口不予退税。

⑥ 一般物资援助项下实行实报实销结算的援外出口货物。

(3) 下列企业出口的货物,除另有规定外,给予免税,但不予退税:

① 属于生产企业的小规模纳税人自营出口或委托外贸企业代理出口的自产货物。

② 外贸企业从小规模纳税人购进并持普通发票的货物出口,免税但不予退税。但对下列出口货物考虑其占出口比重较大及其生产、采购的特殊因素,特准退税:抽纱、工艺品、香料油、山货、草柳竹藤制品、渔网渔具、松香、五倍子、生漆、鬃尾、山羊板皮、纸制品。

③ 外贸企业直接购进国家规定的免税货物(包括免税农产品)出口的,免税但不予退税。

④ 外贸企业自非生产企业、非市县外贸企业、非农业产品收购单位、非基层供销社和非成机电设备供应公司收购出口的货物。

(4) 除经批准属于进料加工复出口贸易以外,下列出口货物不免税也不退税:

① 一般物资援助项下实行承包结算制的援外出口货物;

② 国家禁止出口的货物,包括天然牛黄、麝香、铜及铜基合金(电解铜除外)白金等;

③ 生产企业自营或委托出口的非自产货物。

国家规定不予退税的出口货物,应按照出口货物取得的销售收入征收增值税。

(三)增值税退税率

退税率每年都会发生变化,变化时间不确定,需查找现行增值税、消费税税率及其退税率,作为依据。

(四)增值税退税额的计算

$$增值税退税额=税后货值(增值税发票金额)\div(1+增值税税率)\times 出口退税率$$

(五)出口退税企业登记

出口企业应持对外贸易经济合作部及其授权批准其出口经营权的批件、工商营业执照、海关代码证书和税务登记证于批准之日起 30 日内向所在地主管退税业务的税务机关填写《出口企业退税登记表》(生产企业填写一式三份,退税机关、基层退税部门、企业各一份),申请办理退税登记证。

没有进出口经营权的生产企业应在发生第一笔委托出口业务之前,持委托出口协议、工商营业执照和国税税务登记证向所在地主管退税业务的税务机关办理注册退税登记。

任务三 消费税的计算与缴纳

一、消费税及其征纳依据

消费税是对规定的消费品和消费行为征收的一种税,是目前各国普遍征收的一种流转税收。它不仅是国家财政收入的一项来源,也是贯彻国家的产业政策、调节消费的一种手段。在我国,消费税是指在中华人民共和国境内从事生产、委托加工和进口应税消费品的单位和个人,就其销售额或销售数量征收的一种流转税。消费税的征收范围具有选择性,征税环节具有单一性,征收方法具有选择性,税率和税额具有差别性,税负具有转嫁性。

消费税的征纳依据主要有《中华人民共和国消费税暂行条例》及其《实施细则》、相关法律法规。

二、消费税的纳税人

消费税的纳税人是指在中华人民共和国境内生产、委托加工和进口消费税法规中规定的应税消费品的单位和个人。比如,酒厂、鞭炮厂就是消费税的纳税人。"单位"是指国有企业、集体企业、私有企业、股份制企业、其他企业和行政单位、事业单位、军事单位、社会团体及其他单位。"个人"是指个体经营者及其他个人。在我国境内从事金银首饰、钻石及钻石饰品零售业务的单位和个人,为金银首饰、钻石及钻石饰品消费税的纳税人,委托加工、委托代销的,受托方也是纳税人。

三、消费税的征税范围及税目、税率

(一) 消费税的征税范围

我国消费税的征税范围是选择部分消费品征收,分为五个方面:过度消费会给人类健康、社会秩序、生态环境等造成危害的特殊消费品,奢侈品和非生活必需品,高能耗和高档消费品,不可再生并在使用过程中会造成环境污染的资源产品,产销数量较大、税源充足并具有一定的财政意义的产品。具体包括烟、酒及酒精、高档化妆品、贵重首饰及珠宝玉石、鞭炮焰火、成品油、汽车轮胎、摩托车、小汽车、高尔夫球及球具、高档手表、游艇、木制一次性筷子、实木地板、电池、涂料等 15 种(类)商品。

消费税的征税范围不是一成不变的,随着我国经济的发展,今后还可以根据国家的政策和经济情况及消费结构的变化适当调整。

（二）消费税的税目、税率（税额标准）

消费税共设有 15 个税目，分别采用比例税率、定额税率或者复合税率。复合税率是税率中同时包含比例税率和定额税额。其中，卷烟、白酒实行复合税率，成品油、黄酒、啤酒实行定额税率，其他均为比例税率。具体税率如 4-1 所示。

表 4-1　消费税的税目税率表

税　目	征收范围	计税单位	税率（税额）
一、烟			
1.卷烟	（1）甲类卷烟：每标准条（200支）调拨价在 70 元/条以上（含 70 元）（不含增值税）		比例税率 56%；定额税率每标准箱（5 万支）150 元
	（2）乙类卷烟：每标准条（200支）调拨价在 70 元/条（不含增值税）以下		比例税率 36%；定额税率每标准箱（5 万支）150 元
2.雪茄烟			36%
3.烟丝			30%
烟（批发环节）			5%
二、酒及酒精			
1.白酒	包括粮食白酒、薯类白酒		20%。定额税率为 0.5 元/斤（500 克）或 0.5 元/500 毫升
2.黄酒		吨	240 元
3.啤酒	（1）甲类啤酒：每吨出厂价格在 3 000 元（含，不含增值税）以上的	吨	250 元
	（2）乙类啤酒：每吨出厂价格在 3 000 元（不含增值税）以下的	吨	220 元
4.其他酒			10%
5.酒精			5%
三、高档化妆品	含成套化妆品和高档护肤类化妆品		15%
四、贵重首饰及珠宝玉石	金银首饰（含金基银基合金及镶嵌首饰），钻石及钻石饰品		5%
	其他珠宝首饰及珠宝玉石		10%
五、鞭炮焰火			15%
六、成品油			
1.汽油		升	1.52 元/升
2.柴油		升	1.20 元/升

税　目	征收范围	计税单位	税率(税额)
3. 石脑油		升	1.52 元/升
4. 溶剂油		升	1.52 元/升
5. 润滑油		升	1.52 元/升
6. 燃料油		升	1.20 元/升
7. 航空煤油		升	1.20 元/升
七、摩托车			
	气缸容量在 250 毫升以上		10%
	气缸容量在 250 毫升(含)以下		3%
八、小汽车			
1. 乘用车	(1) 气缸容量(排气量,下同)在 1.0 升(含)以下的乘用车		1%
	(2) 气缸容量在 1.0 升以上至 1.5 升(含)的乘用车		3%
	(3) 气缸容量在 1.5 升以上至 2.0 升(含)的乘用车		5%
	(4) 气缸容量在 2.0 升以上至 2.5 升(含)的乘用车		9%
	(5) 气缸容量在 2.5 升以上至 3.0 升(含)的乘用车		12%
	(6) 气缸容量在 3.0 升以上至 4.0 升(含)的乘用车		25%
	(7) 气缸容量在 4.0 升以上的乘车		40%
2. 中轻型商用客车			5%
九、高尔夫球及球具			10%
十、高档手表	每只 10 000 元及以上		20%
十一、游艇			10%
十二、木制一次性筷子			5%
十三、实木地板			5%
十四、电池			4%
十五、涂料			4%

四、消费税的计税

消费税有三种计税方法,即从价计税、从量计税、复合计税。计税公式如下:

（1）从价计税计算公式：

$$应纳税额＝应税消费品的销售额×税率$$

（2）从量计税计算公式：

$$应纳税额＝应税消费品的销售数量×定额税率$$

（3）复合计税计算公式：

$$应纳税额＝应税消费品的销售额×税率＋应税消费品的销售数量×定额税率$$

采用定额税率的消费品（包括成品油、黄酒、啤酒）适用从量计税方法；采用复合税率的消费品（如卷烟、白酒）适用复合计税方法；采用比例税率的消费品适用从价计税方法。

从上述公式中可以看出，消费税的计税依据是销售应税消费品的销售额和销售数量。

知识链接

宁波海关缉私局侦办的宁波某电气有限公司走私进口船用通信设备案，由宁波市中级人民法院做出一审判决，宁波某电气有限公司犯走私普通货物罪，判处罚金人民币2 000万元，并追缴该公司违法所得人民币808.285 812万元；该公司董事长乐某、副总经理江某、财务总监应某分别被判有期徒刑12年、8年、3年。法院审理认定，宁波某电气有限公司为牟取非法利益，违反海关法规，以低报价格方式走私进口船用通信设备，从中偷逃应缴税款达人民币808万余元。

五、销售额的计算

应税消费品销售额分纳税人自己生产自己销售、自己生产自己使用、委托加工、进口等环节分别计算。

自己生产自己销售时，应税消费品的销售额就是典型的销售额，与前述增值税计税时销售额的确定方法相同，即包括销售应税消费品收取的价款和全部价外费用，但不包含增值税。

自产自用应税消费品用于连续生产应税消费品的，不纳税；其他方面的，有同类消费品销售价格的，按照纳税人生产的同类消费品销售价格计算销售额来计算纳税，没有同类消费品销售价格的，以组成计税价格作为销售价格计算销售额来计算纳税。自产自用时组成计税价格的计算公式为：

$$组成计税价格＝（成本＋利润）÷（1－消费税税率）$$

这实际是前述增值税中的视同销售行为。但是纳税人用自产的应税消费品用于换取生产资料和消费资料（以物易物）、投资入股和抵偿债务等方面，应按纳税人同类应税消费品的最高销售价格作为依据来确定销售额。

委托加工应税消费品的，由受托方交货时代扣代缴消费税，受托方是个体工商户的除外。委托加工，是指由委托方提供原料和主要材料，受托方只收取加工费和代垫部分辅助材料。按照受托方（即加工方，注意不是纳税人）的同类消费品销售价格计算销售额来计算纳税，没有同类消费品销售价格的，以组成计税价格作为销售价格计算销售额来计算纳税。委托加工时组成计税价格的计算公式为：

$$组成计税价格＝（材料成本＋加工费）÷（1－消费税税率）$$

进口应税消费品，按照组成计税价格作为销售价格计算销售额来计算纳税。进口环节组成计税价格的计算公式为：

$$组成计税价格＝（关税完税价格＋关税）÷（1－消费税税率）$$

零售金银首饰和钻石及钻石饰品的纳税人在计税时，与增值税确定销售额的方法相同，但要注意将含税的销售额换算为不含增值税税额的销售额。

$$金银首饰的应税销售额＝含增值税的销售额÷（1＋增值税税率或征收率）$$

对于生产、批发、零售单位用于馈赠、赞助、集资、广告、样品、职工福利、奖励等方面或未分别核算销售的按照组成计税价格计算纳税。

$$组成计税价格＝购进原价×（1＋利润率）÷（1－金银首饰消费税税率）$$

六、销售数量的确定

应税消费品销售数量分纳税人自己生产自己销售、自己生产自己使用、委托加工、进口等环节分别计算。

自己生产自己销售时，应税消费品的销售数量就是典型的销售数量。

自产自用应税消费品用于连续生产应税消费品的，不纳税；用于其他方面的，以转移使用数量作为销售数量来计算纳税。

委托加工应税消费品的，由受托方交货时代扣代缴消费税，按照纳税人到受托方（即加工方）提货时的提取数量作为销售数量来计算纳税。

进口应税消费品，按照进口报关数量作为销售数量来计算纳税。

七、消费税征管

（一）消费税的纳税环节

消费税的纳税环节具体分几种情况：纳税人生产的应税消费税，在出厂销售时纳税；纳税人将自产自用的消费品用于除本企业连续生产消费品外的其他方面，于移送使用时纳税；委托加工的应税消费品，由受托方在向委托方交货时，由受托方代收代缴税款；进口应税消费品，于报关进口时纳税；纳税人零售的金银首饰（含以旧换新），于销售时纳税；用于馈赠、赞助、集资、广告、样品、职工福利、奖励等方面的金银首饰，于移送时纳税；带料加工、翻新改制的金银首饰，于受托方交货时纳税。

消费税的纳税期限分别为 1 日、3 日、5 日、10 日、15 日或者 1 个月。纳税人的具体纳税期限，由主管税务机关根据纳税人应纳税额的大小分别核定，不能按照固定期限纳税的,可以按次纳税。

(二)消费税的纳税期

消费税的纳税期限分为 1 日、3 日、5 日、10 日、15 日或者 1 个月。纳税人的具体纳税期限,由主管税务机关根据纳税人应纳税额的大小分别核定;不能按照固定期限纳税的,可以按次纳税。

纳税人以 1 个月为一期纳税的,自期满之日起 10 日内申报纳税;以 1 日、3 日、5 日、10 日或者 15 日为一期纳税的,自期满之日起 5 日内预缴税款,于次月 1 日起 10 日内申报纳税并结清上月应纳税款。

纳税人进口应税消费品,应当自海关填发税款缴纳证的次日起 15 日内缴纳税款。

(三)消费税的纳税地点

消费税的纳税地点可分为以下几种情况:

(1)纳税人销售的应税消费品和自产自用的应税消费品,一般应当向纳税人核算的税务机关申报缴纳消费税。

(2)纳税人到外县(市)销售或者委托外县(市)代销自产应税消费品的,应当在应税消费品销售后回纳税人核算地或者所在地税务机关缴纳消费税。

(3)纳税人的总机构与分支机构不在同一县(市)的,应当在生产应税消费品的分支机构汇总向总机构所在地缴纳消费税。经过国家税务总局和省级国家税务局批准,纳税人分支机构应纳的消费税税款也可以由总机构向所在地的税务机关缴纳。其中,总机构与分支机构不在同一省(自治区、直辖市)内的,需要经过国家税务总局批准;总机构与分支机构在同一省(自治区、直辖市)的,不在同一县(市)的,由省级国家税务局批准。

(4)委托加工的应税消费品,一般由受托方向所在地的税务机关解缴消费税税款。但是,纳税人委托个体经营者加工的应税消费品,一律由委托方收回之后在委托方所在地纳税。

(5)进口的应税消费品,由进口人或其代理人向报关地海关申报缴纳消费税。

经典案例

上海华田贸易有限公司从黄埔海关报关进口汽缸容量为 4 700 cc 的日本丰田 5 座越野小车 10 辆,成交价格共为 FOB 东京 120 000 美元,实际支付运费 5 000 美元,保险费 800 美元,外汇汇率为:1 美元＝7 元人民币。通关时应缴纳的关税税额、增值税税额、消费税税额是多少? 假设该小车进口环节消费税税率为 40%。

(一)计算关税

1. 确定关税税率

先确定税则归类,汽缸容量 4 700 cc 的越野小车归入税目税号 8703.3362,关税税率为 25%。

2. 计算审定关税完税价格

成交价格共为 FOB 东京 120 000 美元,实际支付运费 5 000 美元,保险费 800 美元,外汇汇率为 1 美元等于 7 元人民币。

则关税完税价格＝(120 000＋5 000＋800)×7＝125 800×7

$$＝880 600(元)$$

3. 计算关税税额

正常征收的进口关税税额＝关税完税价格×法定进口关税税率

$$＝880 600 元×25\%＝220 150(元)$$

(二) 计算增值税

1. 计算增值税组成计税价格

(1) 确定消费税税率和增值税税率

可以通过查消费税税率表得出消费税税率,题中已告知消费税税率为 40%;

根据《增值税暂行条例》对税率的规定,进口和内销汽车增值税税率均为 13%。

(2) 计算增值税组成计税价格。

增值税组成计税价格＝(关税完税价格＋关税)÷(1－消费税税率)

$$＝(880 600＋220 150)÷(1－40\%)＝1 834 583.33(元)$$

2. 计算增值税应纳税额

应纳增值税税额＝增值税组成计税价格×增值税税率

$$＝1 834 583.33 元×13\%＝238 495.833(元)$$

上海华田贸易有限公司进口汽车应纳增值税税额为 238 495.833 元。

(三) 计算消费税

1. 计算消费税组成计税价格

(1) 确定消费税税率和增值税税率。

可以通过查消费税税率表得出消费税税率,消费税税率为 40%;

根据《增值税暂行条例》对税率的规定,进口和内销汽车增值税税率均为 13%。

(2) 计算消费税组成计税价格。

消费税组成计税价格＝(关税完税价格＋关税)÷(1－消费税税率)

$$＝(880 600＋220 150)÷(1－40\%)＝1 834 583.33(元)$$

2. 计算消费税应纳税额。

应纳消费税税额＝消费税组成计税价格×消费税税率

$$＝1 834 583.33×40\%＝733 833.33(元)$$

宁波华田贸易有限公司进口汽车应纳消费税税额为 733 833.33 元。

项目五　一般进出口货物报关

学习目标

知识目标

1. 了解海关监管对象的分类。
2. 了解一般进出口货物与一般贸易货物的区别。
3. 掌握一般进出口货物的报关程序：申报、查验、缴税、放行/提取或装运。
4. 掌握货物申报时须提交的单据种类、申报的方式、时间及其修改和撤销。
5. 熟悉海关查验的基本方法、申报人配合查验的基本内容。

技能目标

1. 掌握一般进出口货物的报关程序及申报时应提交的单据。
2. 掌握如何配合海关查验。

情境导入

2016年9月，上海四达工具有限公司与荷兰某公司达成购买冷轧不锈钢带贸易协议，规格为500毫米宽，委托宁波A进出口有限公司（以下简称"A公司"）进口，A公司将报关业务委托给宁波B报关代理有限公司（以下简称"B报关行"）。

这是一般进口货物的业务，B报关行首先通过报关使用手册查询得知冷轧不锈钢带的H.S.编码为72000000，进而得知其监管代码为"A7"，即须办理进口商检货物获得"入境货物通关单"（A）和"自动进口许可证"（7）。A公司去有关部门办理并取得了自动进口许可证。

2016年10月，货物运抵宁波北仑港口，口岸商检机构检测后出具入境货物通关单，B报关行根据资料，先进行电子申报，将有关数据录入北仑海关申报系统，北仑海关接受申报审核电子数据合格后，通知B报关行持打印的纸质报关单、自动进口许可证、入境货物通关单、商业发票、提单正本、装箱单以及代理报关委托书等单据，现场交单。与此同时，货物被海关系统计算机抽到查验，B报关行派人陪同查验，查验结束，在海关查验结果上签字。

根据我国税则条例，宽度在300～600毫米的不锈钢带适用三种税率，分别是最惠国税率10％，普通税率20％，增值税税率17％。我国与欧盟均为WTO成员，适用最惠国税率10％，故关税税率按10％计征，同时须缴纳进口环节增值税。北仑海关填发税款缴款书，B报关行代表进口方缴纳了相应的税费后，海关在纸质报关单上加盖放行章，据此申报方顺利从港口提取了这批货物。

思考与讨论：

1. 什么是一般进口货物和一般出口货物？

2. 其报关程序从海关规定上有哪些环节？

3. 各个环节有何注意事项？

任务一 报关程序概述

一、海关监管对象及其基本报关流程

报关程序是指进出口货物收发货人、进出境运输工具负责人、进出境物品所有人或其代理人向海关办理所对应货物、运输工具、物品进出境及其相关海关手续的流程。一般把这些货物、运输工具、物品称为海关监管对象，具体如表5-1所示。

表5-1 海关监管对象分类

海关监管对象	进出口货物	一般进出口货物
		保税货物
		特定减免税货物
		暂准进出境货物
		其他进出境货物
	进出境物品	行李物品
		邮递物品
		其他物品
	进出境运输工具	船舶、航空器、车辆
		驮畜

表5-1所示的各类监管对象，其构成海关的监管条件是进出关境，只要货物、物品和运输工具进出我国关境，即构成海关监管的条件。实际情况以货物进出口居多，故本书所定义和描述的报关程序，主要从货物角度展开介绍。

（一）报关货物的分类

从海关监管的角度看，所有的进出口货物都可以称为海关监管货物，具体分类如表5-2所示。

表5-2 海关通关货物分类及其特征

进出口货物分类		主要形式或特征
一般进出口货物		缴纳税费，放行等于结关
保税货物	保税物流货物	暂缓纳税，全程监管，储存、复运出境
	保税加工货物	暂缓纳税，全程监管，加工、复运出境

续 表

进出口货物分类	主要形式或特征
暂准进出境货物	担保免税,全程监管,复运进出境
特定减免税货物	持证免税,有固定监管期
转关报关货物	货物进出流转需经两个海关
其他特殊货物	如退运货物、退换货物、超期未报关货物等小概率货物

(二) 货物报关程序

对于所有的海关监管货物,可以将其报关程序分为三个阶段,即前期阶段、进出境阶段和后续阶段。一般进出口货物属于程序上特殊的一种类型,其海关报关流程没有前期阶段和后续阶段,只有进出境阶段。具体如表 5-3 所示。

表 5-3 报关通用程序分布

监管货物种类	前期阶段	进出境阶段	后续阶段
一般进出口货物	无	进出境报关	无
保税货	批准保税	进出境报关(免税)	核销结案
物特定减免税货物	批准免税	进出境报关(免税)	解除监管
暂准进出境货物	担保免税	进出境报关(免税)	复运进出境
其他进出境货物	申请	报关	依实际情况

注: 其他货物的通关由于类别相差较大,此处不一一表述。

1. 前期阶段

前期阶段主要指进出口货物收发货人或其代理人根据海关对进出境货物的监管要求,在货物进出口之前,向海关办理备案手续的过程。结合具体报关货物,前期阶段主要完成如下报关内容:

保税货物进口之前,进口货物收货人或其代理人办理加工贸易备案手续,申请建立加工贸易电子账册、电子化手册或者申领加工贸易纸质手册。

特定减免税货物进口之前,进口货物收货人或其代理人办理货物的减免税备案和审批手续,申领减免税证明。

暂准进出境货物进出口之前,进出口货物收发货人或其代理人办理货物暂准进出境备案申请手续。

其他进出境货物中的加工贸易不作价设备进口之前,进口货物收货人或其代理人办理加工贸易不作价设备的备案手续;出料加工货物出口之前,出口货物发货人或其代理人办理出料加工的备案手续。

2. 进出境阶段

从申报人角度看,进出境阶段主要包括申报、查验、缴税和提取或装运货物四个环节。

1）进出口申报

进出口申报，是指进出口货物的收发货人或其代理人在海关规定的期限内，按照海关规定的形式，向海关报告进出口货物的情况，提请海关按其申报的内容放行进出口货物的工作环节。

2）配合查验

配合查验，是指申报进出口的货物经海关决定查验时，进出口货物的收发货人或其代理人到达查验现场，配合海关查验货物，按照海关要求搬移货物、开拆包装，以及重新封装货物的工作环节。

3）缴纳税费

缴纳税费，是指进出口货物的收发货人或其代理人接到海关发出的税费缴纳通知书后，向海关指定的银行办理税费款项的缴纳手续，通过银行将有关税费款项缴入海关专门账户的工作环节。

4）提取或装运货物

提取货物，即提取进口货物，是指进口货物的收货人或其代理人，在办理了进口申报、配合查验、缴纳税费等手续，海关决定放行后，凭海关加盖放行章的进口提货凭证或海关通过计算机发送的放行通知书，提取进口货物的工作环节。

装运货物，即装运出口货物，是指出口货物的发货人或其代理人，在办理了出口申报、配合查验、缴纳税费等手续，海关决定放行后，凭海关加盖放行章的出口提货凭证或海关通过计算机发送的放行通知书，通知港区、机场、车站及其他有关单位装运出口货物的工作环节。

3. 后续阶段

后续阶段，是指进出口货物收发货人或其代理人根据海关对进出境货物的监管要求，在货物进出境储存、加工、装配、使用、维修后，在规定的期限内，按照规定的要求，向海关办理上述进出口货物核销、销案、申请解除监管等手续的过程。

对于保税货物，进口货物收货人或其代理人在规定期限内办理申请核销的手续。

对于特定减免税货物，进口货物收货人或其代理人在海关监管期满，或者在海关监管期内经海关批准出售、转让、退运、放弃并办妥有关手续后，向海关申请办理解除海关监管的手续。

对于暂准进境货物，收货人或其代理人在暂准进境规定期限内，或者在经海关批准延长暂准进境期限到期前，办理复运出境手续或正式进口手续，然后申请办理销案手续；对于暂准出境货物，发货人或其代理人在暂准出境规定期限内，或者在经海关批准延长暂准出境期限到期前，办理复运进境手续或正式出口手续，然后申请办理销案手续。

对于其他进出境货物中的加工贸易不作价设备、外包进口货物、出料加工货物、修理货物、部分租赁货物等，进出口货物收发货人或其代理人在规定的期限内办理销案手续。

任务二　一般进出口货物报关基本内容

一、一般进出口货物的含义

一般进出口货物是所有海关通关货物种类里的一种,是在进出口环节缴纳了应征的进出口税费并办结了所有必要的海关手续,海关放行后不再进行监管,可直接进入生产和消费领域流通的进出口货物。

二、一般进出口货物的基本特点

(一)在进出境时缴纳税费

一般进出口货物的收发货人应当按照《海关法》和其他有关法律、行政法规的规定,在货物进出境时向海关缴纳应当缴纳的税费。

(二)进出境时提交相应的许可证件

货物进出口时受国家法律法规管制并需要申领进出口许可证件的,进出口货物收发货人或其代理人应当向海关提交相关的进出口许可证件。

(三)海关放行等于结关

海关征收了相关税费并审核了相关进出口许可证件,对货物进行实际查验(或做出不予查验的决定)以后,按规定签章放行,进出口货物收发货人或其代理人才能办理提取进口货物或装运出口货物的手续。

对一般进出口货物来说,海关放行就意味着海关手续已经全部办结,海关不再监管,可以直接进入生产和消费领域流通。

理解一般进出口货物的主要特征需要区分一般贸易货物与一般进出口货物。一般贸易是国际贸易中的一种交易方式,在我国的对外贸易中,一般贸易是指中国境内有进出口经营权的企业单边进口或单边出口的贸易。按一般贸易交易方式进出口的货物即为一般贸易货物。一般进出口货物,是指按照海关一般进出口监管制度监管的进出口货物。一般贸易货物在进出口时可以按一般进出口监管制度办理海关手续,这时它就是一般进出口货物;符合条件的,可以享受特定减免税优惠,按特定减免税监管制度办理海关手续,这时它就是特定减免税货物;经海关批准保税的,也可以按保税监管制度办理海关手续,这时它就是保税货物。

三、一般进出口货物通关的适用范围

一般进出口货物通关适用于海关放行后可永久留在境内或境外,不能享受特定减免税优惠的实际进出口货物。判断是不是一般进出口货物,关键看其是否为实际进出口或海关放行后是否结关,不再对其进行监管。具体地说,在不具备享受特定减免税优惠的情况下,下列货物适用一般进出口通关:① 不享受特定减免税或不准予保税的一般贸易进口货物;② 转为实际进口的原保税进口货物;③ 转为实际进口或出口的原暂准进出境货物;④ 易货贸易、补偿贸易进出口货物;⑤ 不准予保税的寄售代销贸易货物;⑥ 承包工程项目实际进出口货物;⑦ 边境小额贸易进出口货物;⑧ 外国驻华机构进出口陈列用的样品;⑨ 外国旅游者小批量订货出口的商品;⑩ 随展览品进出境的小卖品;⑪ 实际进出口的货样广告品;⑫ 免费提供的进口货物。

任务三　一般进出口货物报关程序

从申报人和海关角度看一般进出口货物报关程序,同一环节的称呼有所不同,具体如表5-4所示。

表5-4　一般进出口货物进出口环节分类

环　节	从申报人角度看	从海关管理角度看
1	申报	接受申报
2	配合查验	海关查验
3	缴纳税费	征收税费
4	提取或装运货物	放行货物

一、接受申报/申报

如表5-4所示,接受申报和申报是同一过程从两个不同角度出发的不同提法。申报需要注意其地点、时间、期限和方式等内容,以及申报过程中出现修改或者撤销等特殊情况应如何操作。

(一)申报的基本内容

1.申报的含义

申报是指进出口货物收发货人、受委托的报关企业,依照《海关法》及有关法律、行政法规的要求,在规定的期限、地点,用电子数据报关单和纸质报关单形式,向海关报告实际进出口货物的情况,并接受海关审核的行为。

2. 申报地点

进口货物应当由收货人或其代理人在货物的进境地海关申报;出口货物应当由发货人或其代理人在货物的出境地海关申报。

经收发货人申请,海关同意,进口货物的收货人或其代理人可以在设有海关的货物指运地申报,出口货物的发货人或其代理人可以在设有海关的货物起运地申报。

以保税货物、特定减免税货物和只准进境货物申报进境的货物,因故改变使用目的从而使货物性质变为一般进口时,进口货物的收货人或其代理人应当在货物所在地的主管海关申报。

3. 申报期限

进口货物的申报期限为自装载货物的运输工具申报进境之日起 14 日内(从运输工具申报进境之日的第 2 日开始算,下同)。进口货物自装载货物的运输工具申报进境之日起超过 3 个月仍未向海关申报的,货物由海关提取并依法变卖。对属于不宜长期保存的货物,海关可以根据实际情况提前处理。出口货物的申报期限为货物运抵海关监管区后、装货的 24 小时以前。对于经电缆、管道或其他特殊方式进出境的货物,进出口货物收发货人或其代理人按照海关规定定期申报。

4. 申报方式

1)电子申报

进出口货物收发货人或其代理人通过计算机系统向海关传送报关单电子数据的,可以采取 EDI(电子数据交换)、终端申报等方式。当申报人终端收到了海关接受申报的信息,则意味着电子申报已经成功;否则将收到海关发送的不接受申报的信息。此时申报人应按要求修改报关单的内容,选择重新申报。

2)纸质申报

一般等海关审结了电子报关单后,申报人将接收到海关发出的"现场交单"或者"放行交单"等信息,之后的 10 日内,申报人应备齐随附单证,并打印纸质报关单,向货物所在地海关当面递交。递交的单证包括主要单证,即进出口报关单;随附单证,主要有基本单证、特殊单证和预备单证。

基本单证,顾名思义就是每笔货物成交和报关必须向海关提交的单证,主要包括进出口货物的货运单据和商业单据,如进口提货单据、出口装货单据、商业发票、装箱单等。特殊单证,是指特殊货物才具有的证明文件,主要包括进出口许可证、加工贸易手册、特定减免税证明、出口收汇核销单、原产地证书等。预备单证,是指海关指明需要才提供的货物相关文件,主要包括贸易合同以及作为有些货物进出境证明的原进出口货物报关单证等。

5. 申报日期

1)申报日期的定义

申报日期是指申报数据被海关接受的日期。不论是以电子数据报关单方式申报,还是以纸质报关单方式申报,海关接受申报数据的日期即为接受申报的日期。进出口货物收发货人或其代理人的申报数据自被海关接受之日起,就产生法律效力,即进出口货物收发货人或其代理人应当承担"如实申报""如期申报"等法律责任。因此,海关接受申报数据的日期非常重要。

2）申报日期的界定

采用先以电子数据报关单申报，后提交纸质报关单，或者仅以电子数据报关单方式申报的，申报日期为海关计算机系统接受申报数据时记录的日期，该日期将被反馈给原数据发送单位，或公布于海关业务现场，或通过公共信息系统发布。电子数据报关单经过海关计算机检查被退回的，视为海关不接受申报，进出口货物收发货人或其代理人应当按照要求修改后重新申报，申报日期为海关接受重新申报的日期。海关已接受申报的报关单电子数据，送人工审核后，需要对部分内容进行修改的，进出口货物收发货人或其代理人应当按照海关规定进行修改并重新发送，申报日期仍为海关原接受申报的日期。

先以纸质报关单申报，后补报电子数据，或只提供纸质报关单申报的，海关工作人员在报关单上做登记处理的日期，为海关接受申报的日期。

6. 滞报金的产生和征收

1）滞报金的产生

进口货物收货人或其代理人超过规定期限向海关申报的，将额外向海关缴纳惩罚性的钱款，即为滞报金。滞报金额主要取决于货物完税价格和其实际产生的滞报天数，计算的起始日一般是自运输工具申报进境之日，对于截止日实际可能出现两种情况：① 实际申报日在运输工具申报进境之日起 3 个月内的，其截止日为海关实际接受申报之日；② 实际申报日超过了运输工具申报进境之日起 3 个月的，其滞报截止日为该 3 个月期限的最后 1 日。

值得注意的是，进口货物收货人或其代理人在向海关传送报关单电子数据后，未在规定期限或核准的期限内提交纸质报关单的，海关予以撤销电子数据报关单的处理，进口货物收货人或其代理人因此重新向海关申报产生的滞报金的征收，以自运输工具申报进境之日起第 15 日为起始日，以海关重新接受申报之日为截止日。

滞报金的计征起始日如遇法定节假日或休息日，则顺延至其后的第 1 个工作日。

2）滞报金的征收

进口货物滞报金按日计征，起始日和截止日均计入滞报期间。滞报金的日征收金额为进口货物完税价格的 0.05％，且起征点为 50 元人民币，以元为计征单位，不足 1 元人民币的部分免予计收。具体公式为：

$$滞报金额＝进口货物完税价格×0.05％×滞报天数$$

3）特殊情况下的滞报金征收

由于完税价格调整等须补征滞报金的，滞报金金额应当按照调整后的完税价格重新计算，补征金额不足 50 元人民币的，免于征收。另外，因不可抗力等特殊情况导致的滞报可以向海关申请减免滞报金。

（二）申报流程

申报流程可以分为五个步骤，具体包括准备材料、看货取样、电子录入、海关审核和提交纸质单据，如图 5-1 所示。

图 5-1 申报流程

1. 准备申报材料

申报单证主要是指报关单及其附带的若干单据,附带的若干单据又称为随附单证。随附单证根据不同货物的进出口要求又可分为基本单证和特殊单证两类,具体如表 5-5 所示。

表 5-5 报关过程所需单据分类

申报单证		含 义	种 类
报关单		进出口货物报关单或带有进出口货物报关单性质的单证	报关单、进出境备案清单、ATA 单证册、过境货物报关单、快件报关单等
随附单证	基本单证	进出口货物的货运单据和商业单据	商业发票、装箱单、进口提货单、出口装货单(任何货物均有)
	特殊单证	特殊进出口货物的身份证明单据	进出口许可证、加工贸易手册、特定减免税证明、出口收汇核销单、原产地证明、贸易合同等

具体准备过程主要是由进出口货物收发货人或其代理人向报关员提供基本单证、特殊单证,由报关员审核这些单证,并据此填报报关单后,向海关系统录入和申报。申报单证必须齐全、合法、有效,报关单必须真实、准确、完整,且与随附单证的数据完全一致。

2. 申报前看货取样

进口货物收货人在向海关申报前,为了确定货物的品名、规格、型号等,可以向海关提交查看货物或者提取货样的书面申请。海关审核同意的,派人员到场监督。

涉及动植物及其产品和其他须依法提供检疫证明的货物,如需提取货样,应当按照国家的有关法律规定,事先取得主管部门签发的书面批准证明。提取货样后,到场监管的海关工作人员与进口货物的收货人在海关开具的取样记录和取样清单上签字确认。

3. 报关单录入、数据发送

报关单位将需申报货物的相关数据录入计算机专门系统,并在完成审核后,将数据传送至海关报关自动化系统。

4. 海关审核

海关对申报上来的电子数据报关单相关栏目进行审核,审核通过后,海关同时通知申报人在收到通知之日起 10 日内提交纸质报关单据及其他相关材料。

5. 提交纸质单据

打印纸质单据,提交海关。

(三) 申报过程中可能出现的问题

具体申报过程可能会出现各种问题,主要表现在海关接受申报后,电子数据或者纸质报关单由于各种原因需要修改或者撤销,具体规定如下。

1. 进出口货物收发货人要求修改或者撤销

进出口货物收发货人或其代理人要求修改或撤销报关单,一般可以根据以下理由提出:① 由于报关人员操作或书写失误造成所申报的报关单内容有误,并且未发现有走私违规或者其他违法嫌疑的;② 出口货物放行后,装运、配载等原因造成原申报货物部分或全部退关,变更运输工具的;③ 进出口货物在装载、运输、存储过程中因溢短装,不可抗力的灭失、短损等造成原申报数据与实际货物不符的;④ 根据贸易惯例先行采用暂时价格,成交,实际结算时按商检品质认定或国际市场实际价格付款,因而需要修改申报内容的;⑤ 计算机、网络系统等方面的原因导致电子数据申报错误的;⑥ 其他特殊情况经海关核准同意的。

2. 海关发现报关单需要修改或者撤销

进出口货物收发货人或其代理人未提出申请,但海关发现进出口报关单需要修改或者撤销,海关应当通知进出口货物的收发货人或其代理人。海关在进出口货物收发货人或其代理人填写"进出口货物报关单修改/撤销确认书",确认进出口货物报关单修改或者撤销的内容后,对进出口货物报关单进行修改或者撤销。

二、海关查验/配合查验

(一) 海关查验

1. 含义

海关查验是指海关为确定进出口货物收发货人向海关申报的内容与进出口货物的真实情况相符,或者为确定商品的归类、价格、原产地等,依法对进出口货物进行实际核查的执法行为。

海关通过查验,检查报关单位是否伪报、瞒报、申报不实,同时也为海关的征税、统计、后续管理提供可靠的资料。

2. 查验地点

海关查验应当在海关监管区实施。因货物易受温度、静电、粉尘等自然因素影响,不宜在海关监管区内实施查验,或者其他特殊情况,需要在海关监管区外查验的,经进出口货物收发货人或其代理人书面申请,海关可以派人员到海关监管区外实施查验。

3. 查验时间

当海关决定查验时,即将查验的决定以书面通知的形式通知进出口货物收发货人或其代理人,约定查验时间。查验时间一般约定在海关正常工作时间内。在一些进出口业务繁忙的口岸,海关也可接受进出口货物收发货人或其代理人的请求,在海关正常工作时间以外实施查验。对于危险品或者鲜活、易腐、易烂、易失效、易变质等不宜长期保存的货物,以及因其他特殊情况需要紧急验放的货物,经进出口货物收发货人或其代理人申请,海关可以优先实施查验。

4. 查验方法

海关查验的方法包括人工查验和设备查验两种。

人工查验包括外形查验、开箱查验。外形查验是指对外部特征直观、易于判断基本属性的货物的包装、运输标志和外观等状况进行验核；开箱查验是指将货物从集装箱、货柜车箱等箱体中取出并拆除外包装后对货物实际状况进行验核。

设备查验是指以利用技术检查设备为主对货物实际状况进行验核。

5. 复验和径行开验

复验和径行开验是海关查验过程可选择的方法。海关对已查验过的货物进行二次检验，称为复验。有下列情形之一的，海关可以进行复验：① 经初次查验未能查明货物的真实属性，需要对已查验货物的某些状况做进一步确认的；② 货物涉嫌走私违规，需要重新查验的；③ 进出口货物收发货人对海关查验结论有异议，提出复验要求并经海关同意的；④ 海关认为必要的其他情形。

海关在进出口货物收发货人或其代理人不在场的情况下，对进出口货物进行开拆包装查验，称为径行开验。有下列情形之一的，海关可以径行开验：① 进出口货物有违法嫌疑的；② 经海关通知查验，进出口货物收发货人或其代理人届时未到场的。

（二）配合查验

1. 配合查验的具体内容

海关在查验货物时，进出口货物收发货人或其代理人应当到场，配合海关查验。进出口货物收发货人或其代理人配合海关查验应当做好以下工作：① 负责按照海关要求搬移货物，开拆包装，以及重新封装货物；② 预先了解和熟悉所申报货物的情况，如实回答查验人员的询问以及提供必要的资料；③ 协助海关提取需要做进一步检验、化验或鉴定的货样，收取海关出具的取样清单。

2. 查验记录内容

查验结束后，认真阅读查验人员填写的"海关进出境货物查验记录单"，应注意以下情况的记录是否符合实际：① 开箱的具体情况；② 货物残损情况及造成残损的原因；③ 提取货样的情况；④ 查验结论。

（三）货物查验损害赔偿规定

对于在查验过程中需要海关工作人员特别注意的，申报人应事先申明。在查验过程中，对于海关工作人员造成的货物损坏，申报人可以向海关要求赔偿。但海关赔偿的范围仅限于在实施过程中，查验人员造成货物损坏所产生的直接经济损失。直接经济损失的金额可以根据被损坏货物及其部件的受损程度确定，也可以根据修理费确定。以下情况不属于海关赔偿的范围：① 进出口货物的收发货人或其代理人搬移、开拆、封装货物或保管不善造成的损失；② 易腐、易失效货物在海关正常工作程序所需时间内（含扣留或代管期间）所发生的变质或失效；③ 海关正常查验时产生的不可避免的磨损；④ 在海关查验之前已发生的损坏和海关查验之后发生的损坏；⑤ 不可抗力的原因造成货物的损坏、损失。

三、征税/缴税

进出口货物收发货人或其代理人将报关单及随附单证提交给货物进出境地指定海关,海关对报关单进行审核,查验需要查验的货物,然后核对计算机计算的税费,开具税款缴款书和收费票据。

进出口货物收发货人或其代理人在规定时间内,持缴款书或收费票据向指定银行办理税费交付手续。一旦收到银行缴款成功的信息,即可报请海关办理货物放行手续。

四、放行/提取或装运货物

(一)海关放行和货物结关

1. 海关放行

海关放行,是指海关接受进出口货物的申报,审核电子数据报关单和纸质报关单及随附单证,查验货物,征免税费或接受担保后,对进出口货物做出结束海关进出境现场监管的决定,允许进出口货物离开海关监管现场的工作环节。海关放行一般由海关在进口货物提货凭证或出口货物装运凭证上加盖海关放行章。进出口货物收发货人或其代理人凭此提取进口货物或装运出口货物离境。

2. 货物结关

货物结关是进出口货物办结海关手续的简称。进出口货物由收发货人或其代理人向海关办理完所有的海关手续,履行了法律规定的与进出口有关的一切义务,就办结了海关手续,海关不再进行监管。

3. 放行与结关的关系

海关进出境现场放行有两种情况:① 货物已经结关,对于一般进出口货物,放行时进出口货物收发货人或其代理人已经办理了所有海关手续,因此,海关进出境现场放行即等于结关;② 货物尚未结关,对于保税加工货物、特定减免税货物、暂准进出境货物、部分其他进出境货物,放行时进出口货物收发货人或其代理人并未办完所有的海关手续,海关在一定期限内还须进行监管,所以该类货物的海关进出境现场放行不等于结关。

(二)提取货物和装运货物

进口货物收货人或其代理人签收加盖海关放行章的进口提货凭证后,凭以到货物进境地的港区、机场、车站、邮局等地的海关监管仓库办理提取进口货物的手续。

出口货物发货人或其代理人签收加盖海关放行章的出口装货凭证后,凭以到货物出境地的港区、机场、车站、邮局等地的海关监管仓库办理将货物装上运输工具离境的手续。

(三)申请签发报关单证明联和办理其他证明手续

进出口货物收发货人或其代理人,办理完提取进口货物或装运出口货物的手续后,如需要海关签发有关货物的进口、出口货物报关单证明联或办理其他证明手续的,均可向海关提出申请。

1. 申请签发报关单证明联

1）进口付汇证明联

对需要在银行或国家外汇管理部门办理进口付汇核销的进口货物，进口货物的收货人或其代理人应当向海关申请签发进口货物报关单付汇证明联。海关经审核，对符合条件的，即在进口货物报关单付汇证明联上签章。同时，通过电子口岸执法系统向银行或国家外汇管理部门发送证明联电子数据。

2）出口收汇证明联

对需要在银行或国家外汇管理部门办理出口收汇核销的出口货物，出口货物的发货人或其代理人应当向海关申请签发出口货物报关单收汇证明联。海关经审核，对符合条件的，即在出口货物报关单收汇证明联上签章。同时，通过电子口岸执法系统向银行或国家外汇管理部门发送证明联电子数据。

3）出口退税证明联

对需要在国家税务机构办理出口退税的出口货物，出口货物的发货人或其代理人应当向海关申请签发出口货物报关单退税证明联。海关经审核，对符合条件的，即在出口货物报关单退税证明联上签章。同时，通过电子口岸执法系统向国家税务机构发送证明联电子数据。

2. 其他证明手续

1）进口货物证明书

进口汽车、摩托车，进口货物的收货人或其代理人应当向海关申请签发进口货物证明书，进口货物收货人凭此向国家交通管理部门办理汽车、摩托车的牌照申领手续。海关放行汽车、摩托车后，签发"进口货物证明书"。同时将"进口货物证明书"上的内容通过计算机发送给海关总署，再传输给国家交通管理部门。其他进口货物如需申领"进口货物证明书"，收货人或其代理人也可向海关提出申请。

报关单各联名称、适用范围及管理方式，详见表5－6。

表5－6　报关单各联名称、适用范围及管理方式

报关单各联名称	适用范围	管理方式
进口付汇证明联	在银行或国家外汇管理部门办理进口付汇核销的货物	海关在"进口货物报关单"上签字，并加盖海关验讫章
出口收汇证明联	在银行或国家外汇管理部门办理出口收汇核销的货物	海关在"出口货物报关单"上签字，并加盖海关验讫章
出口退税证明联	需要在国家税务机构办理出口退税的出口货物	海关在出口货物报关单退税证明联上签名，并加盖海关验讫章
进口货物证明书	进口汽车、摩托车的牌照申领	将进口货物证明书的内容发给海关总署，再传输给国家交通管理部门

知识链接 1

2012 年 8 月起取消出口收汇核销单

根据国家外汇管理局、海关总署、国家税务总局《关于货物贸易外汇管理制度改革的公告》中的规定,为大力推进贸易便利化,进一步改进货物贸易外汇服务和管理,自 2012 年 8 月 1 日起在全国实施货物贸易外汇管理制度改革,并相应调整出口报关流程,优化升级出口收汇与出口退税信息共享机制。

第一条规定:改革货物贸易外汇管理方式。

改革之日起,取消出口收汇核销单(以下简称核销单),企业不再办理出口收汇核销手续。国家外汇管理局分支局(以下简称外汇局)对企业的贸易外汇管理方式由现场逐笔核销改变为非现场总量核查。外汇局通过货物贸易外汇监测系统,全面采集企业货物进出口和贸易外汇收支逐笔数据,定期比对、评估企业货物流与资金流总体匹配情况,便利合规企业贸易外汇收支;对存在异常的企业进行重点监测,必要时实施现场核查。

第二条规定:对企业实施动态分类管理。

外汇局根据企业贸易外汇收支的合规性及其与货物进出口的一致性,将企业分为 A、B、C 三类。A 类企业进口付汇单证简化,可凭进口报关单、合同或发票等任何一种能够证明交易真实性的单证在银行直接办理付汇,出口收汇无须联网核查;银行办理收付汇审核手续相应简化。对 B、C 类企业在贸易外汇收支单证审核、业务类型、结算方式等方面实施严格监管,B 类企业贸易外汇收支由银行实施电子数据核查,C 类企业贸易外汇收支须经外汇局逐笔登记后办理。

外汇局根据企业在分类监管期内遵守外汇管理规定情况,进行动态调整。A 类企业违反外汇管理规定将被降级为 B 类或 C 类;B 类企业在分类监管期内合规性状况未见好转的,将延长分类监管期或被降级为 C 类;B、C 类企业在分类监管期内守法合规经营的,分类监管期满后可升级为 A 类。

第三条规定:调整出口报关流程,改革之日起,企业办理出口报关时不再提供核销单。

第四条规定:简化出口退税凭证,出口企业申报出口退税时,不再提供核销单;税务局参考外汇局提供的企业出口收汇信息和分类情况,依据相关规定,审核企业出口退税。

改革之日起,企业应在外汇管理应用服务平台上预收预付,实际发生 30 日内要进行报告这一步操作。取消了延期申报,放宽了企业申报退税的期限,由原来的 90 天调整为最长 470 天。所以当年发生的业务都可在次年 4 月 30 日前完成申报。即"在出口货物报关出口之日次月起至次年 4 月 30 日前的各增值税纳税申报期内,收齐凭证申报退(免)税"。

知识链接 2

义乌小商品报关出口流程如下图所示。

第1日上午申报	准备报关清单	→	1. 报关委托书 2. 商业发票 3. 装箱单(后两份单据由报关行代做) 4. 简化归类
	录入、审单		
	申报	→	报关行将电子申报单提交海关系统,并打印纸质报关单
第1日下午跑单	提交单证	→	报关行向海关提交全套(包括通关单)报关单证
	海关审单	→	审核单证无误,海关关员在报关单上签字、盖章
	寄交关封	→	将正本关封,含报关单(第二联)、转关单(盖章)寄送至宁波合作报关行
第2日上午	查验	→	1. 无查验:封车,放行,当晚可出车 2. 有查验:(1) 有问题,等待处理 (2) 无问题,封车,放行,第2日出车
	转关信息录入	→	将正本关封,含报关单(第二联)、转关单(盖章)寄送至宁波合作报关行
第2日晚上	货柜加关锁	→	查验通过的前提下,加关锁
	集卡出车	→	场站卡口记录关锁号,并录入浙江电子口岸,货物可出车,一般当夜运至北仑集码场站
第3日	宁波海关	← 宁波合作报关行 ←	1. 场站收据(宁波一级货代寄送) 2. 关封(义乌报关行寄送) 3. 转关单(义乌报关行寄送) 4. 场站收据 5. 预配舱单
	海关审核		
	码头放行	→	凭场站收据中的一联
	装船出运		

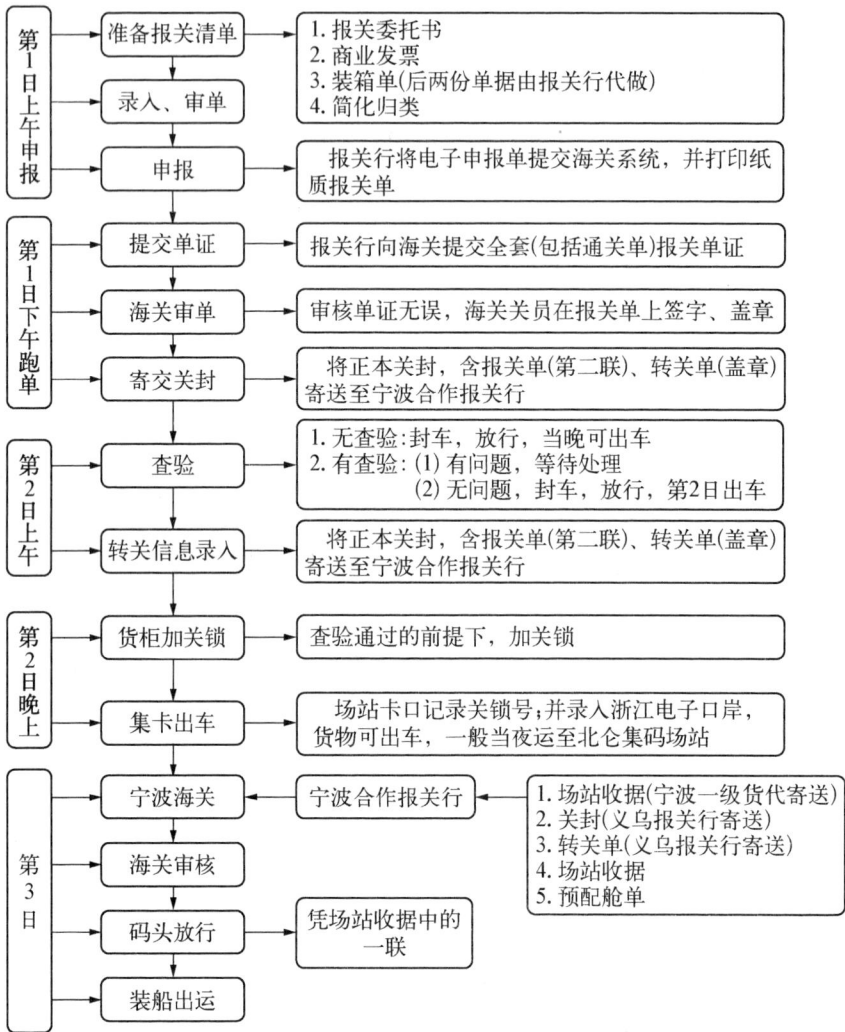

义乌小商品报关出口流程图

项目六　保税进出口货物的报关

学习目标

知识目标

1. 了解保税制度和保税货物的概念及特征。
2. 掌握加工贸易保税货物的报关,掌握保税仓库货物的报关。
3. 掌握保税区和出口加工区货物的报关。
4. 了解保税物流中心货物的报关。

技能目标

能够区别纸质手册和电子账册管理下的保税加工货物及其货物的相关程序。

情境导入

"只用2分钟,10票50 000多个液晶显示板报关手续就办完了!"深圳市中海客货代理有限公司报关部张英经理高兴地告诉李峰。刚毕业不久走上工作岗位但对进出口货物报关手续已经熟悉的李峰显得非常兴奋。

张经理说,之所以这么快,是因为海关为他们采用了"集中报关"的通关模式。深圳市中海客货代理有限公司是深圳采用"集中报关"通关模式的较早批次的企业。"公司每天有大量的进出口货物,以前平均每天都要报3~5票,采用了集中报关模式后,只需在每月10日前集中报一票即可,每月节省了近15 000元的报关费,出货时间也比以前缩短了近1个工作日,更重要的是货物可以随时出区,及时送达给客户,实现了对客户的实时配送,这是让我们赢得客户的关键!"张经理感慨地说。

据了解,随着深圳市投资环境的不断改善,大批高科技物流企业纷纷落户深圳,针对IT企业、液晶光电企业、电子产品、机械制造和商业等行业产品周转时间短、交期紧、批次多、零库存等生产经营特点,深圳海关积极采取措施,为高科技企业提供优质高效的通关服务。该关率先在所辖保税区海关开展"集中报关"工作,对中海物流(深圳)有限公司等企业运往区外或区外企业运往区内企业的货物,因批量小、批次多,为避免频繁办理正式报关手续,采用经海关批准同意先以清单方式申报办理货物验放手续,后以报关单形式集中办理海关手续的通关模式。

李峰认为自己还有很多东西需要学习:什么是保税货物?保税进出口货物的报关和一般商品的报关存在哪些不同?集中报关方式具有什么样的优势?李峰希望尽快熟悉公司的各种业务并把自己所学习的理论知识应用到实践中去。

任务一　保税货物概述

一、保税制度的概念和形式

（一）保税制度的概念

保税制度是指在海关监管下，经海关批准的境内企业所进口的货物在境内指定场所储存、加工、装配，以及暂缓缴纳各种进口税费的海关监管业务制度。

保税制度可以给进口商提供方便，海关允许从事转口贸易的进口商的复运出口货物免纳进口关税，在境内暂时储存一段时间，以便于货物存储人有充足的时间寻找国外买主，能降低其货物成本；对于即将进入本国市场的进口货物，可以暂缓交税以减轻进口商的资金压力。

（二）保税制度的形式

按照国际通行的做法，我国保税制度可以分为保税储存和保税加工两种基本形式。其中保税储存的主要形式有保税仓库、保税区、寄售代销、免税品商店等；保税加工的主要形式有来料加工、进料加工、保税工厂、保税集团、保税区等。目前我国保税制度的重点是加工制造业，发挥我国劳动力比较优势，充分利用国外的资金和技术。

二、保税货物的含义和分类

（一）保税货物的含义及特征

我国《海关法》以法律形式对保税货物进行了定义，即保税货物是"经海关批准，未办理纳税手续进境，在境内储存、加工、装配后复运出境的货物"。根据以上定义可以总结出保税货物的四个特征。

1. 海关批准

海关是国家的进出境监督管理机关，保税货物进境前必须根据有关法律规定经海关批准，办理相关手续。

2. 特定目的

我国《海关法》将保税货物限定为两种特定目的而进口的货物，即进行贸易活动（储存）和加工制造活动（加工装配），将保税货物与为其他目的暂时进口的货物（如工程施工、科学实验、文化体育活动等）区别开来。

3. 暂缓缴税

保税货物未办理纳税手续进境,在其尚未决定最终流向时可暂时免纳进口税款,待确定最终流向后,海关再决定免税或征税。

4. 复运出境

保税货物的重要前提是确定最终流向的保税货物必须以原状或加工后产品复运出境,如果保税货物决定不复运出境则不再属于保税货物,必须按照内销的实际情况办理相应的进口纳税手续。

保税货物海关监管的延伸:保税货物的海关监管与一般进出口货物相比,无论时间还是场所都必须延伸(见表6-1)。

表6-1　保税货物与一般进出口货物的海关监管

货物的种类	海关监管时间	海关监管地点
一般进出口货物	出口货物:从进境至办结海关手续提取货物 进口货物:自向海关申报起到装运出境止	货物进出境口岸的海关监管场所
保税货物	从进境提货至储存、加工、装配后复运出境办结海关核销手续或正式进口海关手续	在海关监管期间,货物储存、加工、装配的任意地点

(二) 保税货物的分类

根据保税货物的功能和用途可以分为加工贸易保税货物和仓储保税货物。

1. 加工贸易保税货物

加工贸易是指料件从境外进口,成品也运到境外,中间的加工装配环节在境内完成的贸易形式,一般包括来料加工、进料加工、保税工厂、保税集团和外商投资企业履行产品出口合同五种方式。加工贸易保税货物是指专为加工、装配出口产品而从国外进口且海关准予保税的原材料、零部件、元器件、包装物料、辅助材料以及用这些料件生产的成品、半成品。

2. 仓储保税货物

仓储保税货物又称物流保税货物,指在规定时间内在境内进行短暂储存后原物复运出境的货物。根据仓储保税货物的流向可以分为复运出境保税货物和进入国内市场的保税货物两大类。这类保税货物主要包括转口货物,供应国际运输工具的货物,进口寄售用于维修外国商品的零配件,经海关批准准予存入保税仓库的其他货物等。

知识链接

"保税"是海关对货物"保留征权"的意思。保税制度能够使出口企业简化出口手续,减少因纳税而造成的资金占用和利息成本,有利于国内出口加工企业的开办和经营,也有利于实行保税制度的口岸城市的繁荣。

保税制度最早产生于中世纪诸侯分立的欧洲,众多公国划地为境,设立关卡,对进入关卡的货物征收关税,这种局面严重地制约了转口贸易的发展。于是,一些公国从发展本国航运出发,在转口贸易货物入境时,保留对其税款的征收,直至该货物确定最终流向时再做相关处理。在16世纪中期,意大利的里窝那成为世界上第一个实行保税制度的城市,并产生了最初的保税形式——保税储存制度。经过几百年的发展和完善,保税制度不再仅仅局限于原来的转口贸易,而是被不同国家根据其需要适用于不同贸易方式中的货物。

(三)保税货物的期限

保税货物的期限可以分为准予保税期限和申请核销期限两类。

1. 准予保税期限

准予保税期限是指经海关批准保税后在境内储存、加工、装配的时间限制,即海关准予缓办进口纳税手续的期限,以进境申报之日为起点,复运出境或办理正式进口手续之日为终点。准予保税期限按保税制度的形式可以分为加工贸易保税货物的准予保税期限、仓储保税货物的准予保税期限和区域保税货物的准予保税期限。

2. 申请核销期限

申请核销期限是指保税货物的经营人向海关申请核销的最后日期,具体包括加工贸易保税货物、仓储保税货物和区域保税货物的申请核销期限(见表6-2)。

表6-2　加工贸易、仓储、区域保税货物的准予保税期限和申请核销期限

保税货物的种类	准予保税期限	申请核销期限
加工贸易保税货物	1年,最长可延长1年;联网监管模式下电子手册管理的料件:电子手册经海关批准起到撤销止	纸质手册:手册到期之日或最后一批成品出运后30日内报核;电子手册:定期报核(6个月为一报核周期)
仓储保税货物	1年,最长可延长1年	每月一次(每月5日之前)
区域保税货物	笼统规定:进境或进区始到出境或出区办结海关手续止	每半年一次(每年6月底和12月底)

(四)保税货物报关的基本程序

保税货物的报关和一般进出口货物不同,它不是在某一时间上办理了进口或出口手续后即完成了报关,而是要办理从进境、储存或加工到复运出境全过程的各种海关手续,真正完成了保税货物的报关。保税货物报关的基本程序是:备案申请保税—进出境报关—报核申请结案。

1. 前期阶段:备案申请保税

保税货物进口前,经营保税货物的单位向海关提出将要进口货物的保税申请,海关给予批准后,进口货物才能保税。这有利于海关对企业申请进口的保税货物进行审核备案,便于海关今后的监管和统计。

经国家批准的保税区域,包括保税区、出口加工区。从境外运入区内的储存、加工、装配后复运出境的货物,已经整体批准保税,备案阶段与报关阶段合并,省略了按照每一个合同或每一批货物备案申请保税的环节。

经海关批准的保税仓库,进境入库之前必须以每一批货物为单位进入备案申请保税的环节:仓库经营人保税申请—主管海关审核批准保税—凭证办理申报货物入库手续。

2. 中期阶段:进出境报关

所有经海关核准保税的货物,在进出境时都必须和其他货物一样进入进出境报关阶段。一般进出口货物的进出境报关阶段包括四个环节:申报—配合查验—缴纳关税—海关放行。保税货物因暂缓纳税,不进入纳税环节(但收取海关监管手续费),保税货物进出境报关阶段具体包括四个环节:申报—配合查验—缴纳或免纳海关监管手续费—提取或装运货物。

3. 后期阶段:报核申请结案

根据企业在海关的备案,当加工合同完成后或储存货物复运出境后,企业向海关申请对进口的保税货物进行核销结关。所有经海关批准的保税货物,都必须按规定由保税货物的经营人向主管海关报核,海关受理报核后进行核销,核销是保税货物结关的标志,核销后视不同情况分别予以结关销案(见表6-3)。具体包括四个环节:企业报核—海关受理—实施核销—结关销案。

表6-3 加工贸易、仓储、区域保税货物结案标志

保税货物的种类	结案标志	到期未结处理
加工贸易保税货物	根据加工贸易合同,产品在规定期限内全部出口或部分出口,不出口部分得到合法处理为结案标志。对不设立台账的,予以结案;对设立台账的,到银行撤销台账,然后结案	结账到下期继续监管
仓储保税货物	在规定期限内,最终全部出境或出库办结海关手续,每月报核一次	结账到下期继续监管,直到能够结案或到期变卖处理
区域保税货物	进区货物最终全部出境或出区办结海关手续	结账到下期继续监管

任务二 加工贸易保税货物的报关

一、加工贸易概述

(一)加工贸易的概念及形式

加工贸易俗称"两头在外"的贸易,即料件从境外进口在境内加工装配后成品运到境外的贸易。加工贸易按照海关监管方式可以分为五种形式。

1. 来料加工

来料加工是指经营企业不需要付汇进口料件而是由境外企业提供,按照境外企业的要求进行加工或装配,只收取加工费,制成品由境外企业销售的经营活动。

2. 进料加工

进料加工是指经营企业付汇进口料件,制成品由经营企业外销出口的经营活动。来料加工和进料加工的异同如表6-4所示。

表6-4 来料加工和进料加工的异同

		来料加工	进料加工
相同		"两头在外",即料件来自境外,成品销往境外	
区别	料件	境外企业提供,无须通过外汇购买	境内企业付汇从境外购买
	货物的所有权	加工过程中不发生所有权转移,料件进口和成品进口属于同一笔交易,料件供应者即为成品接受者	料件进口和成品出口属于两笔不同的交易,均发生了所有权转移,料件供应者和成品购买没有必然联系
	成品去向	返给境外厂商(料件提供者),在来料加工中,境内企业不担销售风险,不负盈亏,只收取加工费	境内企业赚取从原料到成品的附加价值、自谋资金、自找销路、自担风险、自负盈亏

3. 客供辅料的国外订货合同

出口合同中规定国外订货商提供(免费或在出口货价中扣除)部分辅料、包装材料,甚至部分原材料。

4. 保税工厂

保税工厂是指由海关批准的、专门从事保税加工的工厂或企业,是在来料加工、进料加工和外商投资企业履行产品出口合同的基础上发展形成的一种保税加工的监管形式。

5. 保税集团

保税集团是指经海关批准,由一个具有进出口经营权的企业牵头,在同一关区内,同行业若干个加工企业联合对进口料件进行多层次、多工序连续加工,直至最终产品出口的企业联合体。

(二)加工贸易保税货物的监管模式

目前,海关对加工贸易保税货物的监管模式有两大类:物理围网监管模式和非物理围网监管模式(见图6-1)。

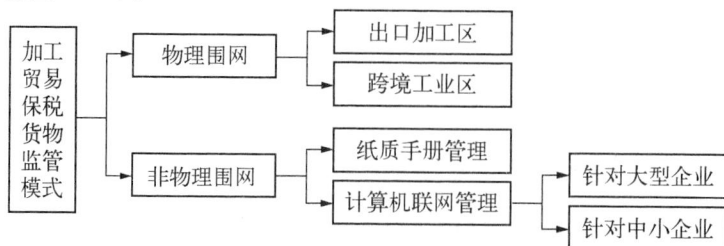

图6-1 物理围网监管模式和非物理围网监管模式

1. 物理围网监管模式

物理围网监管是指经国家批准、在境内或边境上划出一块地方实现物理围网,让企业在围网内专门从事保税加工业务,由海关进行封闭式监管。在境内的保税加工封闭监管模式称为出口加工区;在边境线上的保税加工封闭监管模式称为跨境工业园。

2. 非物理围网监管模式

非物理围网监管模式包括纸质手册管理和计算机联网管理两种。

纸质手册管理是一种传统的监管模式,主要是用加工贸易登记手册进行加工贸易合同的备案,凭以进出口,并记录进口料件、出口成品的实际情况,最终凭以办理核销结案手续。这种监管方式在海关对保税加工贸易监管中曾起过相当大的作用,目前使用范围也比较广泛。但随着对外贸易和现代科技的高速发展,新时期加工贸易数量大、品类杂、产品生命周期短等使得这种监管模式的局限性显露出来,逐渐被其他监管模式代替。

计算机联网监管是一种高科技的监管模式,主要是应用计算机将海关和加工贸易企业联网,建立电子账册或电子手册,备案、进口、出口、核销等全部通过计算机进行。这种监管方式又分为两种:一种是针对大型企业的,以建立电子账册为主要标志,以企业为单元进行管理,不再执行银行"保证金台账"制度;另一种是针对中小企业的,以建立电子手册为主要标志,以合同为单元,执行银行"保证金台账"制度,今后将逐步取代纸质手册管理。

知识链接

杭州开发区海关启用新的监管模式——加工贸易联网监管,以适应现代加工贸易企业"零库存、全球采购、电子商务"的发展要求。加工贸易联网监管一改过去手工纸质操作手续烦琐、环节诸多、审批冗繁、管理困难的老面孔,以海关监管系统、中国电子口岸、企业资源管理系统(ERP)为基础,建立起一个海关对企业从电子账册备案、货物进出口报关、海关核查到企业报核销,实施全程计算机联网管理的系统,使企业的审批、备案、报核实现无纸化、网络化,达到一次备案、长期使用、网上变更、即办即报的效果,大大简化了操作手续,提高了报关效率,真正实现了海关有效监管和企业高效运作的统一。

(三)加工贸易保税货物的监管特征

加工贸易保税货物的监管特征可以概括为:商务审批、备案保税、暂缓纳税、监管延伸和核销结关。

1. 商务审批

加工贸易保税货物在进入海关备案程序前必须经过商务主管部门审批,包括审批加工贸易合同和加工贸易经营范围。合同审批后,经营企业凭批准后的合同、《加工贸易业务批准证》和《加工贸易经营企业经营状况和生产能力证明》到主管海关办理合同备案,经营企业凭《经营范围批准证书》和《加工贸易经营企业经营状况和生产能力证明》到海关申请联网监管并建立电子账册和电子手册。

2. 备案保税

审批的加工贸易进入海关备案环节,准予备案的料件进口可以暂不办理纳税手续。海关受理加工贸易料件备案必须满足以下要求:企业合法经营,有进出口凭证,申请保税的货物进境加工、装配后最终流向是复运出境,海关可以在相关环节监管。

3. 暂缓纳税

保税货物进境时先准予保税,待货物确定最终流向后,再确定征免税范围,即用于出境的免税,不出境的征税,经批准内销的征收缓税利息,由企业办理纳税手续。

4. 监管延伸

保税货物与一般进出口货物相比,其海关监管在时间和地点上都进行了延伸。从监管时间上来说,保税货物在进境地被提取是海关后续监管的开始,一直到该货物储存、加工、装配后复运出境或办结海关核销手续为止。从监管地点上来说,在海关监管期限内,凡是保税货物储存、加工、装配的地点,都是海关监管的场所。

5. 核销结关

保税进口货物海关放行后不等于海关监管结束,保税加工货物复运出境后,只有经过海关核销后才能结关。向海关核销,不仅要确认进出口数量是否平衡,而且要确认成品是否由所进口料件生产。

二、纸质手册管理下的保税加工贸易报关程序

到目前为止,纸质手册管理模式还是一种常规监管模式,其特征是以合同为单元进行监管,基本程序是:合同备案—货物报关—合同报核。

(一) 合同备案

1. 合同备案的含义

加工贸易合同备案是指加工贸易经营企业持合法的加工贸易合同,到主管海关备案,申请保税并领取《加工贸易登记手册》或其他准予备案凭证的行为。海关受理的加工贸易合同必须合法有效,即加工贸易合同是否通过了商务部门的审批;加工贸易合同所涉及的料件是否受国家贸易管制;如果是受管制的,是否有许可证等。

2. 合同备案的企业

国家规定开展加工贸易业务应当由经营企业到加工企业所在地主管海关办理加工贸易合同备案手续。

3. 合同备案的步骤

企业办理加工贸易合同备案的步骤为:报商务部门审批加工贸易合同领取批文,需要领取许可证的向有关主管部门领取许可证,企业持正本批文和其他海关要求的单证,在加工贸易所在地主管海关办理合同备案,将合同内容预录入计算机,经海关审核同意备案合同,企业凭海关开立的《开发银行保证金联系单》到指定银行办理银行保证金台账开设手续,凭银行出具的《银行保证金台账登记通知单》领取《加工贸易登记手册》或其他准予备案的凭证(见图6-2)。

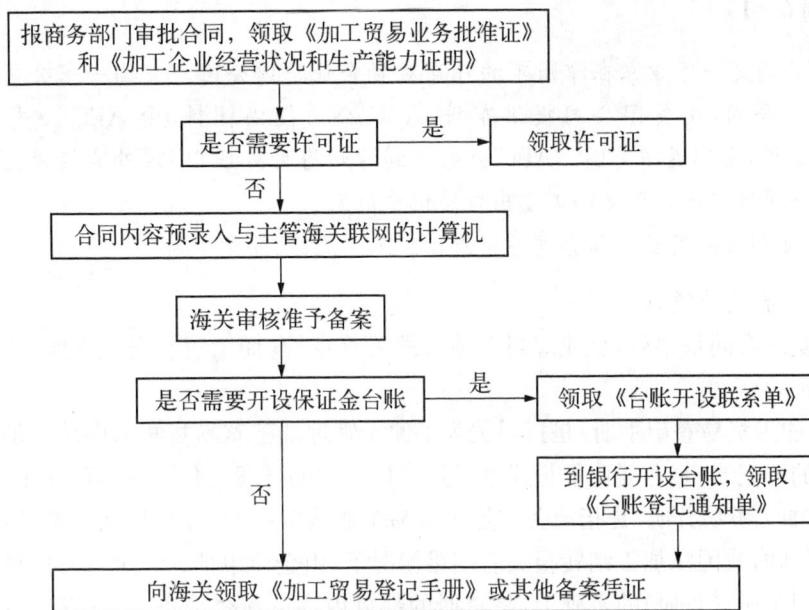

图6-2　加工贸易合同备案步骤

4. 合同备案的内容

1）备案单证

商务部门签发的《加工贸易业务批准证》和《加工贸易企业生产能力证明》，经营企业对外签订的合同或合同副本，经营企业与加工企业签订的委托加工合同，《加工贸易合同备案申请表》（四份）及《加工贸易合同备案呈报表》。属于加工贸易国家管制商品的需交验主管部门许可证件：产品生产工艺流程，为确定单耗和损耗率所需的有关资料（进料非对口除外），其他需要的单证。

2）备案商品

加工贸易禁止类商品不准备案，进出口消耗臭氧层物质、易制毒化学品、监控化学品在备案时需提供《进口许可证》或《两用物项进出口许可证》复印件。进口音像制品、印刷品、地图产品及附有地图的产品、工业再生废料等，在备案时需提供有关主管部门签发的许可证件或批准文件。

3）保税额度

海关受理加工贸易合同备案的核心是根据国家的有关法规赋予海关的行政权力对进口料件批准全部保税、部分保税或不予保税。属于进口料件来料加工合同、进料加工对口合同、保税工厂进口合同、保税集团进口合同、联网监管企业全额保税；进料非对口合同根据实际情况对进口料件部分保税，具体比例按登记手册上海关的批注；根据国家规定海关可以先接受备案，但进口料件时先征税，根据出口产品情况后退税，加工贸易合同下的试车材料、非列名消耗性物料等不予备案和保税，进口时应照章纳税。

经典案例 6-1

ABC 公司是一家设立在漳州市的外商独资企业。该公司与美国一家公司签订了一份服装加工合同,由美国公司提供布料,ABC 公司提供辅料,由 ABC 公司加工生产 10 000 条西裤,全部返销美国。ABC 公司即到漳州海关办理申领《外商投资企业为履行产品出口合同所需进口料件加工复出口登记手册》。

问题:漳州海关可否立即办理并核发该加工合同的《登记手册》?

5. 合同备案的凭证

海关受理合同备案后,企业应当申领有海关签章的《加工贸易登记手册》或其他准予备案的凭证。

(1)《加工贸易登记手册》是指海关为了便于管理加工贸易货物而向从事加工贸易的企业核发的登记册,企业凭此登记册办理进出口货物的备案、报关、报核等程序。

(2)《加工贸易分册》是指海关在加工贸易企业从多口岸进出口《加工贸易登记手册》项下保税货物,或因深加工结转报关有困难情况下,由企业申请并经主管海关核准,在《加工贸易登记手册》(总册)的基础上,将总册的部分内容重新登记备案,核发的载有该部分内容并独立编号的另一本《加工贸易登记手册》。

(3)《加工贸易续册》是原手册的加厚本,是指加工贸易因报关次数频繁造成手册进出口登记栏不够使用,在原手册登记栏用尽情况下由企业申请,主管海关核发的与原手册装订在一起使用的不独立的手册。

(4)其他准予备案的凭证。对于生产出口产品所需而进口的属于国家规定的 78 种服装辅料且金额不超过 5 000 美元的合同,除适用 C 类管理加工贸易企业外,可以不申领《加工贸易登记手册》,直接凭出口合同备案准予保税,经海关在出口合同上签章编号后直接进入进出口报关阶段。

6. 合同备案的变更

已经海关登记备案的加工贸易合同,其品名、规格、金额、数量、加工期限、单损耗、商品编码等发生变化的,需向主管海关办理合同备案变更手续,设台账的合同需变更台账,其加工期限的变更称为合同延期。相关规定如表 6-5 所示。

表 6-5　加工贸易合同备案变更应办手续

变更内容	应办手续
合同变更	一般需报经商务部门批准
贸易性质、商品品种不变,合同变更金额小于 1 万美元(含 1 万美元),延期不超过 3 个月的合同	可直接到海关和银行办理变更手续,不需经商务主管部门重新审批
原 1 万美元以下的合同,变更后进口金额超过 1 万美元	A、B 类企业应重新开设台账;B 类企业合同变更后,进口料件如涉及限制类商品,加收相应保证金

变更内容	应办手续
企业管理类别调整,合同从空转变为实转	对原备案合同交付台账保证金;经海关批准对未完成部分收取保证金
企业类别调整为D类企业	已备案合同经海关批准,交付保证金后继续执行,但是不得再变更和延期
允许类商品改为限制类商品的加工合同	已备案的合同不再交付保证金;原允许类和限制类商品改为禁止类商品,已经备案的合同按照国家即时发布的规定办理

7. 与合同备案相关的事宜

1) 跨关区异地加工贸易合同备案申请

跨关区异地加工贸易是指一个直属海关的关区内加工贸易经营企业,将进口料件委托另一个直属海关的关区内加工生产企业加工,生产成品回收后再组织出口的加工贸易。

开展异地加工贸易应在加工企业所在地设立台账,由加工贸易经营企业向加工企业所在地主管海关办理合同备案手续。海关对开展异地加工贸易的经营企业和加工企业实行分类管理,如果两者的管理类别不相同,按其中较低类别管理。

2) 加工贸易单耗申报

加工贸易单耗是指加工贸易企业在正常生产条件下加工生产单位产品所耗用进口料件的数量。加工贸易单耗申报是指加工贸易企业在备案和报核中向海关如实申报加工贸易单耗的行为。

3) 加工贸易外发加工申请

加工贸易外发加工是指加工贸易企业因受自身生产工序限制,经海关批准并办理有关手续,委托承揽企业对加工贸易出口产品生产环节中的个别工序进行加工,在规定期限内将加工后的产品运回本企业并最终复出口的行为。

加工贸易外发加工是将加工的某道工序委托别的企业进行加工。例如,上海的一家企业所进行的是服装的加工贸易,将裁剪这道工序交给了上海的另外一家加工企业来加工,或者是委托给苏州的一家企业进行加工。这种情况就属于加工贸易外发加工。

跨关区异地加工的两个企业是在不同关区;加工贸易外发加工可以是同一个关区,也可以是两个不同关区。跨关区异地加工是全权委托另一个加工企业;加工贸易外发加工不是全权委托,而是将加工的某道程序委托别的企业进行加工,对方将这道加工工序做好以后,还得运回继续加工然后复出口。

4) 加工贸易"串料"申请

加工贸易"串料"是指因生产需要,将一个出口合同内的料件用于生产另外一个出口合同的产品。经营企业因加工出口产品急需,申请本企业内部进行"料件串换"的,需提交书面申请并符合下列条件:保税料件之间、保税料件和进口非保税料件之间的串换,需符合同品种、同规格、同数量的条件。保税料件和国产料件之间的串换,必须符合同品种、同数量、关税税率为零的条件,且商品不涉及许可证管理。经海关批准,保税进口料件和征税进口料件之间以及保税进口料件和国产料件之间发生串换,串换下来的同等数量的保税进口料件由企业自行处理。

(二)货物报关

1. 保税加工贸易进出境报关

保税加工货物进出境报关包括料件进口报关和成品出口报关。加工贸易货物的进出境报关和一般货物进出境报关一样也要经过申报、配合查验、缴纳税费(没有批准保税的缴纳进口税,批准保税的缴纳监管手续费)、提取货物或装运货物等阶段。但二者也存在很大区别,加工贸易货物报关时,在计算机系统中已经有备案底账,因此是在备案底账基础上直接输入电子数据报关。电子数据即商品报关的商品编码、品名、规格、计量单位、数量、币制等。这些数据必须与备案数据在字面上和计算机格式上完全一致,如果在某一方面存在不一致,报关就不能通过。报关人可以是加工经营企业本身也可以是其代理,报关时必须持有《加工贸易登记手册》或其他准予合同备案的凭证。属于国家管制的进出口商品,必须提供有关部门的许可证件。

保税加工贸易进出境报关税收征管要求:准予保税的加工贸易料件进口时暂缓纳税,加工贸易项下出口应税商品,如系全部使用进口料件加工生产的产(成)品,不征收出口关税。加工贸易项下出口应税商品,如系部分使用进口料件、部分使用国产料件加工的产(成)品,则按海关核定的比例征收出口关税。加工贸易货物出口关税的计算方式为:

出口关税＝出口货物完税价格×出口关税税率×出口产品中使用的国产料件比例

例如,一套设备的80%是用进口料件生产,20%是用国内的料件生产,那么这个产品出口的时候,按20%的国内料件征收关税。

2. 保税加工贸易货物深加工结转报关

加工贸易深加工结转是指加工贸易企业经过批准将保税进口料件生产的产品直接转给另一海关关区内加工贸易企业,由后者进一步加工后再出口的一种加工贸易业务。其特点是两家企业不在一个关区,其中一家加工贸易企业完成加工后不直接出口,而是结转给下一家加工贸易企业完成加工后出口。加工贸易深加工结转程序包括三个环节:计划备案—收发货登记—结转报关。

(1)计划备案。由转出企业、转入企业向各自的主管海关提交加工贸易保税货物深加工结转申请表,申报结转计划。转出企业填写申报表、签章,向主管海关备案,转出海关留存一联,其余三联退转出企业交转入企业,转入企业在转入企业备案后20日内持其余三联,填写本企业相关内容后签章,向转入地海关备案,转入地海关审核后将申请表第二联留存,第三、四联交转入、转出企业凭以办理结转收发货登记及保管手续。

(2)补发货登记。转出、转入企业在海关备案申请保税货物深加工结转后,应该按海关核准的计划进行实际发货,并在实际结转情况登记表上如实登记,加盖企业结转专用章。遇退货情况,应在结转情况登记表上如实填写,并注明"退货",加盖企业结转专用章。

(3)结转报关。转出、转入企业分别在转出地、转入地海关办理结转报关手续(每批实际发/收货后 90 日内办结该批货物的报关手续);转入企业凭申请表、登记表等单证向转入地海关办理结转进口报关手续,并在结转进口报关后的第二个工作日内将报关情况通知转出企业;转出企业自接到转入企业通知之日 10 日内,凭申请表、登记表等单证向转出地海关办理结转出口报关手续。

经典案例 6-2

北京加工贸易企业 A 进口料件生产半成品后转给南京加工贸易企业 B 继续深加工,最终产品由 B 企业出口。

问题:如何办理结转申报手续?

3. 其他保税加工贸易货物的报关

其他保税加工贸易货物是指履行加工贸易合同过程中产生的剩余料件、边角料、残次品、副产品和受灾保税货物,其特征是不能复出口。

对于履行加工贸易合同中产生的上述剩余料件、边角料、残次品、副产品和受灾保税货物,企业必须在手册有效期内处理完毕。处理的方式有内销、结转、退运、放弃、销毁等。除销毁处理外,其他处理方式都必须填制报关单报关,有关报关单是企业报核的必要单证。

(三) 合同报核

1. 报核的含义

报核是指加工贸易企业在加工合同履行完毕或终止后,按照规定期限和规定程序,向该企业主管海关申请核销结案的行为。经营企业向海关报核时应如实申报进口料件、出口产品、边角料、剩余料件、残次品、副产品以及单耗等情况。

2. 报核的时间

经营企业在规定时间内完成合同,并自加工贸易登记手册项下最后一批成品出口或者加工贸易登记手册到期之日起 30 日内向海关申请报核;因故提前终止的合同,自合同终止之日起 30 日内向海关报核。

3. 报核凭证

企业合同核销申请表;加工贸易登记手册(分册和续册);进出口报关单(按《加工贸易登记手册》的记录顺序编码);核销核算表;申请内销的应有商务主管部门核发的《加工贸易保税进口料件内销批准证》;其他海关需要的材料。

4. 报核步骤

第一步,整理单据。合同履约后,应及时将登记手册和报关单进行收集、整理和核对。

第二步,计算单耗。根据有关账册记录、生产工艺资料等计算此合同的实际单耗,并填写核销核算表(与备案单耗不一致的,应在最后一批成品出口前进行更正)。

第三步,填核销预录入清单,办理预录入手续。

最后,携带所有报核的单证到主管海关报核,并填写报核签收回联单。

三、电子账册管理下的保税加工贸易报关程序

（一）认识电子账册

1. 联网监管的含义

海关对加工贸易企业实施联网监管是指联网企业通过数据交换平台或其他计算机网络的方式，向海关报送能够满足海关监管要求的物流、生产、经营等数据，海关对数据进行核对、核算，并对实物进行核查的一种加工贸易海关监管方式。

海关运用现代计算机手段将企业的加工贸易进口料件、成品出口通关管理和加工贸易的备案审批、中期查核、后期核销结案整合为一体，企业则通过计算机网络向海关办理备案、变更、报核、进出口货物申报等有关手续。总之，一切都通过计算机网络进行，所以这种监管方式也称为"电子围网监管"。

2. 建立电子账册

建立电子账册包括保税加工联网企业的申请和审批、加工贸易业务的申请和审批、建立电子账册和商品归类关系三个环节。

1）保税加工联网企业的申请和审批

具备规定相关条件的加工贸易企业可以向所在地主管海关提出申请，申请联网监管的企业应当向海关提供规定的有关单证，经经营企业所在地直属海关审核，符合条件的单证具备的加工贸易企业成为保税加工联网监管企业，海关对其实施联网监管。

2）加工贸易业务的申请和审批

加工贸易业务的申请和审批是指联网企业加工贸易业务由商务主管部门审批。商务主管部门对联网企业的加工贸易资格、业务范围和企业加工生产能力一次性地进行总体审定，对符合国家法律法规展开加工贸易业务的申请予以批准并签发《联网监管企业加工贸易业务批准证》。

3）建立电子账册和商品归类关系

（1）建立电子账册。联网企业凭商务主管部门签发的《联网监管企业加工贸易业务批准证》向所在地主管海关申请建立电子账册，海关以商务主管部门审批的加工贸易经营范围、年生产能力等为依据，建立电子账册，取代纸质加工贸易登记手册。

（2）建立商品归类关系。商品归类关系是指海关与联网企业根据监管的需要，按照中文品名、HS编码、价格、贸易管制等条件，将联网企业内部管理的"料号级"商品归并或拆分，建立"一对多"或"多对一"的对应关系。

（二）报关程序

"电子账册模式下联网监管"企业的保税加工贸易货物报关程序与纸质手册模式一样，包括备案—进出口报关—报核三个环节。

1. 备案

1）《经营范围电子账册》备案

企业凭商务主管部门的批准证通过网络向海关办理《经营范围电子账册》备案手续。

备案内容包括经营单位名称及代码;加工单位名称及代码;批准证件编号;加工生产能力;加工贸易进口料件和成品(商品编码前 4 位数)。

2)《便捷通关电子账册》备案

企业可以通过网络向海关办理《便捷通关电子账册》备案手续。备案的主要内容包括企业基本情况表、料件成品部分以及单耗关系。其他部分内容可同时申请备案,也可分阶段申请备案,但料件必须在相关料件进口前备案,成品和单耗关系最迟在相关成品出口前备案。

2. 进出口报关

联网企业备案的进口料件和出口成品等内容,是货物进出口时与企业实际申报货物进行核对的电子底账,因此申报数据与备案数据应当一致。海关按照规定审核申报数据,进口报关单的总金额不得超过电子账册最大周转金的剩余值,如果电子账册对某项下料件的数量进行限制,报关单上该项商品的申报数量不得超过其最大周转量的剩余值。联网企业可以根据需要和海关规定选择有纸报关和无纸报关申报方式。

3. 报核

海关对实施电子账册管理模式的报核实行滚动式核销的方式,由海关依据联网企业的生产能力确定联网企业的报核期限。一般规定 180 天为一个报核周期,首次报核期限从电子账册建立之日起 180 天后 30 天内,以后的报核期限从上次报核之日起 180 天后 30天内。联网企业应当在海关确定的核销结束之日起 30 日内完成报核。确实有正当理由不能按期报核的,经主管海关批准可以延期,但延长期限不得超过 60 日。

知识链接

电子账册管理下保税加工货物。不实行银行保证金台账制度,建立电子账册取代以合同为单元备案的加工贸易纸质登记手册,海关对联网监管企业采用"以企业为单元"的电子记账式管理,电子账册备案的料件全额保税,进口料件保税从建立起至核销止,每 6个月核销一次,不按合同,按周期对进口料件和出口产品进行滚动核销。

任务三　保税仓库货物的报关

一、保税仓库概述

(一) 保税仓库的含义及类别

1. 保税仓库的含义

保税仓库是经海关批准设立的、专门用于存放保税货物和其他未办结海关手续货物的仓库。按照国际上通行的保税制度,对存入我国境内保税仓库的货物享有以下优惠:暂时免纳进口税款;免领进口许可证(能制造化学武器和易制毒化学品除外)或其他进口批件(对国家实行加工贸易项下进口需申领配额许可证的商品,在存入保税仓库时,应事先申领进口许可证);不实行银行保证金台账制度,免领《登记手册》;全额保税进库存储,由海关监管。保税货物在海关规定的存储期内复运出境或办理正式进口手续。

知识链接

经海关批准可以存入保税仓库的货物有:加工贸易进口货物;转口货物;供应国际航行的船舶航空器的油料、物料和维修用零部件;供应维修外国产品所进口寄售的零配件;外进口暂存物品;未办结海关手续的一般贸易进口货物以及经海关批准的其他未办结海关手续的进境货物。

不准存入保税仓库的货物有:一般贸易进口货物;从事向港、澳、台地区转口的烟酒以及有走私货违规前科的企业申请转口的烟酒。

2. 保税仓库的分类

(1) 按使用对象不同,可以分为自用型、公共型和专用型保税仓库。

自用型保税仓库是指由特定的中国境内独立企业法人经营,仅存储本企业自用的保税货物;公共型保税仓库是指由主营仓储业务的中国境内独立企业法人经营,专门向社会提供保税仓储服务;专用型保税仓库是指专门用来存储具有特定用途或特殊种类商品的海关监管仓库。

(2) 按最终用途不同,可以分为液体危险品保税仓库、备料保税仓库、寄售维修保税仓库和其他专用型保税仓库。

(二)保税仓库的建立

1. 建立保税仓库应具备的条件

(1) 经工商部门注册,具有法人资格。

(2) 注册资本不低于 300 万元人民币。

(3) 具备向海关缴纳税款的能力。

(4) 经营特殊许可商品存储的,应当持有规定的特殊许可证件。

(5) 经营备料保税仓库的加工贸易企业,年出口额最低为 1 000 万美元。

(6) 具备专门存储保税货物的营业场所并达到相关要求。

(7) 配备经海关培训认可的专职管理人员。

2. 建立保税仓库的步骤

企业建立保税仓库应向仓库所在地主管海关提交书面申请(20 个工作日内海关提出初审意见),主管海关报直属海关审批(20 个工作日内审查完毕),直属海关批准建立保税仓库后报海关总署备案。

经海关审核并实地勘查后,符合建立保税仓库条件的,予以批准并核发《保税仓库登记证书》,经批准的保税仓库,应在其明显的地方挂有"海关监管保税仓库"字样的标牌。

二、保税仓库货物的报关

保税仓库货物的报关包括进库报关和出库报关(见表6-6)。

表6-6 保税仓库货物的报关程序

进库报关	进口报关	进境入仓,除易制毒化学品、监控化学品、消耗臭氧物质外,免领进口许可证	
		仓库主管海关与口岸海关是同一直属海关	经直属海关批准,可不按转关办理,企业在口岸海关报关,放行后,自行提取货物入仓
		仓库主管海关与口岸海关不是同一直属海关	按转关办理报关
出库报关	进口报关	转为正式进口的同批货物,填制两张报关单:一是《出口货物报关单》,用于办理出仓报关手续,监管方式填"1200";二是《进口货物报关单》按实际进口监管方式办理进口申报手续	
		出仓用于加工贸易	按加工贸易货物办理报关
		出仓用于特定减免税用途	按特定减免税货物办理报关
		出仓进入国内市场或境内其他方面	按一般进口货物办理报关
		仓内的寄售维修零配件申请在保修期内免税出仓	保税仓库经营企业办理进口报关,填制进口报关单,贸易方式填写"无代价抵偿货物(3100)"
	出口报关	仓库主管海关与口岸海关是同一直属海关	经直属海关批准,企业自行提取货物出仓到口岸海关办理出口报关
		仓库主管海关与口岸海关不是同一直属海关	按转关办理出口报关手续
	集中报关	保税货物出库批量少及批次频繁的,经海关批准可办理定期集中报关手续	

(一) 进库报关

货物在保税仓库所在地进境时,除国家另有规定外免领进口许可证,经营企业在仓库主管海关办理进口报关手续,经主管海关批准也可以在进境口岸海关办理报关手续。进出口货物的收发货人及其代理人应持有加盖"保税仓库货物"印章的进口货物报关单一式三份,连同货物运单、发票、装箱单等向海关申报。经海关查验后放行,报关单一份由海关留存,两份随货带交保税仓库。保税仓库经理人在货物入库后在上述报关单上签收,一份留存,一份交回海关存查。

(二) 出库报关

保税仓库货物出库按去向和用途有进口报关和出口报关两种情况,根据情况可以逐一报关,也可以集中报关。

1. 进口报关

保税仓库货物出仓运往境内其他地方转为正式进口的同批货物,填制两张报关单:一张办结出仓报关手续,填制《出口货物报关单》,监管方式填写"1 200";一张办理进口申报手续,按照实际进口监管方式,填制《进口货物报关单》。

2. 出口报关

保税仓库货物出仓复运出境货物,应当按转关运输方式办理出仓手续。如果仓库主管海关与口岸海关是同一直属海关,经直属海关批准可以不按照转关运输方式,由企业自行提货出仓到口岸海关办理出口报关手续。如果仓库主管海关与口岸海关不是同一直属海关,按转关办理出口报关手续。

3. 集中报关

保税仓库货物出库批量少、批次频繁的,经海关批准可以办理定期集中报关手续。

三、保税仓库货物的报关要点

(1)保税仓库存储货物的保税期为 1 年,特殊情况下经海关批准可延期,但不能超过 1 年。

(2)货物存储期满仍未转为进口货物复运出境的,海关将其变卖,所得价款比照《海关法》第 21 条的规定处理。

(3)保税仓库锁存货物受海关监管,未经批准并办理相应手续,任何人不得出售、提取、交付、调换、抵押、挪作他用。

(4)货物在存储期间发生短少、损毁,除由于不可抗力的原因外,其仓库经理人要向海关缴纳短少、灭失部分货物的税款,并承担相应的法律责任。

(5)保税仓库货物可以进行包装、分级分类、简单拼装、加刷唛码、分拆等简单加工,但不得对所存货物进行实质性加工。

(6)保税仓库经营企业应于每月 5 日前以电子数据或书面形式,向主管海关申报上一个月仓库收、付、存情况,并随附有关单证,由主管海关核销。

经典案例 6 - 3

一批转口货物于 2020 年 6 月 1 日进入某保税仓库储存,到 2021 年 5 月底因故没有出库,经海关批准延期 3 个月,但到期仍未出库。

问题:海关什么时间可以将这批货物提取依法变卖?

任务四　保税区和出口加工区货物的报关

一、保税区货物的报关

(一)保税区概述

1. 保税区的含义

保税区是经国务院批准的设立在中国境内的具有保税加工、储运、转口功能的由海关监管的特定区域。保税区内设置行政管理机构和企业,除安全保卫人员外,区内不允许人员居住。

2. 保税区享有的免税优惠

保税区享有的免税优惠包括区内生产性基础设施建设项目所需的机器、设备和其他基建物资,予以免税;区内生产企业自用的生产、管理设备和自用合理数量的办公用品及其所需的维修、零配件,生产用燃料,建设生产厂房和仓储设施所需的物资、设备(除交通车辆和生活用品外),予以免税;保税区行政管理机构自用合理数量的管理设备和办公用品及其所需的维修零配件予以免税。其他货物或物品从境外进入保税区应当依法纳税。

💡 知识链接

海关对保税区的监管

海关依照《保税区海关监管办法》,对进出保税区的货物、运输工具、个人携带物品实施监管。保税区周围需建筑围墙或适当的障碍物,与非保税区隔离。

保税区实行海关稽查制度。区内企业应当向海关办理注册登记、建立符合海关监管要求的账册并与海关实行电子计算机联网,进行电子数据交换。海关对进出保税区的货物、物品、运输工具、人员及区内有关场所,有权依照《海关法》的规定进行检查、查验。

(二) 保税区货物的报关手续

保税区货物报关分进出境报关和进出区报关。保税区与境外之间进出的货物应办理货物进出境报关手续;保税区与非保税区之间进出的货物应办理货物进出区报关手续。

1. 进出境报关

进出境报关采用报关制和备案制相结合的运行机制。

(1)报关制。保税区与境外之间进出境货物,属自用的(保税区内企业进口自用合理数量的机器设备、管理设备、办公用品及工作人员所需自用合理数量的应税物品及货样)采用报关制,即填写进口报关单,进入报关程序。

(2)备案制。保税区与境外之间进出境货物,属非自用的(保税区内企业所需的加工贸易料件和转口货物、仓储货物进出境),采取备案制,即由进出口收发货人或其代理人填写进出境货物备案清单,向保税区海关备案。

2. 进出区报关

进出区报关要根据不同的情况按不同的报关程序报关。

1)保税加工货物进出区

保税进口料件和用保税进口料件生产的成品、半成品进保税区,视同出口。应填写出口报关单,提供《加工贸易登记手册》及有关的许可证,海关不签发出口退税报关单。保税料件及其生产的成品、半成品出保税区,视同进口,按货物不同流向填写不同的进口货物报关单。

2）进出区外发加工

外发加工是指加工贸易企业出口产品生产的某一环节，由其他企业代为加工的业务。保税区企业出区外发加工，或区外企业进区外加工，应事先经主管海关核准。

进区即区内加工企业接受非区内企业的加工委托，应凭外发加工合同，向保税区海关办理委托加工料件的备案手续，并专料专用，加工出区后核销，不进入进出境报关程序，不填写进出口报关单，不缴纳税费。

出区即区内企业委托非区内企业加工的，主要工序应在区内完成，区外加工企业应在加工企业所在地海关办理备案手续，进入加工贸易合同备案程序，包括建立银行保证金台账制度，加工期限最长为6个月，情况特殊的经海关批准可延长6个月。备案后进入加工贸易出区报关程序。

3）设备进出区

不管是施工设备还是投资设备，进出区均需向保税区海关备案，设备进区填写报关单，不缴纳出口税，海关不签发《出口货物报关单》退税证明联，设备系从国外进口已征进口税的，不退进口税；设备退出区外，也不必填写报关单申报，但要报保税区海关销案，保税区货物报关手续如表6-7所示。

表6-7　保税区进出货物报关规范

货物分类			报关规范
进出境报关	与境外之间进出境货物，属自用的		报关制；填写进出口报关单
	与境外之间进出境货物，属非自用的		备案制；填写进出境备案清单
进出区报关	保税加工货物	进区	报出口，填写出口报关单，提供有关许可证，缴纳出口关税，海关不签发出口报关单退税证明联
		出区	报进口，根据货物不同流向填写进口报关单，出区进入国内市场，按一般进口货物报关；出区用于加工贸易，按加工贸易货物报关；出区用于特定减免税的，按特定减免税货物报关
	进出区外发加工	进区加工	凭外发加工合同向保税区海关备案，加工出区后核销，不填进出口报关单，不缴纳税费
		出区加工	由区外加工企业向其所在地海关办理加工贸易备案，需设立"银行保证金台账"的应设立台账，加工期限最长6个月，经批准可延长6个月，备案后按保税加工货物出区报关
	设备进出区	进出区	向保税区海关备案，不填写报关单，不缴纳出口税，不签发出口报关单退税证明联；设备退出区外，也不填报关单申报，但报保税区海关销案

3. 保税区货物报关要点

（1）除国家明令规定的商品需要许可证外，其他货物不需要提供许可证件。例如，进口易制毒化学品、能够制造化学武器的化工品、消耗臭氧层物质，要有许可证；生产激光光盘，要经主管部门批准，但不实行银行保证金制度，料件全额保税。

（2）禁止进出口地货物开展加工贸易。

（3）从非保税区进入保税区的货物，按照出口货物办理手续。

（4）保税区内的转口货物可以在区内其他场所进行简单加工。

经典案例6－4

在海关监管下，我国各口岸城市均设有免税商店。出国人员可凭出国护照在免税商店购买一定限额的免税品。某年年初开始，锦州海关发现中远锦州免税店从香港地区进口的家电数量激增，调查发现进口家电并没有销售给出国人员，却流向了沈阳、广东等地。决定立案侦查。发现一些不法分子与不法免税店互相勾结，大肆进行"伪装贸易"走私活动。

其具体做法：以享有进口权的免税商店的名义，从国外进口相关商品；收购原本就不打算购买免税商品的出国人员护照；制造将进口免税商品"出售"给这些出国人员的假单证，然后再报海关免税；将免掉关税的进口商品在国内销售。

问题：这种"伪装贸易"会带来什么危害，你认为应该如何避免这种"伪装贸易"？

二、出口加工区货物的报关

（一）了解出口加工区

1. 出口加工区的含义

出口加工区是经国务院批准在中华人民共和国境内设立的，由海关对保税加工进出口货物进行封闭式监管的特定区域。

2. 出口加工区的功能

出口加工区的主要功能是保税加工及为区内保税加工服务的储运企业。区内不得经营商业零售、一般贸易、转口贸易及其他与加工区无关的业务，不得建立营业性的生活消费设施。

3. 出口加工区的优惠政策

区内加工不实行银行保证金台账制度，不收取保证金，进口料件全额保税；海关不实行《加工贸易登记手册》管理，实行与海关联网的电子账册管理，每6个月核销一次；从境外进口的自用的生产、管理所需设备、物资，除交通车辆和生活用品外予以免税；从境内进入加工区的供区内使用的国产机器、设备、原材料、零部件及合理数量的基建物资、办公用品，视同出口可以申请出口退税。

（二）出口加工区货物的报关

1. 进出境报关

出口加工区与境外之间进、出口货物报关实行备案制，由货主或其代理人填写《出口加工区进（出）境货物备案清单》，向主管海关备案。

对跨关区进出境的出口加工区货物，一般按转关运输中的直转方式办理转关。但下列情况可不按转关运输方式办理:出口加工区内企业跨关区进口车辆、邮递物品、个人随身携带物品;从保税区或保税仓库提取货物进区;出区在异地口岸拼箱出口货物等。对同一关区内进出境的出口加工区货物,一般按直通式报关。

2.进出区报关

出口加工区运往境内区外货物的报关。出口加工区运往境内区外的货物,由区外企业录入《进口货物报关单》,凭发票、装箱单、法定商检商品和国家另有规定的,还须凭检验检疫机构出具的《入境货物报关单》,以及有关许可证等单证,向出口加工区海关办理进口报关手续。进口报关结束后,区内企业填制《出口加工区出境货物备案清单》,凭发票、装箱单、电子账册编号等单证,向出口加工区海关办理出区报关手续。

境内区外运入出口加工区的货物由区外企业录入《出口货物报关单》,凭购销合同、发票、装箱单等单证,向出口加工区海关办理出口报关手续。出口报关结束后,区内企业填制《出口加工区进境货物备案清单》,凭购销发票、装箱单、电子账册编号等单证,向出口加工区海关办了进区报关手续。货物经出口加工区海关查验放行后,出口加工区海关分别向区外企业核发《出口货物报关单》出口收汇证明联,向区内企业核发《出口加工区出境货物备案清单》进境付汇证明联。

(三)出口加工区货物报关要点

(1)加工区与境外之间进、出的货物,除国家另有规定外,不实行进出口许可证件管理。

(2)对加工区运往境内区外的货物,按进口货物报关,如属许可证件管理的,出具有效的进口许可证件,缴纳进口关税、增值税、消费税,免交付缓税利息。

(3)出口加工区区内企业开展加工贸易业务,不实行"加工贸易银行保证金台账"制度,但适用电子账册管理,实行备案电子账册的滚动累加、核扣,每6个月核销一次。

(4)出口加工区内企业在确有需要时,可将有关模具、半成品运往区外进行加工。经加工区主管海关关长批准,由接受委托的区外企业向加工区主管海关缴纳货物应征关税和进口环节增值税等值保证金或银行保函后方可办理出区手续。加工完毕后,加工产品应按期(一般为6个月)复运回加工区。

(5)从境内外进入加工区的货物视同出口,办理出口报关手续。从境内区外运进加工区供区内企业使用的国产机器、设备、原材料、零部件、元器件、包装物以及建造基础设施,加工企业和行政管理部门生产、办公用房所需合理数量的基建物资等,海关按照对出口货物的管理规定办理出口报关手续,并签发出口退税报关单。

(6)出口加工区区内企业经主管海关批准,可在境内区外进行产品的测试、检验和展示活动。测试、检验和展示的产品,应比照海关对暂时进口货物的管理规定,办理出区手续。

项目七 其他监管货物报关

学习目标

知识目标

1. 掌握市场采购货物报关的含义、主体、报关程序及注意事项。
2. 掌握跨境电子商务货物报关的含义及报关程序。
3. 掌握减免税货物报关的含义、海关管理及报关程序。
4. 掌握暂准进出境货物报关的含义、范围、特征及报关程序。

技能目标

1. 能按照规定办理采购货物报关。
2. 能按照规定办理跨境电子商务货物报关。
3. 能按照规定办理减免税货物报关。
4. 能按照规定办理暂准进出境货物报关。

情境导入

作为我国一种新的贸易方式——市场采购贸易方式,自 2014 年 11 月 1 日起在浙江义乌正式实施。据介绍,市场采购贸易方式与此前的旅游购物贸易方式的最大不同在于市场采购贸易方式单票报关单商品货值,从旅游购物商品单票报关单货值不能超过 5 万美元放宽到最高不超过 15 万美元。同时,税务部门对市场经营户以市场采购贸易方式出口的货物,实行增值税免税;外汇管理部门允许市场采购贸易采用人民币结算,对市场采购贸易外汇收支实施主体监管、总量检查和动态监测。

义乌是全球最大的小商品集散中心。区别于我国传统"一般贸易"货物品种单一、贸易主体固定的特点,义乌小商品贸易具有单笔规模小、商品种类多、贸易主体多、交易活动频繁等特点。为支持义乌小商品出口这一独特的贸易形态,2004 年海关总署批复同意义乌小商品出口借用"旅游购物"贸易方式。

2013 年 4 月,经商务部等国家八部委同意,义乌市开始试行市场采购贸易方式。自试行以来,通关便利化水平明显提高,外贸出口快速增长。

思考与讨论:

市场采购货物报关的含义及主体分别是什么? 报关程序如何?

任务一　市场采购货物报关

一、市场采购贸易方式的定义

市场采购贸易方式,是指在经认定的市场集聚区采购商品,由符合条件的经营者在采购地办理出口通关手续的贸易方式。国家禁止、限制出口的商品不适用市场采购贸易方式。以市场采购贸易方式出口的货物直接免征增值税(包括以增值税为计税依据的城建税、教育附加税和地方教育附加税等),在征收方式上采取不征不退的方式,即市场集聚区的市场经营户未取得或无法取得增值税发票的货物均可以市场采购贸易方式出口。

二、市场采购主体

(一)市场经营户(市场采购贸易供货商)

对于市场经营户而言,具体操作如下:① 办理市场采购贸易供货商备案,取得市场采购贸易供货资格,获得市场采购供货商编号,并以此作为登录市场采购贸易联网信息平台(网址:www.ywtrade.gov.cn)的账号。未办理市场采购贸易供货商备案的市场经营户的货物将无法以市场采购贸易方式出口。② 登录市场采购贸易联网信息平台,及时地对外贸公司发出的交易信息进行确认。只有市场经营户进行确认过的出口货物才能享受增值税免税政策。市场经营户不对出口货物进行确认,该批货物可能面临补税风险。③ 必须向代理出口的外贸公司提供原始交易单据。

(二)外贸公司(市场采购贸易代理商)

对于外贸公司而言,具体操作如下:① 向商务局申请办理市场采购贸易经营者备案登记,取得市场采购贸易资格。② 登录市场采购贸易联网信息平台,录入所代理的以市场采购贸易方式出口的商品的交易信息,同时将交易信息发送给市场经营户确认。③ 申报出口时在报关单"备注栏"填写采购商身份信息(姓名、国籍和身份证或护照号码),并保存相关委托人信息1年。④ 申报时须提交市场经营户与采购商进行商品交易的原始单据。⑤ 代采购商办理市场采购出口手续。⑥ 代市场经营户办理免税申报手续。

(三)采购商

对于采购商而言,具体操作如下:① 将身份信息(姓名、国籍和身份证或护照号码),留存在代理出口的外贸公司处备案。采购商为企业的,留存企业营业执照的信息。② 要同市场经营户协调好,必须向代理出口的外贸公司提供原始交易单据。无原始交易单据的货物只能以一般贸易方式出口,不得以市场采购贸易方式出口。

三、市场采购货物报关

(一) 报关时间与地点

根据海关总署《关于市场采购贸易监管办法及其监管方式有关事宜的公告》规定,市场采购出口商品应当在采购地所在海关办理报关手续。

(二) 报关程序

1. 委托报关

市场采购出口企业可委托报关企业向海关进行报关。

2. 接单审核

海关对企业申报的电子数据进行审核。海关设立专窗对试点企业申报小商品出口贸易提供优先接单服务。

3. 海关查验

海关确定查验的,市场采购出口企业应派员或委托报关企业协助海关查验。对市场采购出口企业在市场采购小商品的集装箱安排优先查验,适用较低的查验率。

4. 放行转关

通过海关接单审核且确定不查验的,或海关查验正常的货物,集装箱车辆加封海关封识后,由主管地海关办理放行、转关手续。

(三) 其他注意事项

市场采购出口报关单单票报关单商品货值小于或等于15万美元的,申报时在报关单"发货单位"栏除应填写对外贸易经营者单位名称外,须一并在"备注栏"填写采购人的身份信息(姓名、国籍和身份证或护照号码)。

对于跨关区转关出口的市场采购贸易出口商品,对外贸易经营者或其代理人应当在采购地海关办理转关出口手续,并在出境地海关办理转关核销手续。该类商品应当由在海关注册登记的承运人承运。出境地海关负责市场采购贸易商品出口转关运输的途中监管。

任务二　跨境电子商务货物报关

近年来,随着国际贸易条件的恶化,以及欧洲、日本的需求持续疲弱,中国出口贸易增速出现了下台阶式的减缓。而以跨境电子商务为代表的新型贸易近年来的发展脚步正在逐渐加快,并有望成为中国贸易乃至整个经济的全新增长引擎,跨境电商有望成为对冲出口增速下台阶的利器。

从结构上看,跨境出口电子商务的比例将长期高于跨境进口电子商务的比例,中国跨境电子商务的发展将始终以出口为主,以进口为辅。国家近年来力促跨境电子商务的发展,更多旨在扶持传统外贸企业借助互联网的渠道实现转型升级。

未来几年跨境电子商务将快速发展,跨境电子商务交易额将占进出口贸易总额的20%左右。而其中主导仍是出口电子商务,占比约保持在80%以上,预计未来几年我国出口电子商务交易规模仍将保持20%～25%的增速。未来随着跨境物流、支付等环节问题的进一步突破和跨境电子商务企业赢利能力的进一步提升,行业将迎来黄金发展期。

未来中国跨境电子商务重点将从B2C(Business to Consumer,企业对消费者)转向B2B(Business to Business,企业对企业),电子商务的B2B具有更大的发展潜力。特别是通过推动制造型企业上线,促进外贸综合服务企业和现代物流企业转型,从生产、销售端共同发力,成为跨境贸易电子商务发展的主要策略。

一、跨境电子商务的定义

跨境电子商务是指分属不同关境的交易主体,通过电子商务平台达成交易、进行支付结算,并通过跨境物流送达商品、完成交易的一种国际商业活动。

二、跨境电子商务货物报关

跨境电子商务进出境货物采取"清单核放、汇总申报"的报关方式,具体流程分为两步:① 申报前发送信息;② 办理通关手续。

按照已向海关发送的订单、支付以及物流等信息,如实逐票办理通关手续;"货物清单""物品清单""进出口货物报关单"应采用通关无纸化作业方式进行申报;电子商务企业在以"货物清单"方式办理申报手续时,应该按照一般进出口货物有关规定办理征免税手续,并提交相关许可证件;属于进出境管制的物品,须提交相关部门的批准文件。

任务三　减免税货物报关

一、关税减免概述

关税减免也称关税优惠,是关税减征和关税免征的合称。根据《海关法》的规定,进出口货物在特定情况下的关税减免可以分为两种情况,即法定减免和政策性减免。政策性减免又可以分为特定减免和临时减免两种情况。

（一）法定减免税

法定减免税一般是指《海关法》《进出境关税条例》以及其他法律法规所实施的减免税，大多与国际通行规则相一致，除外国政府、国际组织无偿赠送的物资外，其他法定减免税货物一般无须办理减免税审批手续。

知识链接

法定减免税、特定减免税的具体范围

法定减免税	特定减免税
按照《海关法》《关税条例》及其他法律、行政法规的规定，以下进出口货物可以享受法定减免关税优惠： 1. 关税税额在人民币50元以下的一票货物 2. 无商业价值的广告品和货样 3. 外国政府、国际组织无偿赠送的物资 4. 在海关放行前遭受损坏或者损失的货物 5. 进出境运输工具装载的途中必需的燃料、物料和饮食用品 6. 中华人民共和国缔结或者参加国际条约规定减征、免征关税的货物、物品 7. 法律规定减征、免征关税的其他货物、物品	根据国家政治、经济政策需要，目前我国实施特定减免税的项目主要有： 1. 外商投资项目投资额度内进口自用设备 2. 外商投资企业自有资金项目 3. 国内投资项目进口自用设备 4. 贷款项目进口物资 5. 贷款中标项目进口零部件 6. 重大技术装备 7. 特定区域物资 8. 科教用品 9. 科技开发用品 10. 无偿援助项目进口物资 11. 救灾援赠物资 12. 扶贫慈善捐赠物资 13. 残疾人专用品 14. 集成电路项目进口物资 15. 海上石油、陆上石油项目进口物资 16. 进口远洋渔船及船用关键设备和部件 17. 远洋渔业项目进口自捕水产品

（二）政策性减免税

政策性减免税是指根据国家政治经济政策的需要，经国务院批准对特定地区、特定企业或者有特定用途的进出口货物，给予减免进出口税收的优惠政策，包括基于特定目的实行的临时减免税政策。

一般来说，政策性减免税进口货物有以下几个特点：纳税义务人必须在货物进出口前办理减免税审批手续；政策性减免税货物放行后，在其监管年限内应当接受海关监管，未经海关核准并缴纳关税，不得移作他用；可以在两个享受同等税收优惠待遇的单位之间转让并无须补税。自2009年1月1日起，国家实施增值税转型改革后，大部分进口减免税货物恢复征收进口增值税，只免征进口关税。

二、减免税货物的管理

(一) 监管规定

1. 监管期限

减免税货物在海关的监管年限内,减免税申请人应当按照海关规定保管和使用进境减免税货物,并依法接受海关监督。监管年限自货物进口放行之日起计算,具体监管期限按照货物的种类各有不同。

(1) 船舶、飞机类为 8 年;

(2) 机动车辆类为 6 年;

(3) 其他货物类为 5 年。

经典案例 7-1

某外商投资企业投资总额内进口机动车辆生产设备一批,以减免税货物方式向海关申报进口。

请问该批货物的监管期限为几年,为什么?

2. 监管管理方式

1) 日常管理规定

在海关监管年限内,减免税申请人应当自进口减免税货物放行之日起,在每年的第 1 季度向主管海关递交减免税货物使用状况报告书,报告减免税货物的使用状况。在海关监管年限及其后 3 年内,海关可对减免税申请人进口和使用减免税货物的情况实施稽查。

2) 减免税货物转让规定

在海关监管年限内,减免税申请人将进口减免税货物转让给进口同一货物并享受同等减免税优惠待遇的其他单位的,不予恢复减免税货物转出申请人的减免税额度。减免税货物转入申请人的减免税额度按照海关审定的货物结转时价格、数量或者应缴纳款予以扣减。

3) 其他管理规定

减免税货物因品质或者规格问题原状退运出境,减免税申请人以无代价抵偿方式进口同一类型货物的,不予恢复其减免税额度;未以无代价抵偿方式进口同一类型货物的,减免税申请人在原减免税货物退运出境之日起 3 个月内向海关提出申请,经海关批准可以恢复其减免税额度。对于其他提前接触监管的情形,不予恢复减免税额度。

(二) 货物减免税申请管理

1. 申请方式管理

减免税申请人可以自行向海关办理减免税备案、审批、税款担保和后续管理业务手续,也可以委托他人代为办理。

进口货物减免税申请人,是指根据有关进口税收优惠政策和有关法律法规的规定可以享受进口税收优惠,并依法向海关申请办理减免税相关手续的具有独立法人资格的企事业单位、社会团体、国家机关,符合规定的非法人分支机构,以及经海关总署审查确认的其他组织。

2. 税款担保放行

税款担保放行是指在某些特殊情况下,减免税申请人在无法及时取得减免税证明的情况下,可以事先凭借提供的税款担保先行办理货物放行手续。有下列情形之一的,减免税申请人可以向海关申请凭保税担保先予办理货物放行手续:① 主管海关按照规定已经受理减免税备案或者审批申请,尚未办理完毕的;② 有关进口税收优惠政策国务院已经批准,具体实施措施尚未明确,海关总署已确认减免税申请人属于享受该政策范围的;③ 其他经海关总署核准的情况。

三、减免税货物的报关程序

减免税货物的报关程序大体分为减免税备案和审批、进口报关、解除监管三个阶段。

(一) 减免税备案和审批

1. 管理部门

减免税申请人应向投资项目所在地海关申请办理减免税备案和审批手续。投资项目所在地涉及多个海关的,减免税申请人可以向其所在地海关或者有关海关的共同上级海关申请办理减免税备案、审批手续。有关海关的共同上级海关可以指定相关海关办理减免税备案、审批手续。

2. 减免税备案

减免税申请人到主管海关办理减免税备案手续,海关对申请享受减免税优惠政策的减免税申请人进行资格确认,对项目是否符合减免税政策要求进行审核,确定项目的减免税额度备案等事项。

经典案例 7 - 2

上海某外商投资企业决定在苏州出口加工区投资建立一家电子产品加工厂,该新建加工厂生产设备全部以投资总额内金额从德国进口。

为了获得关税减免优惠,上海某外商投资企业应在哪里的海关办理减免税的备案审批手续,为什么?

3. 减免税审批

减免税备案后,货物进口前,减免税申请人应当持以下单证向主管海关申领减免税证明:① 进出口货物征免税申请表;② 企业营业执照或者事业单位法人证书、国家机关设立文件、社团登记证书、民办非企业单位登记证书、基金会登记证书等证明材料;③ 进出口合同、发票及相关货物的产品情况资料;④ 相关政策规定的享受进出口税收优惠政策资格的证明材料;⑤ 海关认为需要提供的其他材料。

主管海关进行审核,确定其所申请货物的免税方式,依据其是否符合减免税政策要求决定签发"中华人民共和国进出口货物征免税证明"(简称"征免税证明")。

4. 征免税证明管理规范

征免税证明的有效期一般为 6 个月,持证人应当在海关签发征免税证明的有效期内进口经批准的减免税货物。如情况特殊,可以向海关申请延期,延长的最长期限为 6 个月。

征免税证明实行一份证明只能验放一批货物的原则,即一份征免税证明上的货物只在一个进口口岸一次性进口。如果一批减免税货物需要分两个或两个以上口岸进口,或者分两次或两次以上进口的,应当事先分别申领征免税证明。

经典案例 7-3

北京某外资企业从美国购进大型机器成套设备,分三批运输进口,其中两批从天津进口,另一批从青岛进口。

该企业在向海关申请办理该套设备的减免税手续时,应向哪个海关申请总共几份"征免税证明"? 请陈述理由。

(二) 进口报关

减免税货物进口报关程序与一般进口货物的报关程序基本相同,但具体手续上有所不同。

1. 税费减免

减免税货物进境报关时,进口货物收货人或其代理人向海关提交征免税证明,凭此相关货物获得相应的减免税待遇。

2. 免税不免证

减免税货物一般不豁免进口许可证件,但是外资企业和我国香港、澳门、台湾同胞及华侨的投资企业进口本企业自用的机器设备时,可免予交验进口许可证件。外商投资企业在投资总额内进口涉及机电产品自动进口许可管理的,也可免予交验有关许可证件。

3. 报关单填入相应备案号

减免税货物进口,填制报关单时,报关员应当特别注意报关单上"备案号"栏目的填写。"备案号"栏内填写征免税证明上的 12 位编号。12 位编号写错将不能通过海关计算机逻辑审核,或者在提交纸质报关单证时无法顺利通过海关审单。

(三) 解除监管

1. 减免税货物监管期内的处理方式

1) 异地使用变更

在海关监管年限内,减免税货物应当在主管海关核准的地点使用。需要变更使用地点的,减免税申请人应当向主管海关提出申请,说明理由,经海关批准后方可变更使用地点。

减免税货物需要移出主管海关管辖地使用,即异地使用的,减免税申请人应当事先持有关单证及需要异地使用的说明材料向主管海关申请办理异地监管手续;经主管海关审核同意并通知转入地海关后,减免税申请人可以将减免税货物运至转入地海关管辖地;转入地海关确认减免税货物情况后进行异地监管。减免税货物在异地使用结束后，减免税申请人应当及时向转入地海关申请办结异地监管手续，经转入地海关审核同意并通知主管海关后，减免税申请人应当将减免税货物运回主管海关管辖地。

2）结转给其他单位

减免税申请人只能将进口减免税货物转让给进口同一货物并享受同等减免税优惠待遇的其他单位，并应当按照下列规定办理减免税货物结转手续：① 减免税货物的转出申请人持有关单证向转出地主管海关提出申请，转出地主管海关审核同意后，通知转入地主管海关；② 减免税货物的转入申请人向转入地主管海关申请办理减免税审批手续，转入地主管海关审核无误后签发征免税证明；③ 转出、转入减免税货物的申请人应当分别向各自的主管海关申请办理减免税货物的出口、进口报关手续；④ 转出地主管海关办理转出减免税货物的解除监管手续。结转减免税货物的监管年限应当连续计算，转入地主管海关在剩余监管年限内对结转减免税货物继续实施后续监管。

3）转让

转让与结转有明显区别。转让是指减免税申请人将进口减免税货物卖给不享受进口税收优惠政策或者进口同一货物不享受同等减免税优惠待遇的其他单位，减免税申请人应当事先向减免税申请人主管海关申请办理减免税货物补缴税款和解除监管手续。

知识链接

减免税货物因转让税费补征计算

减免税货物因转让或者其他原因需要补征税款的，补税的完税价格以海关审定的货物原进口时的价格为基础，按照减免税货物已进口时间与监管年限的比例进行折旧，其计算公式如下：

$$补税的完税价格 = 海关审定的货物原进口时的价格 \times \frac{1 - 减免税货物已进口时间}{监管年限 \times 12}$$

经典案例7-4

2018 年 8 月 10 日，浙江某美资企业以减免税方式从美国进口毛纤维梳理机 10 台，进口价格为 CIF 杭州 5 300 USD/台，监管年限为 5 年，2020 年 12 月该美资企业决定将 10 台毛纤维梳理机转让给长沙一民营企业，并于 12 月 13 日向杭州海关办理税款补缴手续。

请问该批毛纤维梳理机补税的完税价格为多少？

4）移作他用

在海关监管年限内，减免税申请人需要将减免税货物移作他用的，应当事先向主管海关提出申请。经海关批准，减免税申请人可以按照海关批准的使用地区、用途，将减免税货物移作他用。移作他用的情况主要包括：① 将减免税货物交给减免税申请人以外的其他单位使用；② 未按照原定用途、地区使用减免税货物；③ 未按照特定地区、特定企业或者特定用途使用减免税货物的其他情形。

将减免税货物移作他用的,减免税申请人应当按照移作他用的时间补缴相应税款。移作他用时间不能确定的,应当提交相应的税款担保,税款担保不得低于剩余监管年限应补缴税款的总额。

5)变更和终止

在海关监管年限内,减免税申请人发生分立、合并、股东变更、改制等变更情形的,权利、义务承受人应当自营业执照颁发之日起 30 日内,向原减免税申请人的主管海关报告主体变更情况及原减免税申请人进境减免税货物的情况。经海关审核,需要补征税款的,承受人应当向原减免税申请人主管海关办理补征手续;可以继续享受减免税待遇的,承受人应当按照规定申请办理减免税备案变更或者减免税货物结转手续。

在海关监管年限内,因破产、改制或者其他情形导致减免税申请人减免税资格终止,没有承受人的,原减免税申请人或者其他依法应当承担关税及进境环节海关代征税缴纳义务的主体,应当自资产清算之日起 30 日内向主管海关申请办理减免税货物的补缴税款和解除监管手续。

2. 减免税货物解除监管

1)监管期满自动解除监管

减免税进口货物监管期届满时,减免税申请人不必向海关申请领取"减免税进口货物解除监管证明",有关减免税货物自动解除监管,可以自行处置。

2)申请解除监管

(1)期满申请解除监管:减免税进口货物监管期届满时,减免税申请人需要申请领取"减免税进口货物解除监管证明"的,可以自监管年限届满之日起 1 年内,持有关单证向海关申请领取"减免税进口货物解除监管证明"。海关应当自接到减免税申请人的申请之日起 20 日内核实情况,并填发"减免税进口货物解除监管证明"。

(2)监管期内申请解除监管:减免税货物在海关监管期限以内,因特殊原因出售、转让、放弃,或者企业破产清算的,原征免税证明申请人在办理有关进口货物的结关手续后,应当向原签发征免税证明的海关提出解除监管申请。主管海关经审核批准后,签发"减免税进口货物解除监管证明"。

经典案例 7－5

2016 年 3 月 15 日,外商独资的广州 A 织造有限公司(以下简称"A 公司")因厂房扩建,需在其投资额内进口腈纶整理机 8 台。3 月 20 日对外签订了进口设备合同,两天后 A 公司委托广州 B 报关代理有限公司(以下简称"B 报关行")代理报关进境。

根据我国法律规定,在外资企业投资额内自用设备可以享受免税待遇。在货物运抵广州口岸前,B 报关行事前与 A 公司一起向当地海关办理减免税备案手续,并提交了相关的证明材料,取得了海关征免税证明。4 月 13 日,设备到港,B 报关行向海关提交了包括征免税证明在内的全套报关材料,经海关审核,免除了腈纶整理机的进口环节增值税。

思考讨论:

1. 除了外资企业投资额内进口的设备可以获得免税外,还有没有其他货物也可以获得免税待遇呢?

2. 我国为什么要出台政策给予一些货物免税待遇呢?

任务四　暂准进出境货物报关

一、暂准进出境货物概述

(一) 含义

暂准进出境货物是指为了特定的目的经海关批准,暂时进境或者暂时出境,并在规定的期限内复运出境或复运进境的货物。

(二) 范围

一般将暂准进出境货物分为两大类。

第一类是经海关批准暂时出境(进境),在进出境时纳税义务人应缴纳税款的保证金或提供其他担保暂不纳税,并按规定期限复运进境(出境)的暂准进出境货物,具体包括以下几种类型:① 在展览会、交易会、会议及类似活动中展示或者使用的货物;② 文化、体育交流活动中使用的表演、比赛用品;③ 进行新闻报道或者摄制电影、电视节目使用的仪器、设备及用品;④ 开展科研、教学、医疗活动使用的仪器、设备及用品;⑤ 上述四项所列活动中使用的交通工具及特种车辆;⑥ 货样;⑦ 供安装、测试、检测设备时使用的仪器、工具;⑧ 盛装货物的容器;⑨ 其他用于非商业目的的货物。

第二类是指除了第一类以外的其他暂准进出境货物,主要包括施工中使用的设备、仪器等,一般按货物的完税价格和其在境内滞留时间与折旧时间的比例计算,按月或者在规定期限内货物复运出境或者复运进境时征收进出口税的暂准进出境货物。

这里对暂准进出境货物的介绍,将分为对使用 ATA 单证册的暂准进出境货物的介绍和对不使用 ATA 单证册的暂准进出境货物的介绍。

(三) 特征

暂准进出境货物主要有以下特征。

1. 在提供担保的条件下暂时免于缴纳税费

提供担保是货物暂准进出境且免于缴纳各种税费的前提之一。第一类货物进境可凭担保暂时免缴全部税费,第二类进境货物则免于缴纳部分税费。我国现行的担保形式主要是保函或保证金。

2. 原则上免予交验进出口许可证件

暂准进出境货物进出境后还须在规定期限内复运出境或复运进境,故若该货物属于国家的贸易管制范围,可以免于交验相关许可证件。因此,当暂准进出境货物属于许可证件管理商品时,当事人可不必申领进出口许可证。

3. 在规定时间内按原状复运出境或进境

暂准进出境货物应当自进境或出境之日起 6 个月内复运出境或进境。由于暂准进出境货物都有特定用途,因而不得随意移作他用。若没有在规定期限复运进出境的,则须按一般进出口货物办理手续并缴纳进出口各种税费。

4. 按货物使用后的实际去向办理相应的手续

暂准进出境货物虽然原则上必须复运出境或复运进境,但实际上还有转为内、外销或消耗掉的情况。最终由收发货人根据货物的不同流向办理核销结关手续。

二、暂准进出境货物的报关程序

(一) 使用 ATA 单证册的暂准进出境货物

1. ATA 单证册的含义

1) 定义

ATA 单证册是"暂准进口单证册"的简称,是世界海关组织通过的《货物暂准进口公约》及其附约 A 和《ATA 公约》中规定使用的,用于替代各缔约方海关暂准进出口货物报关单和税费担保的国际性通关文件。

2) 格式

我国海关只接受中文或者英文填写的 ATA 单证册。一份 ATA 单证册一般由 8 页 ATA 单证组成:1 页绿色封面单证;1 页黄色出口单证;1 页白色进口单证;1 页白色复出口单证;2 页蓝色过境单证;1 页黄色复进口单证;1 页绿色封底。由中国国际商会签发的 ATA 单证册封面如图 7 - 1 所示。

图 7 - 1 中国国际商会开具的 ATA 单证册封面

3) ATA 单证册带来的便利性

ATA 单证带来的便利性主要体现在:① 简化通关手续。持证人使用 ATA 单证册后,无须填写各国国内报关文件,并免于提供货物进口关税的担保,从而极大地简化了货物通关手续。② 节约通关费用和时间。ATA 单证册由持证人在本国申请,从而使持证人在出国前就预先办理好去一个或多个国家的海关手续,无须在外国海关办理其他手续或缴纳费用,并可确保快捷通关。③ 降低持证人风险。使用 ATA 单证册,持证人无须为向外国海关提供缴纳进口关税的担保而携带高额外汇出国。④ 可重复使用。ATA 单证册的有效期为 1 年,其项下的货物可以在有效期内凭同一单证册在本国多次进出口,去多个国家办理暂准进出境货物的进出境报关,并在多个国家过境通关。⑤ 应用人员范围广泛。从事商务活动人员和各行专业人士均可受益于 ATA 单证册。例如,会议代表、销售人员、参展厂家、演艺团体、记者、医生、科研人员、旅游者等各界人士均可为其所使用的货物或设备申办 ATA 单证册。⑥ 报关灵活。持证人本人或持证人的职员,以及有持证人授权委托书的国内外报关代理、外国贸易伙伴或其他人员均可持 ATA 单证册在国内外海关办理报关手续。

4)管理

中国国际商会是我国 ATA 单证的出证和担保机构。海关总署在北京海关设立的 ATA 核销中心是我国 ATA 单证的管理机构。

ATA 单证册下货物暂时进出境期限是自货物进出境之日起 6 个月,超过 6 个月的,向海关申请延期,延期最多不超过 3 次,每次延长期限不超过 6 个月。在规定期限届满 30 个工作日前向货物暂时进出境申请核准地海关提出延期申请,直属海关受理延期申请的,于受理申请之日起 20 个工作日内制发"中华人民共和国海关货物暂时进/出境延期申请批准决定书"(或不批准决定书)。

5)追索

ATA 单证册下暂时进境货物未能按规定复运出境或过境的,ATA 核销中心向中国国际商会提出追索。在 9 个月内,中国国际商会提供货物已经复运出境或者已经办理进口手续证明的,ATA 核销中心可撤销追索;在 9 个月期满后,未能提供证明的,中国国际商会向海关支付关税和罚款。

经典案例 7 - 6

一个美国制冷企业于 2012 年来中国参加第 112 届中国进出口商品交易会(秋季广交会),其参展的展览品(10 台变频中央空调)于 2012 年 10 月 6 日以暂准入境方式向黄埔海关申报入境。广交会结束后,美国企业并未将展品退运出境,而是在交易期间擅自将其销售给了国内企业,事后海关提出追索。

你认为海关是应向美国企业提出追索,还是向中国国际商会或美国类似机构提出追索,为什么?如果向中国国际商会提出追索,但中国国际商会并非此批展品的担保机构,作为中国国际商会又应如何处理?

2. 使用 ATA 单证册的报关程序

1)进出境申报

持 ATA 单证册向海关申报进出境货物,无须向海关提交进出口许可证件,也无须另外再提供担保。但如果进出境货物受公共道德、公共安全、公共卫生、动植物检疫、濒危野生动植物保护、知识产权保护等限制,申请人应当向海关提交相关的进出口许可证件。

(1)进境申报。进境货物收货人或其代理人持 ATA 单证册向海关申报进境展览品时,先在海关核准的出证协会——中国国际商会及其他商会,将 ATA 单证册上的内容预录进海关与商会联网的 ATA 单证册电子核销系统,然后向展览会主管海关提交纸质 ATA 单证册、提货单等单证。海关在白色进口单证上签注,并留存白色进口单证(正联),将存根联和 ATA 单证册其他各联退还给货物收货人或其代理人。

(2)出境申报。出境货物发货人或其代理人持 ATA 单证册向海关申报出境展览品时,向出境地海关提交国家主管部门的批准文件、纸质 ATA 单证册、装货单等单证。海关在绿色封面单证和黄色出口单证上签注,并留存黄色出口单证(正联),将存根联和 ATA 单证册其他各联退还给出境货物发货人或其代理人。

(3)过境申报。过境货物承运人或其代理人持 ATA 单证册向海关申报。将货物通过我国转运至第三国参加展览会的,不必填制过境货物报关单。海关在两份蓝色过境单证上分别签注后,留存蓝色过境单证(正联),将存根联和 ATA 单证册其他各联退还给运输工具承运人或其代理人。

2)结关

(1)正常结关。持证人在规定期限内将进境展览品或出境展览品复运进出境,海关在白色复出口单证和黄色复进口单证上分别签注,留存单证(正联),将存根联和 ATA 单证册其他各联退还给持证人,正式核销结关。

(2)非正常结关。非正常结关是指 ATA 单证册项下暂时进境货物复运出境时,因故未经我国海关核销、签注。非正常结关需要第三方证明,ATA 核销中心以另一缔约国海关在 ATA 单证上签注的该批货物从该国进境或者复运进境证明,或者我国海关认可的能够证明该批货物已经实际离开我国境内的其他文件,作为进境货物已经从我国复运出境的证明,对 ATA 单证册予以核销。

若因不可抗力使得使用 ATA 单证册暂准进出境货物受损,无法原状复运出境、进境的,ATA 单证册持证人应当及时向主管地海关报告,可以凭有关部门出具的证明材料办理复运出境、进境手续;因不可抗力灭失或者失去使用价值的,经海关核实后可以视为该货物已经复运出境、进境。

若因非不可抗力造成的货物灭失或受损,ATA 单证册持证人应当按照货物进出口的有关规定办理海关手续。

(二)不使用 ATA 单证册的暂准进出境货物

1.进出境展品的范围和期限

1)范围

进境展览品,包含在展览会中展示或示范用的货物、物品,为示范展出的机器或器具所需用的物品,展览者设置临时展台的建筑材料及装饰材料,供展览品做示范宣传用的电影片、幻灯片、录像带、录音带、说明书、广告、光盘、显示器材等。展览用品中的酒精饮料、烟草制品及燃料不适用有关免税的规定。展览会期间出售的小卖品,属于一般进境货物范围,进境时应当缴纳进境关税和进境环节海关代征税;属于许可证件管理的商品,应当交验许可证件。

出境展览品,包含国内单位赴国外举办展览会或参加外国博览会、展览会而运出的展览品,以及与展览活动有关的宣传品、布置品、招待品和其他公用物品。

与展览活动有关的小卖品、展卖品,可以按展览品报关出境。不按规定期限复运进境的货物办理一般出口手续,交验出口许可证件,缴纳出口关税。

2)期限

进境展览品的暂准进境期限是 6 个月,即展览品自进境之日起 6 个月内复运出境;出境展览品的暂准出境期限为自展览品出境之日起 6 个月内。超过 6 个月的,进出境展览品的收发货人可以向海关申请延期,延期最多不超过 3 次,每次延长期限不超过 6 个月。延长期届满应当复运出境、进境或者办理进出口手续。展览品展出期限延长申请的具体规定如表 7-1 所示。

表 7-1　展览品转出期限延长申请综合表

延期次数	延期时间累计	审批海关级别
1 次	6 个月	直属海关
2 次	12 个月	直属海关
3 次	18 个月	海关总署

　　直属海关受理延期申请的,应当于受理申请之日起 20 个工作日内做出给予或不给予延期的决定书。参加展期在 24 个月以上展览会的展览品,在 18 个月延长期届满后仍需要延期的,由主管地直属海关报海关总署审批。

　　2. 进出境展品的报关程序

　　1) 进境申报

　　(1) 备案担保手续。境内展览会的办展人或者参加展览会的办展人、参展人(简称"办展人""参展人")应当在展览品进境 20 个工作日前,向主管地海关提交有关部门备案证明或者批准文件及展览品清单等相关单证办理备案手续。展览会不属于有关部门行政许可项目的,办展人应当向主管地海关提交展览会邀请函、展位确认书等证明文件及展览品清单办理备案手续,展览会主办单位或其代理人应当向海关提供担保。在海关指定场所或者海关派专人监管的场所举办展览会的,经主管地直属海关批准,参展的展览品可免予向海关提供担保。

　　(2) 申报手续。展览品进境申报手续可以在展出地海关办理。从非展出地海关进境的,可以申请在进境地海关办理转关运输手续,将展览品在海关监管下从进境口岸转运至展览会举办地,向展览会举办地主管海关办理申报手续。展览会主办单位或其代理人应当向海关提交报关单、展览品清单、提货单、发票、装箱单等。展览品中涉及检验检疫等管制的,还应当向海关提交有关许可证件。海关一般在展览会举办地对展览品进行开箱查验。展览会展出或使用的印刷品、音像制品及其他需要审查的物品,还要经过海关的审查,才能展出或使用。对我国政治、经济、文化、道德有害的,以及侵犯知识产权的印刷品、音像制品,不得展出,由海关没收、退运出境或责令更改后使用。

　　2) 出境申报

　　(1) 备案担保手续。展览品出境申报手续应当在出境地海关办理,境内出境举办或者参加展览会的办展人、参展人应当在展览品出境 20 个工作日前,向主管地海关提交有关部门备案证明或者批准文件及展览品清单等相关单证办理备案手续。展览会不属于有关部门行政许可项目的,办展人、参展人应当向主管地海关提交展览会邀请函、展位确认书等其他证明文件及展览品清单办理备案手续。在境外举办展览会或参加国外展览会的企业应当向海关提交国家主管部门的批准文件、报关单、展览品清单(一式两份)等单证。

（2）申报手续。展览品属于应当缴纳出口关税的,应向海关缴纳相当于税款的保证金。海关对展览品进行开箱查验,核对展览品清单。查验完毕,海关留存一份清单,另一份封入"关封"交还给发货人或其代理人,发货人或其代理人凭以办理展览品复运进境申报手续。

3）进出境展览品的核销结关

（1）复运进出境。进境展览品按规定期限复运出境,出境展览品按规定期限复运进境后,海关分别签发报关单证明联,展览品所有人或其代理人凭以向主管海关办理核销结关手续。未按规定期限复运进出境的,展览会主办单位或出国举办展览会的单位应当向主管海关申请延期,在延长期内办理复运进出境手续。异地复运出境、进境的展览品,进出境展览品的收发货人应当持主管地海关签章的海关单证向复运出境、进境地海关办理手续。货物复运出境、进境后,主管地海关凭复运出境、进境地海关签章的海关单证办理核销结案手续。

（2）转为正式进出口。进境展览品在展览期间被人购买的,有展览会主办单位或其代理人向海关办理进口申报、纳税手续。其中属于许可证件管理的,还应当提交进口许可证件。出口展览品在境外参加展览会后被销售的,由海关核对展览品清单后,要求企业补办有关正式出口手续。

（3）展览品放弃或赠送。展览会结束后,进口展览品的所有人决定将展览品放弃交由海关处理的,由海关依法变卖后将款项上缴国库。展览品的所有人决定将展览品赠送的,受赠人应当向海关办理进境手续,海关根据进口礼品或经贸往来赠送品的规定办理。

（4）展览品毁坏、丢失、被窃。进境展览品因毁坏、丢失、被窃等情况不能复运出境的,展览会主办单位或其代理人应当向海关报告。对于毁坏的展览品,海关根据毁坏程度估价征税;对于丢失或被窃的展览品,海关按照进口同类货物征收进口税。进出境展览品因不可抗力受损,无法原状复运出境、进境的,进出境展览品的收发货人应当及时向主管地海关报告,可以凭有关部门出具的证明材料办理复运出境、进境手续。进出境展览品因不可抗力灭失或者失去使用价值的,经海关核实后可以视为该货物已经复运出境、进境。进出境展览品因不可抗力以外其他因素灭失或者受损的,进出境展览品的收发货人应当按照货物进出境的有关规定办理海关手续。

（三）其他暂准进出境货物

1. 管理规范

1）范围

可以暂不缴纳税款的暂准进出境货物,除使用 ATA 单证册报关的货物、不使用ATA 单证册报关的展览品、集装箱箱体按各自的监管要求由海关进行监管外,其余的均按其他暂准进出境货物进行监管,均属于其他暂准进出境货物的范围。

2）期限

其他暂准进出境货物应当自进出境之日起 6 个月内复运出境或复运进境。超过 6 个月的,收发货人可以向海关申请延期,延期最多不超过 3 次,每次延长期限不超过 6 个月。延长期届满应当复运出境、进境或者办理进出口手续。

国家重点工程、国家科研项目使用的暂准进出境货物,在 18 个月延长期届满后仍需要延期的,由主管地直属海关报海关总署审批。

3)具体管理措施

其他暂准进出境货物进出境核准属于海关行政许可事项,应当按照海关行政许可的程序办理。

(1)暂准进出境申请和审批。暂准进出境货物收发货人向海关提出货物暂准进出境申请时,应当按照海关要求提交"货物暂时进/出境申请书"、暂准进出境货物清单、发票、合同或者协议、其他相关单据。海关就暂准进出境货物的暂准进出境申请做出是否批准的决定后,应当制发"中华人民共和国海关货物暂时进/出境申请批准决定书"或者"中华人民共和国海关货物暂时进/出境申请不予批准决定书"。

(2)延期申请和审批。暂准进出境货物申请延长复运出境、进境期限的,收发货人应当在规定期限届满 30 个工作日前向货物暂准进出境申请核准地海关提出延期申请,并提交"货物暂时进/出境延期申请书"及相关申请材料。直属海关做出决定并制发相应的决定书。申请延长超过 18 个月的由海关总署做出决定。

2.报关程序

1)进出境申报

其他暂准进境货物进境时,收货人或其代理人应当向海关提交主管部门允许货物为特定目的而暂时进境的批准文件、进口货物报关单、商业及货运单据等,向海关办理暂时进境申报手续。其他暂准进境货物不必提交进口货物许可证件,但因国家规定需要实施检验检疫的,或者为公共安全、公共卫生等实施管制措施的,仍应当提交有关的许可证件,其他暂准进境货物在进境时,收货人或其代理人免予缴纳进境税,但必须向海关提供担保。

其他暂准出境货物出境时,发货人或其代理人应当向海关提交主管部门允许货物为特定目的而暂时出境的批准文件、出口货物报关单、商业及货运单据等,向海关办理暂时出境申报手续。其他暂准出境货物,除易制毒化学品、监控化学品、消耗臭氧层物质有关核出口、核两用品及相关技术的出口管制条例管制的商品及其他国际公约管制的商品外,不需交验许可证件。

对于异地复运出境、进境的其他暂准进出境货物,收发货人应当持主管地海关签章的海关单证向复运出境、进境地海关办理手续。货物复运出境、进境后,主管地海关凭复运出境、进境地海关签章的海关单证办理核销结案手续。

2)结关

其他暂准进境货物复运出境,暂准出境货物复运进境时,进出口货物收发货人或其代理人必须留存由海关签章的复运进出境的报关单,准备报核。

其他暂准进出境货物因特殊情况,改变特定的暂准进出境目的转为正式进出口,收发货人应当在货物复运出境、进境期限届满 30 个工作日前向主管地海关申请,经主管地直属海关批准后,按照规定提交有关许可证件,办理货物正式进口或者出口的报关纳税手续。

其他暂准进境货物在境内完成暂时进境的特定目的后,如货物所有人不准备将货物复运出境的,可以向海关声明将货物放弃,海关按放弃货物的有关规定处理。

因不可抗力受损,无法原状复运出境、进境的货物,收发货人或其代理人应当及时向主管地海关报告,可以凭有关部门出具的证明材料办理复运出境、进境手续。因不可抗力灭失或者失去使用价值的货物,经海关核实后可以视为该货物已经复运出境、进境。因不可抗力以外其他因素灭失或者受损的货物,收发货人或其代理人应当按照货物进出境的有关规定办理海关手续。

其他暂准进出境货物复运出境或进境,或者转为正式进口或出口,或者放弃后,收发货人向海关提交经海关签章的进出口货物报关单,或者处理放弃货物的有关单据,以及其他有关单证,申请报核。海关经审核,情况正常的,退还保证金或办理其他担保销案手续,予以结关。

项目八　报关单填制

学习目标

知识目标

1. 了解进出口货物报关单的法律效力。
2. 熟悉进出口货物报关单的分类及各联的用途。
3. 掌握进出口货物报关单各个栏目填制的要求及注意事项。

技能目标

培养学生熟练填制进出口报关单的能力和技巧。

情境导入

北京大通商贸有限公司委托中国机械进出口公司进口一批用于汽车生产的零部件（属于法定检验检疫和机电产品自动进口许可证管理），合同由长春机械进出口公司执行。该批零件进口后交由长春华实汽车公司（220121××××）用于生产汽车。货物自德国波恩起运，2020年8月24日装载货物的船舶（船舶编号为5213332625）申报进境，次日由大连外运代理公司持发票、装箱单、提单、原产地证书、入境货物通关单、机电产品自动进口许可证向大连大窑湾海关申报进口。保关员郑欣要完成进口报关单的填制，需要掌握进口报关单中所有项目的填制内容及方法。

思考与讨论：如果你是报关员，能否根据所给的单据信息及背景资料，将报关单填写完整？

任务一　了解进出口货物报关相关知识

一、进出口货物报关单概述

进出口货物报关单是指进出口货物的收发货人或其代理人，按照海关规定的格式对进出口货物的实际情况做出书面申明，以此要求海关对其货物按适用的海关制度办理通关手续的法律文书。《海关法》规定："进口货物的收货人、出口货物的发货人应当向海关如实申报，交验进出口许可证件和有关单证"。申报人对所填报的进出口货物报关单的真实性、准确性应承担法律责任。

（一）进出口货物报关单的分类

进出口货物报关单共设 49 个栏目,除"税费征收情况"及"海关审单、批注及放行日期签字"外,均由收发货人或其代理人填写。进出口货物报关单按进出口状态分为进口货物报关单和出口货物报关单;按表现形式分为纸质报关单和电子数据报关单;按海关监管方式分为进料加工进(出)口货物报关单、来料加工及补偿贸易进(出)口货物报关单和一般贸易及其他贸易进(出)口货物报关单;按用途分为报关单录入凭单、预录入报关单和报关单证明联。

（二）进出口货物报关单各联的用途

纸质进口报关单一式四联,分别是海关作业联、海关留存联、企业留存联、进口付汇证明联。

纸质出口报关单一式五联,分别是海关作业联、海关留存联、企业留存联、出口收汇证明联、出口退税证明联。

进出口货物报关单各联有如下用途:

(1)海关作业联和留存联。报关员配合海关查验、缴纳税费、提取或装运货物的重要凭证,也是海关的重要凭证。

(2)企业留存联。报关企业留存进出口货物报关单,作为合法出境货物的依据,是在海关放行货物和结关以后,向海关申领进出口货物付汇,收汇证明联和出口货物退税证明联的文件。

(3)进出口货物报关单付、收汇证明联。海关对已实际进出境的货物所签发的证明文件,是银行和国家外汇管理部门办理售汇、付汇和收汇及核销手续的重要依据之一。

(4)出口退税证明联。属于出口退税范围的货物,海关予以签发,是海关对已实际申报出口并已装运离境的货物所签发的证明文件,是国家税务部门办理出口货物退税手续的重要凭证。

二、海关对进出口货物报关单填制的一般要求

（一）按照相应制度申报并承担相应法律责任

报关人必须按照《中华人民共和国海关进出口货物申报管理规定》《报关单填制规范》《统计商品目录》和《规范申报目录》等有关规定和要求,向海关如实申报,并对申报内容的真实性、准确性、完整性和规范性承担相应的法律责任。

（二）"两个相符"

1. 单证相符

即所填报关单各栏目的内容必须与合同、发票、装箱单、提单及批文等随附单据相符。

2. 单货相符

即所填报关单各栏目的内容必须与实际进出口货物的情况相符,不得伪报、瞒报、虚报。

（三）分单填报

不同运输工具、不同航次、不同提运单、不同贸易方式、不同备案号、不同征免性质的货物,均应分不同的进(出)口货物报关单填报。

一份原产地证书,只能用于同一批次进口货物。含有原产地证书管理商品的一份报关单,只能对应一份原产地证书;同一批次货物中,实行原产地证书联网管理的,如涉及多份原产地证书或含非原产地证书商品,亦应分单填报。同一份报关单上的商品不能同时享受协定税率和减免税。

（四）分商品项填报

一份报关单所申报的货物,须分项填报的情况主要有:商品编号不同的,商品名称不同的,计量单位不同的,原产国(地区)/最终目的国(地区)不同的,币制不同的,征免性质不同的。

（五）报关单内容的更改或撤销

已向海关申报的进出口货物报关单,如原填报内容与实际进出口货物不一致而又有正当理由的,申报人应向海关递交书面更正申请,经海关核准后,对原填报的内容进行更改或撤销。

三、进出口货物报关单填制规范

（一）预录入编号

计算机自动打印。预录入单位录入报关单编号,用于申报单位与海关之间引用其申报后尚未接受申报的报关单,由接受申报的海关决定编号规则。

（二）海关编号

海关接受申报时给予报关单的18位顺序编号。进口与出口报关单分别编号,确保同一公历年能按进/出口唯一地标识本关区的每一份报关单。海关编号具体的含义如图8-1所示。

$$\underset{\text{海关代码}}{5302}\ \ \underset{\text{年份}}{2010}\ \ \underset{\substack{\text{进出口标志}\\\text{1.进口}\\\text{0.出口}}}{0}\ \ \underset{\text{报关单顺序编号}}{215514049}$$

图 8-1　商品编号

（三）境内收发货人

境内收发货人指在海关注册的对外签订并执行进出口贸易合同的中国境内法人、其他组织或者个人的名称及编码。编码可选填18位法人和其他组织统一社会信用代码,没有统一社会信用代码的,填报其在海关的备案编码或检验检疫10位编码:① 法人和其他组织统一信用代码编号规则是统一社会信用代码用 18 位阿拉伯数字或大写英文字母表示,由登记管理部门代码(第 1 位)、机构类别代码(第 2 位)、登记管理机关行政区划码(第 3~8 位)、主体标识码(组织机构代码,第 9~17 位)和校验码(第 18 位)5 个部分组成。

② 海关为注册的经营单位设置 10 位数的编码,如图 8-2 所示。

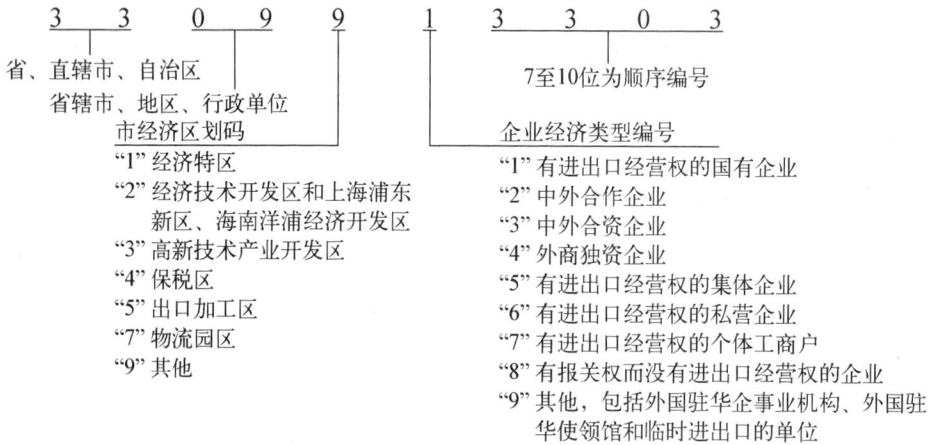

图 8-2　经营单位的 10 位数编码

进出口货物合同的签订者和执行者非同一企业的,填报执行合同的企业。例如,北京宇都商贸有限公司(1101250756)委托大连化工进出口公司(2102911013)与韩国签约进口电动叉车,则"境内收发货人"栏填写"大连化工进出口公司 2102911013"。

外商投资企业委托外贸企业进口投资设备、物品,填报外商投资企业的中文名称及编码并在"标记唛码及备注"栏注明:"委托××公司进口"。援助、赠送、捐赠的货物,填直接接受货物单位的中文名称及编码。合同的签订者和执行者不是同一企业,经营单位应按执行合同的企业填报。经营单位编码第 6 位数为"8"的单位,不得作为经营单位填报。境外企业不得作为经营单位填报。例如,上海协通针织有限公司(3101935039)在投资总额内委托上海机械进出口(集团)公司(3105913429)进口圆形针织机,则经营单位填:上海协通针织有限公司 3101935039,并且在备注栏填上:委托上海机械进出口(集团)公司进口。

进口生产用原材料:属于一般委托,填报"代理方中文名称及编码"。例如,中外合资沈阳贝沈钢帘线有限公司(2101232999)使用自有资金,委托上海新元五矿贸易公司(3105913429)进口镀黄铜钢丝用于生产空调供国内销售,则进口报关单上"境内收发货人"填:上海新元五矿贸易公司 3105913429。

(四)进出境关别

1.填报要求

本栏目为原报关栏目"进/出口口岸",现更名为进出境关别,原指国家对外开放的港口及边界关口,在报关单中特指货物申报进、出口的口岸海关的名称。填报货物实际进出我国关境的隶属海关的中文名称及代码。注意:填直属海关的名称及代码是错误的。例如,货物由天津新港进境,"进出境关别"栏填:新港海关0202。填"天津关区0200"或者"天津海关0201"是错误的。

2.特殊填报要求

(1)转关运输货物。

进口转关:填报货物进境地海关名称及代码。

出口转关:填报货物出境地海关名称及代码。

(2)无实际进出境的货物:填报接受申报的海关名称及代码。

(五)进口日期/出口日期

进口日期是指运载所申报货物的运输工具申报进境的日期,与运输工具申报进境的实际日期一致。出口日期是指运载所申报货物的运输工具办结出境手续的日期。日期填报均为8位数字,顺序为年(4位)、月(2位)、日(2位)。例如,2010年8月18日进口一批货物,运输工具申报进境日期为8月18日,"进口日期"栏填报为:"2010.08.18"。

(六)申报日期

申报日期是指海关接受进出口货物的收、发货人或受其委托的报关企业向海关申报的日期。电子报关申报日期为海关计算机系统接受申报数据的日期,纸质报关申报日期为海关接受纸质报关单并对报关单进行登记处理的日期。本栏目填报格式的要求同进口日期/出口日期。除特殊情况外,进口货物申报日期不得早于进口日期;出口货物申报日期不得晚于出口日期。

(七)备案号

备案号指经营进出口业务的企业在向海关办理加工贸易合同备案或征、减、免税审批备案等手续时,由海关给予"中华人民共和国海关加工贸易手册""中华人民共和国海关加工贸易设备登记手册""电子账册及其分册""中华人民共和国海关进出口货物征免税证明"或其他有关备案审批文件的编号。一份报关单只允许填报一个备案号,无备案审批文件的报关单,本栏目免予填报。

备案号长度为12位,如图8-3所示。

海关特殊监管区域收发货人填报该货物的实际经营单位或海关特殊监管区域内经营企业。

免税品经营单位经营出口退税国产商品的,填报免税品经营单位名称。

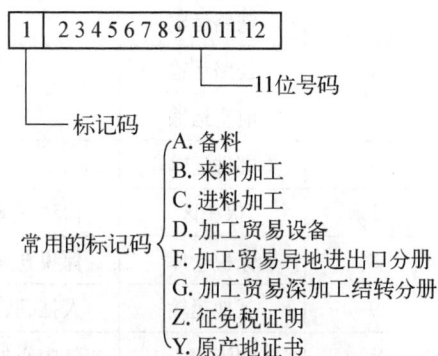

图8-3　备案号长度12位

(八)境外收发货人

境外收货人通常指签订并执行出口贸易合同中的买方或合同指定的收货人,境外发货人通常指签订并执行进口贸易合同中的卖方。

填报境外收发货人的名称及编码。名称一般填报英文名称,检验检疫要求填报其他外文名称的,在英文名称后填报,以半角括号分隔;对于 AEO 互认国家(地区)企业的,编码填报 AEO 编码,填报样式为:"国别(地区)代码＋海关企业编码"。例如,新加坡 AEO 企业 SG123456789012(新加坡国别代码＋12 位企业编码);非互认国家(地区)AEO 企业等其他情形,编码免予填报。

特殊情况下无境外收发货人的,名称及编码填报"NO"。

(九) 运输方式

运输方式指国际贸易买卖双方就进出口货物交接、交换所磋商决定可采用的运输方式,报关单中专指载运货物进出关境所使用的运输工具的分类,即海关规定的运输方式。国际贸易中的运输方式包括海洋运输、铁路运输、航空运输、公路运输、内河运输、邮政运输、管道运输、集装箱运输、联合运输和其他运输方式。报关单中海关规定的运输方式,包括以下几点。

1. 实际运输方式

实际运输方式专指用于载运货物实际进出境的运输方式。进境填报货物运抵我国关境第一口岸时的运输方式,出境填报货物运离我国关境最后一个口岸时的运输方式。

2. 特殊运输方式

特殊运输方式仅用于标识没有实际进出境的货物。比如非保税区运入保税区货物和保税区退区货物、保税区运往非保税区货物、境内存入出口监管仓库和出口监管仓库退仓货物等。

本栏目按海关规定的"运输方式代码表"选择填报相应的运输方式或代码,如表 8-1 所示。

表 8-1 运输方式代码表及说明

代 码	运输方式	运输方式
0	非保税区	非保税区运入保税区和保税区退区
1	监管仓库	境内存入保税仓库和出口监管仓库退仓
2	江海运输	
3	铁路运输	
4	公路运输	
5	航空运输	
6	邮件运输	
7	保税区	保税区运往非保税区
8	保税仓库	保税仓库转内销
9	其他运输	人扛、驮畜、输水管道、输油管道、输电网等方式
W	物流中心	从中心外运入保税物流中心或从保税物流中心运往中心外
X	物流园区	从境内(指国境内特殊监管区域之外)运入园区内或从保税物流园区运往境内

代　码	运输方式	运输方式
Y	保税港区	保税港区(不包括直通港区)运送区外和区外运入保税港区的货物
Z	出口加工	出口加工区运往区外和区外运入出口加工区(区外企业填报)

(十) 运输工具名称及航次号

运输工具名称指从事国际(地区)间运营业务进出关境和境内载运海关监管货物的工具,报关单上专指载运货物进出境所使用的运输工具的种类名称或运输工具编号,即运输工具名称及航次号。本栏目纸质报关单填报格式要求如下。

(1) 江海运输填报船舶英文名称(来往港澳小型船舶为监管簿编号)或者船舶编号＋"/"＋"航次号",即"运输工具"＋"/"＋"航次号"。

(2) 汽车运输填报该跨境运输车辆的国内行驶车牌号＋"/"＋进出境日期[8 位数字,顺序为年(4 位数)、月(2 位)、日(2 位),下同]。

(3) 铁路运输填报车厢编号或交接单号＋"/"＋进出境日期。

(4) 航空运输填报航班号。

(5) 邮政运输填报邮政包裹单号＋"/"＋进出境日期。

(6) 其他运输填报具体运输方式名称,如管道、驮畜等。

(十一) 提运单号

提运单号指进出口货物提单或运单的编号。编号必须与运输部门向海关提供的载货清单所列的相应内容一致。一份报关单只允许填写一个提运单号,一票货物对应多个提运单时,应分单填报。

(1) 江海运输。填报进出口提运单号。如有分提运单的,填报进出口提运单号＋" * "＋分提运单号。

(2) 汽车运输。免予填报。

(3) 铁路运输。填报运单号。

(4) 航空运输。填报总运单号＋"—"(下划线)＋分运单号,无分运单的填报总运单号。

(5) 邮政运输。填报邮运包裹单号。

(6) 无实际进出境的,本栏目免予填报。

(十二) 货物存放地点

填报货物进境后存放的场所或地点,包括海关监管作业场所、分拨仓库、定点加工厂、隔离检疫场、企业自有仓库等。

进口报关单中,本栏目为必填项;出口报关单中,本栏目为选填项。

(十三) 消费使用单位/生产销售单位

消费使用单位填报已知的进口货物在境内的最终消费、使用单位的名称,包括自行进口货物的单位、委托进出口企业进口货物的单位。

生产销售单位填报出口货物在境内生产或销售单位的名称,包括以下方面:

(1) 自行出口货物的单位。

(2) 委托进出口企业出口货物的单位。

(3) 免税品经营单位经营出口退税国产商品的,填报该免税品经营单位统一管理的免税店。

减免税货物报关单的消费使用单位/生产销售单位应与《中华人民共和国海关进出口货物征免税证明》(以下简称《征免税证明》)的"减免税申请人"一致;保税监管场所与境外之间的进出境货物,消费使用单位/生产销售单位填报保税监管场所的名称(保税物流中心(B型)填报中心内企业名称)。

海关特殊监管区域的消费使用单位/生产销售单位填报区域内经营企业("加工单位"或"仓库")。

编码填报要求如下:

(1) 填报 18 位法人和其他组织统一社会信用代码。

(2) 无 18 位统一社会信用代码的,填报"NO"。

进口货物在境内的最终消费或使用以及出口货物在境内的生产或销售的对象为自然人的,填报身份证号、护照号、台胞证号等有效证件号码及姓名。

(十四) 监管方式

报关单上所列的贸易方式专指以国际贸易中进出口货物的交易方式为基础,结合海关对进出口货物监督管理综合设定的对进出口货物的管理方式。贸易方式亦称贸易性质,即买卖双方将商品所有权转让所采用的方式。本栏目根据实际情况,按海关规定的"贸易方式代码表"选择填报相应的贸易(监管)方式简称或代码。一份报关单只允许填报一种贸易(监管)方式。

1. 一般贸易

一般贸易是指我国境内有进出口经营权的企业单边进口或单边出口的贸易。

本监管方式代码为"0110",简称"一般贸易",适用范围包括以下方面:

(1) 以正常交易方式成交的进出口货物。

(2) 贷款援助的进出口货物。

(3) 外商投资企业为加工内销产品而进口的料件。

(4) 外商投资企业用国产原材料加工成品出口或采购产品出口。

(5) 供应外国籍船舶、飞机等运输工具的国产燃料、物料及零配件。

(6) 保税仓库进口供应给中国籍国际航行运输工具使用的燃料、物料等保税货物。

(7) 境内企业在境外投资以实物投资进出口的设备、物资。

(8) 来料养殖、来料种植进出口货物。

(9) 国有公益性收藏单位通过合法途径从境外购入的藏品。

2. 加工贸易项下进口料件和出口成品

(1) 来料加工:监管方式代码"0214",简称"来料加工",主要适用于来料加工项下进口的料件和加工出口的成品。

（2）进料加工：监管方式代码"0615"，简称"进料对口"。

3. 加工贸易项下其他货物

1）结转

加工贸易经营企业将保税进口料件所加工的产品在境内结转给另一个加工贸易企业，用于再加工后复出口的，转入、转出企业分别填制进、出口报关单，监管方式填报"来料深加工"（0255）或"进料深加工"（0654）。

加工贸易经营企业将加工过程中剩余的进口料件，结转到本企业同一加工监管方式下的另一个加工贸易合同，继续加工为制成品后复出口的，应分别填制进、出口报关单，监管方式填报"来料余料结转"（0258）或"进料余料结转"（0657）。

2）内销

（1）料件内销。加工贸易加工过程产生的剩余料件、制成品、半成品、残次品及受灾保税货物，经批准转为国内销售，不再加工复出口的，应填制进口报关单，监管方式填报"来料料件内销"（0245）或"进料料件内销"（0644）。

（2）边角料内销。加工贸易过程中有形损耗产生的边角料，以及加工副产品，有商业价值且经批准在境内销售的，应填制进口货物报关单，监管方式填报"来料边角料内销（0845）"或"进料边角料内销（0844）"。

（3）成品转减免税。加工贸易项下制成品，在境内销售给凭征免税证明进口货物的企业，加工贸易经营企业填制出口货物报关单，监管方式填报"来料成品减免（0345）"或"进料成品减免（0744）"。

3）退运（复出）

加工贸易进口料件因品质、规格等原因退运出境，或加工过程中产生的剩余料件、边角料退运出境，且不再更换同类货物进口的，分别填报"来料料件复出（0265）"或"来料边角料复出（0865）""进料料件复出（0664）""进料边角料复出（0864）"。

4）退换

（1）料件退换。加工贸易报税料件因品质、规格等原因退运出境，更换料件后复进口的，退运出境报关单和复运进境报关单的监管方式应填报"来料料件退换（0300）"或"进料料件退换（0700）"。

（2）成品退换。加工贸易出口成品因品质、规格等原因退运进境，经加工、维修或更换同类商品复出口的，退运进境报关单和复运出境报关单的监管方式应填报"来料成品退换（4400）"或"进料成品退换（4600）"。

5）销毁

加工贸易企业因故无法内销或者退运而作销毁处置且未因处置获得收入的料件、残次品，其中残次品应按单耗折成料件，应填制进口货物报关单，监管方式填报"料件销毁（0200）"，全称"加工贸易料件、残次品（折料）销毁"。

加工贸易企业因故无法内销或者退运而作销毁处置且未因处置获得收入的边角料、副产品，应填制进口货物报关单，监管方式填报监管方式代码"0400"，简称"边角料销毁"，全称"加工贸易边角料、副产品（安装台）销毁"。

4. 加工贸易进口设备

1）加工贸易设备

加工贸易设备，指来料加工、进料加工贸易项下外商作价提供、不扣减企业投资总额的进口设备，以及服务外包企业履行国际服务外包合同，由国际服务外包业务境外发包方免费提供的进口设备。

本监管方式代码为"0420"，对应征免性质为"一般征税（101）"或"加工设备（501）"。

2）不作价设备

不作价设备，指境外企业与境内企业开展来料、进料业务，外商免费向境内加工贸易经营单位提供加工生产所需设备，境内经营单位不需支付外汇，不需用加工费或差价偿还。

本监管方式代码为"0320"，简称"不作价设备"，对应征免性质为"加工设备"（501）。

加工贸易进口不作价设备由加工贸易合同备案地海关办理备案手续，核发加工贸易手册，手册编号第一位标记为"D"。进口《外商投资项目不予免税的进口商品目录》所列商品范围外的不作价设备，且符合规定条件的，免征进口关税。

5. 外商投资企业进口自用设备、物品

1）投资总额内进口设备、物品

中外合资、合作企业进口设备、物品，代码为"2025"，简称"合资合作设备"；外商独资企业（简称外资企业）进口设备、物品，代码为"2225"，简称"外资设备物品"。

2）投资总额外自有资金免税进口设备

进口报关单监管方式应为"一般贸易"（0110），对应征免性质为"自有资金"（799）。

3）减免税设备结转

减免税设备结转，是指海关监管年限内的减免税设备，从进口企业结转到另一享受减免税待遇的企业。监管方式代码为"0500"，简称"减免税设备结转"，减免设备结转的转入、转出企业应分别填写进（出）口货物报关单，向海关申报。

需注意的是，加工贸易项下免税进口的不作价设备结转给另一加工贸易企业，不适用本贸易方式，应适用"加工设备结转"（0456）。

6. 暂准进出境货物

1）进出境展览品

进出境展览品指外国为来华或我国为到外国举办经济、文化、科技等展览或参加博览会而进出口的展览品，以及与展览品有关的宣传品、布置品、招待品、小卖品和其他物品。

本监管方式代码为"2700"，简称"展览品"，对应征免性质为"其他法定"（299）。

2）暂时进出境货物

暂时进出境货物是经海关批准，暂时进出关境并且在规定的期限内复运出境或进境的货物，包括国际组织、外国政府或外国和我国香港、澳门及台湾地区的企业、群众团体及个人为开展经济、技术、科学、文化合作交流而暂时运入或运出我国关境及复运出入境的货物。

本监管方式代码为"2600"，简称"暂时进出货物"，对应征免性质为"其他法定"（299）。

7. 退运进出口货物

退运进出口货物是指原进、出口货物因残损、缺少、品质不良、规格不符、延误交货或其他原因退运出、进境的货物。

本监管方式代码为"4561"，简称"退运货物"，对应征免性质为"其他法定"(299)。

退运货物进出口时，应随附原出(进)口货物报关单，并将原出(进)口货物报关单号填报在"标记唛码及备注"栏内。

8. 直接退运货物

直接退运货物是指进口货物收发货人、原运输工具负责人或者其代理人在货物进境后、办理海关放行手续前，因海关责令或有正当理由获准退运境外的货物。

本监管方式代码为"4500"，简称"直接退运"。

按照"先报出，后报进"的原则先办理出口手续，后办理进口手续，进口货物报关单"标记唛码及备注"栏将对应的出口货物报关单号作为"关联报关单号"填报，进(出)口货物报关单监管方式均为"直接退运"，"标记唛码及备注"栏均应填报"进口货物直接退运表"或"海关责令进口货物直接退运通知书"的编号。

主要贸易(监管)方式代码如表8-2所示。

表8-2　主要贸易(监管)方式代码

代　码	简　称	全　称
0110	一般贸易	一般贸易
0214	来料加工	来料加工装配贸易进口料件或加工出口货物
0615	进料对口	进料加工
0654	进料深加工	进料深加工结转货物
2025	合资合作设备	合资企业作为投资进口的设备物品
2225	外资设备物品	外资企业作为投资进口的设备物品
3010	货样广告品A	有经营权单位进出口的货样广告品
3100	无代价抵偿	无代价抵偿货物

(十五) 征免性质

征免性质指海关根据《海关法》《关税条例》及国家有关政策对进出口货物实施的征、减、免税管理的性质类别。共有47种，分为法定征税、法定减免税、特定减免税、其他减免税和暂定税率。本栏目应按照海关核发的征免税证明中批注的征免性质填报，或根据进出口货物的实际情况，参照《征免性质代码表》选择填报相应的征免性质简称或代码。一份报关单只允许填报一种征免性质。主要征免性质代码如表8-3所示。

表8-3　主要征免性质代码

代　码	简　称	全　称
101	一般征税	一般征税进出口货物

代　码	简　称	全　称
502	来料加工	来料加工装配和补偿贸易进口料件及出口成品
503	进料加工	进料加工贸易进口料件及出口成品
601	中外合资	中外合资经营企业进出口货物
602	中外合作	中外合作经营企业进出口货物
603	外资企业	外商独资企业进出口货物
789	鼓励项目	国家鼓励发展的内外资项目进口设备
799	自有资金	外商投资额度外利用自有资金进口设备、备件、配件

填报要求：

(1) 一份报关单只允许填报一种征免性质，涉及多个征免性质，应分单填报。

(2) 参照"征免性质代码表"选择填报相应的征免性质简称或代码。

(3) 特殊情况填报要求如下：

① 加工贸易转内销货物，按实际应享受的征免性质填报，如"一般征税""科教用品""其他法定"等。

② 加工贸易料件退运出口、成品退运进口的货物填报"其他法定"。

③ 加工贸易结转货物，本栏目为空。

(十六) 许可证号

许可证指一国根据其进出口管制法令由商务主管部门签发的允许管制商品进出口的证件。许可证号是商务部及其授权发证机关签发的进出口货物许可证的编号。其组成结构为：

$$\underset{\text{年份}}{\times\times}\quad\underset{\text{发证机关顺序号}}{-\times\times-}\quad\underset{}{\times\times\times\times\times\times}$$

例如，06—AA—101888。

一份报关单只允许填报一个许可证号。

本栏涉及的填报内容包括进(出)口许可证、两用物项和技术进(出)口许可证、两用物项和技术进(出)口许可证(定向)、出口许可证(加工贸易)、出口许可证(边境小额贸易)证件的编号。

注意：除上述许可证以外的其他的监管证件不填报在"许可证号"栏，而应当在"随附单据"栏填报。例如，"自动进口许可证"应当在"随附单据"栏填报，而不填于此。例如，中外合资沈阳贝沈钢帘线有限公司(2101232999)使用自有资金，委托上海新元五矿贸易公司(3105913429)持 2100 - 2003 - WZ - 00717 号自动进口许可证(代码 7)进口镀黄铜钢丝。则不能将自动进口许可证号"2100 - 2003 - WZ - 00717 号"填写在许可证号栏目中。

（十七）启运港

填报进口货物在运抵我国关境前的第一个境外装运港。

根据实际情况,按海关规定的《港口代码表》填报相应的港口名称及代码,未在《港口代码表》列明的,填报相应的国家名称及代码。货物从海关特殊监管区域或保税监管场所运至境内区外的,填报《港口代码表》中相应海关特殊监管区域或保税监管场所的名称及代码,未在《港口代码表》中列明的,填报"未列出的特殊监管区"及代码。

其他无实际进境的货物,填报"中国境内"及代码。

（十八）合同协议号

填报进出口货物合同(包括协议或订单)编号。未发生商业性交易的免予填报。

免税品经营单位经营出口退税国产商品的,免予填报。

（十九）贸易国（地区）

原产国指进口货物的生产、开采或加工制造的国家或地区。经过几个国家或地区加工制造的货物,以最后一个对货物进行经济上可以视为实质性加工的国家或地区作为原产国。发生商业性交易的,进口填报购自国(地区),出口填报售予国(地区)。未发生商业性交易的,填报货物所有权拥有者所属的国家(地区)。

按海关规定的《国别(地区)代码表》选择填报相应的贸易国(地区)中文名称及代码。

主要(地区)的中文名称或代码,如表8-4所示。

表8-4 主要贸易国(地区代码表)

代 码	中文名称	代 码	中文名称
110	中国香港 ·	307	意大利
116	日本	331	瑞士
121	中国澳门	344	俄罗斯联邦
132	新加坡	501	加拿大
133	韩国	502	美国
142	中国	601	澳大利亚
143	中国台澎金马关税区	609	新西兰
303	英国	701	国(地)别不详的
304	德国	702	联合国及机构和国际组织
305	法国	999	中性包装原产国别

（二十）启运国（地区）/运抵国（地区）

启运国(地区)填报进口货物启始发出直接运抵我国或者在运输中转国(地)未发生任何商业性交易的情况下运抵我国的国家(地区)。

运抵国(地区)填报出口货物离开我国关境直接运抵或者在运输中转国(地区)未发生任何商业性交易的情况下最后运抵的国家(地区)。

不经过第三国(地区)转运的直接运输进出口货物,以进口货物的装货港所在国(地区)为启运国(地区),以出口货物的指运港所在国(地区)为运抵国(地区)。

经过第三国(地区)转运的进出口货物,如在中转国(地区)发生商业性交易,则以中转国(地区)作为启运/运抵国(地区)。

按海关规定的《国别(地区)代码表》选择填报相应的启运国(地区)或运抵国(地区)中文名称及代码。

无实际进出境的货物,填报"中国"及代码。

(二十一) 经停港/指运港

经停港填报进口货物在运抵我国关境前的最后一个境外装运港。指运港(Port of Destination)亦称目的港,指最终卸货的港口,报关单上指出口货物运往境外的最终目的港。

根据实际情况,按海关规定的《港口代码表》选择填报相应的港口名称及代码。经停港/指运港在《港口代码表》中无港口名称及代码的,可选择填报相应的国家名称及代码。无实际进出境货物,填报"中国境内"及代码。

(二十二) 入境口岸/离境口岸

入境口岸填报进境货物从跨境运输工具卸离的第一个境内口岸的中文名称及代码;采取多式联运跨境运输的,填报多式联运货物最终卸离的境内口岸中文名称及代码;过境货物填报货物进入境内的第一个口岸的中文名称及代码;从海关特殊监管区域或保税监管场所进境的,填报海关特殊监管区域或保税监管场所的中文名称及代码。其他无实际进境的货物,填报货物所在地的城市名称及代码。

离境口岸填报装运出境货物的跨境运输工具离境的第一个境内口岸的中文名称及代码;采取多式联运跨境运输的,填报多式联运货物最初离境的境内口岸中文名称及代码;过境货物填报货物离境的第一个境内口岸的中文名称及代码;从海关特殊监管区域或保税监管场所离境的,填报海关特殊监管区域或保税监管场所的中文名称及代码。其他无实际出境的货物,填报货物所在地的城市名称及代码。

入境口岸/离境口岸类型包括港口、码头、机场、机场货运通道、边境口岸、火车站、车辆装卸点、车检场、陆路港、坐落在口岸的海关特殊监管区域等。按海关规定的《国内口岸编码表》选择填报相应的境内口岸名称及代码。

入境口岸/离境口岸代码由6位数字组成,如北京口岸代码"110001北京"。

(二十三) 包装种类

商品的包装是指包裹和捆扎货物用的内部或外部包装和捆扎物的总称。一般情况下,应以装箱单或提运单据的货物处于运输状态时的最外层包装或称运输包装作为"包装种类"向海关申报,并相应地计算件数。

裸装,主要指一些自然成件、能抵抗外在影响、不必要用包装的货物,在储存和运输过程中,可以保持原有状态,如圆钢、钢板、木材等。散装,主要指一些大宗的、廉价的、成粉粒块状的货物,以及不必要包装,不值得包装的货物疏散地装载在运输工具内,如煤炭、矿砂、粮食、食油等。件货,指装入各种材料制成的容器或捆扎的货物,如袋装货物、桶装货物、箱装货物和捆扎货物等。

在原始单据装箱单或提运单据上件数和包装种类一般表示为 No. Of PKGS,其后数字即表示应填报的件数;或 TOTAL PACKED IN ×××CARTONS ONLY;或 TOTAL×××WOODEN CASES ONLY。

例如,PACKED IN 22 CTNS,表明共有 22 个纸箱,件数为"22",包装种类为"纸箱";2 UNIT & 4 CARTONS,表明共有 2 个计件单位(辆、台、件等)和 4 个纸箱,件数合计为 6;由于有两种不同的包装出现,所以类似这种情况,件数填报为"6",包装种类为"其他"。

本栏目应根据进出口货物的实际外包装种类,选择填报相应的包装种类的中文名称或代码,如托盘、木箱、纸箱、铁桶、散装、裸装、辆、包、捆、卷及其他,如表 8－5 所示。

表 8－5

包装种类代码	中文名称	包装种类代码	中文名称
00	散装	32	纸质或纤维板制桶
01	裸装	33	木质或竹藤等植物性材料制桶
04	球状罐类	39	其他材料制桶
06	包袋	92	再生木托
22	纸质或纤维板制盒/箱	93	天然木托
23	木质或竹藤等植物性材料制盒/箱	98	植物性铺垫材料
29	其他材料制盒/箱	99	其他包装

(二十四) 件数

填报进出口货物运输包装的件数(按运输包装计)。特殊情况填报要求如下:

(1) 舱单件数为集装箱的,填报集装箱个数。

(2) 舱单件数为托盘的,填报托盘数。

有关单据仅列明托盘件数,或者既列明托盘件数,又列明单件包装件数的,本栏目都填报托盘件数。例如,2 PALLETS 100 CARTONS,件数应填报 2。

不得填报为零,裸装货物填报为"1"。

(二十五) 毛重(千克)

毛重在装箱单或提运单据 Gross Weight 缩写(G.W./GR.WT)栏中体现,"毛重"栏填报进出口货物及其包装材料的重量之和,计量单位为千克,不足 1 千克的填报为"1"。例如,0.9 千克,"毛重"栏正确内容为 1。

如货物的重量在 1 千克以上且非整数,其小数点后保留 4 位,第 5 位及以后略去。例如,毛重为 9.567 89,该栏填报 9.567 8。

(二十六) 净重(千克)

净重在装箱单或提运单据 Net Weight 缩写(N.W.)栏中体现,"净重"栏填报进出口货物的毛重减去外包装材料后的重量,即货物本身的实际重量,计量单位为千克,不足 1 千克的填报为"1"。例如,0.01 千克,应填为 1。

如货物的重量在 1 千克以上且非整数,其小数点后保留 4 位,第 5 位及以后略去。例如,净重为 9.567 89,该栏填报 9.567 8。

(二十七) 成交方式

成交方式也称贸易术语,在我国习惯上称之为价格条件。指在进出口贸易中进出口商品的价格构成和买卖双方各自应承担的责任、费用和风险,以及货物所有权转移的界限。本栏目应根据实际成交价格条款,按海关规定的《成交方式代码表》选择填报相应的成交方式名称或代码。

无实际进出境的货物,进口成交方式为 CIF 或其代码,出口成交方式为 FOB 或其代码,如表 8-6 所示。

表 8-6 成交方式代码

成交方式代码	成交方式名称	成交方式代码	成交方式名称
1	CIF	4	C&I
2	CFR/C&F/CNF	5	市场价
3	FOB	6	垫仓

(二十八) 运费

运费指进出口货物从始发地至目的地的国际运输所需要的各种费用。"运费"栏用于填报该份报关单所含全部货物的国际运输费用,即进口成交方式为 FOB,出口成交方式为 CFR、CIF 的均要填。运保费合并计算的,运保费填报在"运费"栏中。

本栏目可以在运费单价、运费总价或运费率 3 种方式中选择一种方式进行填报,同时注明运费标记、相应币种代码。运费标记"1"表示运费率,"2"表示每吨货物的运费单价,"3"表示运费总价。填报纸质报关单时,"运费"栏不同的运费标记填报如下:

(1) 运费率。直接填报运费率的数值,如 5% 的运费率填报为"5"。

(2) 运费单价。填报运费币值代码+"/"+运费单价的数值+"/"+运费单价标记,如 24 美元的运费单价填报为"502/24/2"。

(3) 运费总价。填报运费币值代码+"/"+运费总价的数值+"/"+运费总价标记,如 7 000 美元的运费总价填报为"502/7 000/3"。

免税品经营单位经营出口退税国产商品的免予填报。

（二十九）保费

保费指被保险人允予承保某种损失、风险而支付给保险人的对价或报酬。进出口货物报关单所列的保费专指进出口货物在国际运输过程中，由被保险人付给保险人的保险费用。

"保费"栏用于填报进出口货物的全部国际运输的保险费用，包括成交价格中不包含保险费的进口货物的保险费和成交价格中含有保险费的出口货物的保险费，即进口成交方式为 FOB、CFR 或出口成交方式为 CIF 的，应在本栏填报保险费。运保费合并计算的，运保费填报在运费栏目中。

本栏应根据具体情况在保险费总价或保险费率两种方式中选择一种进行填报，同时注明保险费标记（保险费率标记免填），并按海关规定的"货币代码表"选择填报相应的币种代码。保险费标记为"1"表示保险费率，"3"表示保险费总价。填制纸质报关单时，"保费"栏不同的保费标记填报如下：

（1）保费率。直接填报保费率的数值，如 3‰ 的保险费率填报为"0.3"。

（2）保费总价。填报保费币值代码＋"/"＋保费总价的数值＋"/"＋保费总价标记，如 10 000 港元保险费总价填报为"110/10 000/3"。

免税品经营单位经营出口退税国产商品的免予填报。

（三十）杂费

杂费是指成交价格以外的，应计入货物价格或应从货物价格中扣除的费用，如手续费、佣金、折扣等。"杂费"栏目用于填报成交价格以外的，应计入完税价格或应从完税价格中扣除的费用，如手续费、佣金折扣等费用。无杂费时，本栏免填。

本栏应根据具体情况在杂费总价或杂费率两种方式中选择一种进行填报，同时注明杂费标记（杂费率标记免填），并按海关规定的《货币代码表》选择填报相应的币种代码。杂费标记"1"表示杂费率；"3"表示杂费总价。应计入完税价格的杂费填报为正值或正率，应从完税价格中扣除的杂费填报为负值或负率。填制纸质报关单时，"杂费"栏不同的杂费标记填报如下：

（1）杂费率。直接填报杂费率的数值，如应计入完税价格的 1.5% 的杂费率填报为"1.5"；应从完税价格中扣除的 1% 的回扣率填报为"－1"。

（2）杂费总价。填报杂费币值代码＋"/"＋杂费总价的数值＋"/"＋杂费总价标记，如应计入完税价格的 500 英镑杂费总价填报为"303/500/3"。

运费、保费、杂费的正确填报格式如表 8－7 所示。

表 8－7　运费、保费、杂费的正确填报格式

	率(1)	单价(2)	总价(3)
运费	5%→5	USD 50/kg→502/50/2	HKD 5 000→110/5 000/3
保费	0.27%→0.27		EUR 5 000→300/5 000/3

续　表

	率(1)	单价(2)	总价(3)
应计入杂费	1%→1		GBP 5 000→303/5 000/3
应扣除杂费	1%→-1		JPY 5 000→116/－5 000/3

免税品经营单位经营出口退税国产商品的,免予填报。

(三十一) 随附单证及编号

随附单证是指随进出口货物报关单一并向海关递交的单证,包括发票、装箱单、提单、运单、装运单等基本单证;监管证件、征免税证明、外汇核销单等特殊单证;合同、信用证等预备单证。

根据海关规定的《监管证件代码表》和《随附单据代码表》选择填报除本规范第十六条规定的许可证件以外的其他进出口许可证件或监管证件、随附单据代码及编号。

本栏目分为随附单证代码和随附单证编号两栏,其中代码栏按海关规定的《监管证件代码表》和《随附单据代码表》选择填报相应证件代码;随附单证编号栏填报证件编号。所申报货物涉及多个监管证件的,一个监管证件代码和编号填报在"随附单据"栏,其余监管证件代码和编号填报在"标记唛码及备注"栏中。合同、发票、装箱单、许可证等随附单证不在"随附单据"栏填报。

1. 监管证件及代码表

在海关监管和报关实务中,为满足计算机管理和便捷通关的需要,海关根据我国对外贸易法律法规和规章,对于商品编码项下的商品,在通关系统中均对应设置一定的监管条件,用以表示该商品是否可以进出口,或者进出口时是否需要提交监管证件,以及提交何种监管证件。

监管条件以监管证件代码来表示,如监管条件为空,则表示该商品可以进出口且无须提交任何监管证件,本栏无须填报;如监管证件有要求时,本栏目必须填报。例如,商品编号 8479.8999.10 项下用于光盘生产的金属盘生产设备(具有独立功能的),监管条件为"6A",其中代码"6"表示该商品的旧机电产品禁止进口,代码"A"表示该商品为进口检验检疫商品。详细"监管证件代码表"如表 8-8 所示。

表 8-8　常用监管证件代码

代　码	监管证件名称	代　码	监管证件名称
1	进口许可证	4	出口许可证
5	纺织品临时出口许可证	A	检验检疫
7	自动进口许可证	B	电子底账
E	濒危物种允许出口证明书	F	濒危物种允许进口证明书
O	自动进口许可证(新旧机电产品)	P	固体废物进口许可证
Y	原产地证明	t	关税配额证明

2.优惠贸易协定项下进出口货物的填报

一份报关单仅对应一份原产地证书或原产地证明。一般贸易进出口货物,只能使用原产地证书申请享受协定税率或者特惠税率(以下统称优惠税率)的(无原产地声明模式),"随附单证代码"栏填报原产地证书代码"Y",在"随附单证编号"栏填报"<优惠贸易协定代码>"和"原产地证书编号"。可以使用原产地证书或者原产地声明申请享受优惠税率的(有原产地声明模式),"随附单证代码"栏填写"Y","随附单证编号"栏填报"<优惠贸易协定代码>""C"(凭原产地证书申报)或"D"(凭原产地声明申报),以及"原产地证书编号(或者原产地声明序列号)"。一份报关单对应一份原产地证书或原产地声明。各优惠贸易协定代码如表8-9所示。

表8-9　各优惠贸易协定代码

优惠贸易协定	代码	优惠贸易协定	代码
亚太贸易协定	01	中国—秘鲁自贸协定	12
中国—东盟自贸协定	02	最不发达国家特别优惠关税待遇	13
内地与香港紧密经贸关系安排(香港 CEPA)	03	海峡两岸经济合作框架协议(ECFA)	14
内地与澳门紧密经贸关系安排(澳门 CEPA)	04	中国—哥斯达黎加自贸协定	15
台湾农产品零关税措施	06	中国—冰岛自贸协定	16
中国—巴基斯坦自贸协定	07	中国—瑞士自贸协定	17
中国—智利自贸协定	08	中国—澳大利亚自贸协定	18
中国—新西兰自贸协定	10	中国—韩国自贸协定	19
中国—新加坡自贸协定	11	中国—格鲁吉亚自贸协定	20

海关特殊监管区域和保税监管场所内销货物申请适用优惠税率的,有关货物进出海关特殊监管区域和保税监管场所以及内销时,已通过原产地电子信息交换系统实现电子联网的优惠贸易协定项下货物报关单,按照上述一般贸易要求填报;未实现电子联网的优惠贸易协定项下货物报关单,"随附单证代码"栏填报"Y","随附单证编号"栏填报"<优惠贸易协定代码>"和"原产地证据文件备案号"。"原产地证据文件备案号"为进出口货物的收发货物人或者其代理人录入原产地证据文件电子信息后,系统自动生成的号码。

向香港或者澳门特别行政区出口用于生产香港 CEPA 或者澳门 CEPA 项下货物的原材料时,按照上述一般贸易填报要求填制报关单,香港或澳门生产厂商在香港工贸署或者澳门经济局登记备案的有关备案号填报在"关联备案"栏。

"单证对应关系表"中填报报关单上的申报商品项与原产地证书(原产地声明)上的商品项之间的对应关系。报关单上的商品序号与原产地证书(原产地声明)上的项目编号应一一对应,不要求顺序对应。同一批次进口货物可以在同一报关单中申报,不享受优惠税率的货物序号不填报在"单证对应关系表"中。

各优惠贸易协定项下,免提交原产地证据文件的小金额进口货物"随附单证代码"栏填报"Y","随附单证编号"栏填报"＜优惠贸易协定代码＞XJE00000","单证对应关系表"享惠报关单项号按实际填报,对应单证项号与享惠报关单项号相同。

(三十二) 标记唛码及备注

标记唛码是运输标志的俗称。进出口货物报关单上标记唛码专指货物的运输标志。标记唛码英文表述为:Marks、Marking、MKS、Marks & No.、Shipping Marks 等。

本栏目填报内容包含以下几项:

(1) 货物标记唛码中除图形以外的所有文字和数字,无标记唛码的填报 N/M。

(2) 受外商投资企业委托代理进口投资设备、物品的进出口企业名称,填报格式为"委托××公司进口"。

(3) 关联备案号。关联备案号是指与本报关单有关联关系的,同时在海关业务管理规范方面又要求填报的备案号,如加工贸易结转货物及凭征免税证明转内销货物,其对应的备案号应填报在此栏,填报格式为:"转至(自)……手册"。

(4) 关联报关单号。关联报关单号是指与本报关单有关系的,同时在海关业务管理规范方面又要求填报的报关单的海关编号,应填报此栏。

(5) 所申报货物涉及多个监管证件的,填报除第一个监管证件以外的其余监管证件和代码。填报格式为:监管证件代码+":"+"监管证件编号"。

(6) 所申报货物涉及多个集装箱的,填报除第一个集装箱号以外的其余集装箱号,填报格式为:"集装箱号"+"/"+"规格"+"/"+"自重"。

(7) 其他申报时必须说明的事项。

(三十三) 项号

项号是指申报货物在报关单中的商品排列序号。一张纸质报关单最多可打印 5 项商品(表体共有 5 栏),可另外附带 3 张纸质报关单,合计最多打印 20 项商品。对于商品编号不同的,商品名称不同的,原产国(区)/最终目的国(地区)不同的,征免不同的,都应各自占据表体的一栏。

每项商品的项号分两行填报,第一行填报货物在报关单中的商品排列序号,第二行专用于加工贸易和实行原产地证书联网管理等已备案的货物,填报该项货物在加工贸易手册中的项号或对应的原产地证书上的商品项号。例如,一张加工贸易料件进口报关单上某项商品的项号是上"01"、下"10",说明其列此报关单申报商品的第一项,且对应加工贸易手册备案料件第 10 项。

(三十四) 商品编号

商品编号也称商品编码,是按《中华人民共和国进出口税则》确定的进出口货物的编号。本栏目应填报《税则》中 8 位税则号列,有附加编号的,还应填附加的第 9、第 10 位附加编号。

（三十五）商品名称、规格型号

商品名称即商品品名,是指缔约双方同意买卖的商品的名称。报关单中的商品名称,是指进出口货物规范的中文名称。商品的规格型号,是指反映商品性能、品质和规格的一系列指标,如品牌、等级、成分、含量、纯度、大小、长短、粗细等。一般商品名称即型号都在发票 Description of Goods、Product and Description、Goods Description、Quantities and Description 栏有具体的描述。

"商品名称及规格型号"栏分两行填报。第一行,填进出口货物规范的中文名称。如发票中不是中文名的,应翻译成规范的中文名称填报;第二行,填报规格型号。例如:

氨纶弹力丝　　　　　　ELASTANE　　　　　（第一行,规范的中文名称＋原文）
40 DENIER TYPE 149B MERGE 17124 5KG TUBE （第二行,规格型号）

（三十六）数量及单位

报关单上的"数量及单位"指进出口商品的实际数量和计量单位。常见计量单位包括以下几种:

(1) 重量单位。如公吨、长吨、短吨、公斤/千克、克等,适用于一般天然产品,以及部分工业制成品,如羊毛、谷类、矿产品、药品等。

(2) 长度单位。如米、厘米、码、英尺、英寸等,适用于纺织品、绳索、电线、电缆等。

(3) 面积单位。如平方米、平方厘米、平方码、平方英尺等,适用于玻璃板、地毯等。

(4) 体积单位。如立方米、立方厘米、立方码等,适用于木材、化学气体等。

(5) 容积单位。如公升、加仑、蒲式耳等,适用于流体商品,如煤油、汽油、酒精等。

(6) 个数单位。如只、件、双、台、套、架、打、卷、头、捆等,适用于大多数工业制成品、杂货类和一部分土特产品,如机器、车辆、成衣、玩具等。

海关法定计量单位指按照《中华人民共和国计量法》的规定所采用的计量单位,我国采用的是国际单位制的计量单位,分为海关法定第一计量单位,海关法定第二计量单位。海关法定计量单位以《海关统计商品目录》中规定的计量单位为准。

成交计量单位指双方在交易过程中所确定的计量单位。

本栏目分 3 行填报。法定第一计量单位及数量应填报在本栏目第一行。凡列明海关第二法定计量单位的,第二法定计量单位填在第 2 行,无第二法定计量单位的本栏为空。以成交计量单位申报的,须填报海关法定计量单位转换后的数量,同时还需将成交计量单位及数量填报在本栏第 3 行。如成交计量单位与海关法定计量单位一致时,本栏为空。例如:

商品名称、规格型号　　　　数量及单位
　　全棉袜子　　　　　　　122 640　　（第一行,法定第一计量单位及数量）
100PC Cotton Socks　　　1 042 千克　（第二行,法定第二计量单位及数量）
　　　　　　　　　　　　10 220 打　　（第三行,成交计量单位及数量）

（三十七）单价

单价是指商品的一个计量单位以某一种货币表示的价格。包括对外商品价值金额、计量单位、计价货币、价格术语（其中还有佣金、折扣）。例如：

USD	300	per M/T	CIF New York
计价货币	计价金额	计量单位	贸易术语

"单价"栏填报同一项号下进出口货物实际成交的商品单位价格的金额。单价如非整数,其小数点后保留 4 位,第 5 位及以后略去。

例如,珠海某进出口公司出口 DVD 机 1 000 台,每台 100 美元。"单价"栏应填"100"。

（三十八）总价

总价指进出口货物实际成交的商品总价。例如：

Total Amount：USD300,000 CIF Korea

总额：30 万美元 CIF Korea

"总价"栏填报同一项号下进出口货物实际成交的商品总价。总价如非整数,其小数点后保留 4 位,第五位及以后略去。无实际成交价格的,填报货值。

例如,上海某进出口公司出口"数码相机"10 000 台,每台 400 美元。"总价"栏应填"4 000 000"。

（三十九）币制

币制指进出口货物实际成交价格的计价货币。

"币制"栏根据实际成交情况按海关规定的"币制代码表"选择填报相应的币制名称或代码或符号。常用币制代码见表 8-10。

表 8-10　常用币制代码

币制代码	币制符号	币制名称	币制代码	币制符号	币制名称	币制代码	币制符号	币制名称
110	HKD	港币	116	JPY	日元	132	SGD	新加坡元
142	CNY	人民币	133	KRW	韩国元	300	EUR	欧元
302	DKK	丹麦克朗	303	GBP	英镑	330	SEK	瑞典克朗
331	CHF	瑞士法郎	344	SUR	俄罗斯卢布	501	CAD	加拿大元
502	USD	美元	601	AUD	澳大利亚元	609	NZD	新西兰元

（四十）原产国（地区）

原产国（地区）指进口货物的生产、开采或加工制造的国家或地区。经过几个国家或地区加工制造的货物，以最后一个对货物进行经济上可以视为实质性加工的国家或地区作为原产国。

原产国（地区）依据《中华人民共和国进出口货物原产地条例》《中华人民共和国海关关于执行〈非优惠原产地规则中实质性改变标准〉的规定》以及海关总署关于各项优惠贸易协定原产地管理规章规定的原产地确定标准填报。同一批进出口货物的原产地不同的，分别填报原产国（地区）。进出口货物原产国（地区）无法确定的，填报"国别不详"。

按海关规定的《国别（地区）代码表》选择填报相应的国家（地区）名称及代码。

（四十一）最终目的国（地区）

最终目的国（地区）指已知出口货物最后交付、实际消费、使用或做进一步加工制造的国家或地区。填报已知的进出口货物的最终实际消费、使用或进一步加工制造国家（地区）。不经过第三国（地区）转运的直接运输货物，以运抵国（地区）为最终目的国（地区）；经过第三国（地区）转运的货物，以最后运往国（地区）为最终目的国（地区）。同一批进出口货物的最终目的国（地区）不同的，分别填报最终目的国（地区）。进出口货物不能确定最终目的国（地区）时，以尽可能预知的最后运往国（地区）为最终目的国（地区）。

按海关规定的《国别（地区）代码表》选择填报相应的国家（地区）名称及代码。

（四十二）境内目的地/境内货源地

境内目的地填报已知的进口货物在国内的消费、使用地或最终运抵地，其中最终运抵地为最终使用单位所在的地区。最终使用单位难以确定的，填报货物进口时预知的最终收货单位所在地。

境内货源地填报出口货物在国内的产地或原始发货地。出口货物产地难以确定的，填报最早发运该出口货物的单位所在地。

海关特殊监管区域、保税物流中心（B型）与境外之间的进出境货物，境内目的地/境内货源地填报本海关特殊监管区域、保税物流中心（B型）所对应的国内地区。

按海关规定的《国内地区代码表》选择填报相应的国内地区名称及代码。境内目的地还需根据《中华人民共和国行政区划代码表》选择填报其对应的县级行政区名称及代码。无下属区县级行政区的，可选择填报地市级行政区。

（四十三）征免

征免是指海关依照《海关法》《进出口关税条例》及其他法律、行政法规，对进出口货物进行征税、减税、免税或特案处理的实际操作方式。同一份报关单上可以有不同的征免税方式。本栏目根据海关核发的征免税证明或有关政策规定，对报关单所列每项商品选择填报海关规定的"征减免税方式代码表"中相应的征免税方式的名称。征免方式代码如表8-11所示。

表 8-11 征免方式代码

代　码	名　　称	代　码	名　　称
1	照章征税	6	保证金
2	折半征税	7	保函
3	全免	8	折半补税
4	特案	9	全额退税
5	随征免性质		

（四十四）特殊关系确认

根据《中华人民共和国海关审定进出口货物完税价格办法》（以下简称《审价办法》）第十六条,填报确认进出口行为中买卖双方是否存在特殊关系,有下列情形之一的,应当认为买卖双方存在特殊关系,应填报"是",反之则填报"否":

（1）买卖双方为同一家族成员的。

（2）买卖双方互为商业上的高级职员或者董事的。

（3）一方直接或者间接地受另一方控制的。

（4）买卖双方都直接或者间接地受第三方控制的。

（5）买卖双方共同直接或者间接地控制第三方的。

（6）一方直接或者间接地拥有、控制或者持有对方 5% 以上（含 5%）公开发行的有表决权的股票或者股份的。

（7）一方是另一方的雇员、高级职员或者董事的。

（8）买卖双方是同一合伙的成员的。

买卖双方在经营上相互有联系,一方是另一方的独家代理、独家经销或者独家受让人,如果符合前款的规定,也应当视为存在特殊关系。

出口货物免予填报,加工贸易及保税监管货物（内销保税货物除外）免予填报。

（四十五）价格影响确认

根据《审价办法》第十七条,填报确认纳税义务人是否可以证明特殊关系未对进口货物的成交价格产生影响,纳税义务人能证明其成交价格与同时或者大约同时发生的下列任何一款价格相近的,应视为特殊关系未对成交价格产生影响,填报"否",反之则填报"是":

（1）向境内无特殊关系的买方出售的相同或者类似进口货物的成交价格。

（2）按照《审价办法》第二十三条的规定所确定的相同或者类似进口货物的完税价格。

（3）按照《审价办法》第二十五条的规定所确定的相同或者类似进口货物的完税价格。

出口货物免予填报,加工贸易及保税监管货物（内销保税货物除外）免予填报。

（四十六）支付特许权使用费确认

根据《审价办法》第十一条和第十三条，填报确认买方是否存在向卖方或者有关方直接或者间接支付与进口货物有关的特许权使用费，且未包括在进口货物的实付、应付价格中。

买方存在需向卖方或者有关方直接或者间接支付特许权使用费，且未包含在进口货物实付、应付价格中，并且符合《审价办法》第十三条的，在"支付特许权使用费确认"栏目填报"是"。

买方存在需向卖方或者有关方直接或者间接支付特许权使用费，且未包含在进口货物实付、应付价格中，但纳税义务人无法确认是否符合《审价办法》第十三条的，填报"是"。

买方存在需向卖方或者有关方直接或者间接支付特许权使用费且未包含在实付、应付价格中，纳税义务人根据《审价办法》第十三条，可以确认需支付的特许权使用费与进口货物无关的，填报"否"。

买方不存在向卖方或者有关方直接或者间接支付特许权使用费的，或者特许权使用费已经包含在进口货物实付、应付价格中的，填报"否"。

出口货物免予填报，加工贸易及保税监管货物（内销保税货物除外）免予填报。

（四十七）自报自缴

进出口企业、单位采用"自主申报、自行缴税"（自报自缴）模式向海关申报时，填报"是"；反之则填报"否"。

（四十八）申报单位

自理报关的，填报进出口企业的名称及编码；委托代理报关的，填报报关企业名称及编码。编码填报 18 位法人和其他组织统一社会信用代码。

报关人员填报在海关备案的姓名、编码、电话，并加盖申报单位印章。

（四十九）海关批注及签章

供海关作业时签注。

任务二　报关单填制操作实践

资料一：广东佛山东升医疗机械公司（经营单位代码：440694××××）在投资总额内委托广东省机械进出口公司（经营单位代码：440191××××）向英国 AEO 企业 UK123456789012 进口设备一批，装载该批货物的运输工具于 2020 年 5 月 1 日申报进口,次日由广东日华公司持"检验检疫货物通关单"(证件号码 A:53010104230018)和证明号为 Z51011A00388 的征免税证明(海关签注的征免性质为"鼓励项目",该货物为征免税证明中的第一项)及有关单据向佛山新港海关(关区代码5189)代理报关。法定计量单位为"套",运保费为700美元。进口后货物存放于佛山新港广东佛山东升医疗机械公司自有仓库。

资料二:报关单

表 8-12 中华人民共和国海关进口货物报关单

预录入编号:　　　　　　　海关编号:(××海关)　　　　页码/页数:

进内收货人	进境关别	进口日期	申报日期	备案号
境外发货人	运输方式	运输工具名称(及航次号)	提运单号	货物存放地点
消费使用单位	监管方式	征免性质	许可证号	启运港
合同协议号	贸易国(地区)	启运国(地区)	经停港	入境口岸

包装种类	件数	毛重(千克)	净重(千克)	成交方式	运费	保费	杂费

随附单证及编号

标记唛码及备注

项号 商品编码 商品名称及规格型号 数量及单位 单价/总价/币制 原产国(地区) 最终目的国(地区) 境内目的地 征免

报关人员　报关人员证号　电话	兹声明以上申报无讹并承担法律责任	海关批注及签章
申报单位	申请单位(签章)	

资料三：发票

QI SUN HE ENTREPRISE CORP.LONDON

INVOICE

No.IV－AP0405　　　　　　　　　　　　　　　Date：Apr.5,2020

For account and risk of Messrs

GUANGDONG DONGSHENG MEDICAL APARATUS AND INSTRUMENTS

GUANGZHOU CHINA PINGSHA VILLAGE,FOSHAN,GUANGDONG,CHINA

广东东升医疗机械公司（广东佛山）

Shipped by QI SUN HE LIMITED　per

Contract No. LD054－126

Marks & Nos.	Description of Goods	Quantity	Unit Price(USD)	Amount(USD)
D.S.M LONDON P/NO.1－5	医疗机械 NG－501 MADE IN SWEDEN	5 SETS	6079.25 FOB LONDON	30396.25
	TOTAL:3PALLET	5 SETS		USD 30396.25
	SAY TOTAL THIRTY THOUSAND THREE HANDRED NITY-SIX AND TWO-FIVE ONLY			

QI SUN HE ENTERPRISE CORP.LONDON _____

Authorized Signature _____

资料四：装箱单

QI SUN HE ENTREPRISE CORP.LONDON

PACKING LIST

No.PK-AP0405　　　　　　　　　　　　　　　Date：Apr.5,2020

For account and risk of Messrs

GUANGDONG DONGSHENG MEDICAL APARATUS AND INSTRUMENTS

GUANGZHOU CHINA PINGSHA VILLAGE,FOSHAN,GUANGDONG,CHINA

Shipped by QI SUN HE LIMITED　per

Sailing on or about From LONDON to GUANGZHOU FOSHAN

Vessel Voyage No.,MAY FLOWER. 0425

B/L NO.:LD41025

Marks & Nos.	Description of Goods	Quantity	Net Weight(kg)	Gross Weight(kg)
D.S.M LONGDON P/NO.1－5	医疗机械 NG－501 CONTAINERS NO YMLU 6688327(40') SEAL NO.:2368 TAREWGT 5627KG	5 SETS	23,426	26,385
	TOTAL:3PALLET	5 SETS	23,426 kg	26,385 kg

一、报关单填制答案

表 8-13 中华人民共和国海关进口货物报关单

预录入编号：   海关编号：佛山新港海关 5189   页码/页数：

境内收货人 广东省机械进出口公司(440191××××)	进境关别 佛山新港海关 5189	进口日期 2020/05/01	申报日期 2020/05/02	备案号 Z51011A00388
境外发货人 UK123456789012	运输方式 2	运输工具名称(及航次号) MAYFLOWER/0425	提运单号 B/L NO.：LD41025	货物存放地点 企业自有仓库
消费使用单位 广东佛山东升医疗机械公司(440694××××)	监管方式 2225	征免性质 789	许可证号	启运港 伦敦
合同协议号 LD054-126	贸易国(地区) 英国	启运国(地区) 英国	经停港 伦敦	入境口岸 5189 佛山新港

包装种类 托盘	件数 3	毛重(千克) 26 385	净重(千克) 23 426	成交方式	运费 502/700/3	保费	杂费

随附单证及编号
A：53010104230018

标记唛码及备注
D.S.M
LONDON
P/NO.1-5　委托广东省机械进出口公司进口

项号	商品编码	商品名称及规格型号	数量及单位	单价/总价/币制	原产国(地区)	最终目的国(地区)	境内目的地	征免
01	××××××××	医疗机械 NG-501	5 套	6079.25 30396.25 502	瑞典	中国广东	广东佛山	特案 01

报关人员	报关人员证号	电话	兹声明以上申报无讹并承担法律责任	海关批注及签章
申报单位　广东省机械进出口公司			申请单位(签章)广东省机械进出口公司	

二、案例分析与解答

(1) 境内收货人(指对外签订并执行进出口贸易合同的中国境内企业、单位或者个人)。

答案：广东省机械进出口公司(440191××××)[提示：由资料一中的"委托广东省机械进出口公司(经营单位代码：440191××××)进口设备一批"得出]。

（2）进境关别（特指货物申报进口口岸海关的名称及代码）。

答案：佛山新港海关 5189［提示：从资料一中"向佛山新港海关（关区代码 5189）代理报关"得出］。

（3）进口日期（运载所申报货物的运输工具申报进境的日期）。

答案：2020/05/01［提示：由资料一中"装载该批货物的运输工具于 2020 年 5 月 1 日申报进口"得出］。

（4）申报日期（进出口货物的收、发货人或受其委托的报关企业向海关申报的日期）。

答案：2020/05/02（提示：由资料一中"进口次日向海关申报"得出）。

（5）备案号（共 5 种，1 为加工贸易手册编号；2 为进出口货物征免税证明；3 为出入出口加工区的保税货物的电子账册备案号；4 为实行原产地证书联网管理的原产地证书编号；5 为其他）。

答案：填征免税证明的号码 Z51011A00388（提示：由资料一或由贸易方式、用途对应表格可以得出）。

（6）境外发货人（指签订并执行进口贸易合同中的卖方）。

答案：UK123456789012，即国别（地区）代码＋海关企业编码（提示：由资料一中"向英国 AEO 企业 UK123456789012 进口设备一批"得出）。

（7）运输方式（指载运货物进出关境所使用的运输工具的分类，即海关规定的运输方式）。

答案：江海运输（提示：从资料四中的"VESSEL"可以得出）。

（8）运输工具的名称（填报运输工具名称及航次号）。

答案：MAY FLOWER/0425（提示：从资料四中 Vessel Voyage 根据填制规范可以得出）。

（9）提运单号。

答案：B/L NO.：LD41025（提示：从资料四中"B/L NO."可以得出）。

（10）货物存放地点。

答案：由资料一"存放于入境口岸为 5189"佛山新港企业自有仓库广东佛山东升医疗机械公司自有仓库得出。

（11）消费使用单位（已知的进口货物在境内的最终消费、使用单位，如自行从境外进口货物的单位、委托有外贸进出口经营权的企业进口货物的单位等）。

答案：广东佛山东升医疗机械公司 440694××××［提示：由资料一中的文字资料"广东佛山东升医疗机械公司 440694××××委托广东省机械进出口公司（经营单位代码：440191××××）进口设备一批"可以得出］。

（12）监管方式。

答案：外资设备物品（2225）（提示：由于本案例属于投资总额内外资设备物品进口）。

（13）征免性质（按有关国家政策对进出口货物实施征、减、免税管理的性质类别）。

答案：鼓励项目（789）（提示：根据贸易方式、征免性质、用途及征免逻辑关系对照表可以得出）。

（14）许可证号。

答案：空（提示：资料中未给出进出口许可证编号，所以为空）。

（15）启运港（进口货物在运抵我国关境前的第一个境外装运港）。

答案：伦敦。

（16）合同协议号。

答案：LD054－126（提示：由资料中的 CONTRACT NO.可以得出）。

（17）贸易国（地区）。

答案：英国（提示：从资料一中"向英国 AEO 企业 UK123456789012 进口设备一批"可看出）。

（18）启运国。

答案：英国（提示：从"Sailing on or about From LONDON to GUANGZHOU FOSHAN"可以得出启运港的所在国为英国）。

（19）经停港（进口货物运抵我国关境前的最后一个装运港）。

答案：伦敦。

（20）入境口岸（填报进境货物从跨境运输工具卸离第一个境内口岸的中文名称及代码）。

答案：5189 佛山新港。

（21）包装种类。

答案：托盘（提示：从资料四装箱单中"3 PALLET"可得）。

（22）件数。

答案：3（提示：由资料四中的"3PALLET"可以得出）。

（23）毛重。

答案：26 385 kg（提示：从资料四中的 GW,GROSS WEIGHT 可以得出）。

（24）净重。

答案：23 426 kg（提示：从资料四中的 NW,NET WEIGHT 可以得出）。

（25）成交方式。

答案：FOB（提示：根据资料三中的"FOB LONDON"及对应的成交方式表格可以得出）。

（26）运费。

答案：502/700/3（提示：从资料一中可以找出运保费 700 美元）。

（27）保费。

答案：空（提示：本案例没有给出）。

（28）杂费。

答案：空（提示：本案例没有给出）。

（29）随附单证及编号。

答案：A：53010104230018〔提示：由资料一"检验检疫货物通关单"（证件号码 A：53010104230018)得出]。

（30）标记唛码及备注。

答案：D.S.M

　　　LONDON

　　P/NO.1-5　委托广东省机械进出口公司进口

（31）项号。

答案：01（提示：一般贸易，而且资料中没有特殊的提示，所以项号为01）。

（32）商品编码。

答案：×××××××××（资料未给出）。

（33）商品名称及规格型号。

答案：医疗机械，NG-501（提示：由资料四中的"Description"项下的内容可以得出）。

（34）数量及单位。

答案：5 套（提示：由资料四中的"Quantity"项下的内容可以得出）。

（35）单价。

答案：6 079.25（提示：由资料三中可以得出"Unit Price"为 6 079.25 得出）。

（36）总价。

答案：30 396.25（提示：由资料三中的"Amount"栏所对应的内容可以得出）。

（37）币制。

答案：美元或 502（提示：从资料三中单价总价栏对应的"USD"可以得出）。

（38）原产国。

答案：瑞典（提示：由资料三中的"MADE IN SWEDEN"栏的内容可以得出）。

（39）征免。

答案：全免（提示：由贸易方式、征免性质、用途及征免逻辑关系可以得出）。

（40）最终目的国（地区）。

答案：中国广东（提示：根据资料一，收货人所在地点可知）。

（41）境内目的地。

答案：广东佛山（提示：根据资料一，货物存放于收货人广东佛山东升医疗机械公司自有仓库可知）。

三、案例点评

（1）贸易方式、征免性质、用途及征免等各栏目常见对应关系，如表 8-14 所示。

表 8-14　贸易方式、征免性质、用途及征免对应关系

贸易方式 （代码）	备案号 （第一个字母）	征免性质 （代码）	征免 （代码）	用途 （代码）	项　号
一般贸易 （0110）	空	一般征税 （101）	照章征税 （1）	外贸自营内销 （1）	填报报关单中的商品序号
	Z （征免税证明）	鼓励项目 （789）	全免 （3）	企业自用 （4）	第一行填报报关单中的商品序号，第二行填报与《征免税证明》上一致的商品的项号
		自由资金 （799）			
		科教用品 （401）			

贸易方式（代码）	备案号（第一个字母）	征免性质（代码）	征免（代码）	用途（代码）	项　号
来料加工（0214）	B（登记手册）	来料加工（502）	全免（3）	加工返销（5）	第一行填报报关单中的商品序号，第二行填报与《登记手册》上一致的商品的项号
进料加工（0615）	C（登记手册）	进料加工（503）	全免（3）	加工返销（5）	第一行填报报关单中的商品序号，第二行填报与《登记手册》上一致的商品的项号
合资合作设备（2025）	Z（征免税证明）	鼓励项目（789）	全免（3）	企业自用（4）	第一行填报报关单中的商品序号，第二行填报与《征免税证明》上一致的商品的项号
外资设备物品（2225）	Z（征免税证明）	鼓励项目（789）	全免（3）	企业自用（4）	第一行填报报关单中的商品序号，第二行填报与《征免税证明》上一致的商品的项号

（2）数量与计量单位的各种填报情况，如表 8-15 所示。

表 8-15　数量与计量单位的填报情况

计量单位采用	填制要求		
	第一行	第二行	第三行
成交与法定一致	法定计量单位及数量	空	空
成交与法定一致且有第二计量单位	法定第一计量单位及数量	法定第二计量单位及数量	空
成交与法定不一致	法定计量单位及数量	空	成交计量单位及数量
成交与法定不一致且有第二计量单位	法定第一计量单位及数量	法定第二计量单位及数量	成交计量单位及数量

（3）成交方式、运费、保费及杂费的逻辑关系，如表 8-16 所示。

表 8-16 成交方式、运费、保费及杂费的逻辑关系

	成交方式	运费	保费	杂费
进口	FOB	填	填	+/−
	CFR		填	
	CIF			
出口	FOB			
	CFR	填		
	CIF	填	填	

（4）装货港与起运国的逻辑关系，如表 8-17 所示。

表 8-17 装货港与启运国的逻辑关系

装运状况	交易状况	装货港	启运国
直接运抵进口港	与（或非）启运国贸易商交易	货物装运的港口为装货港	货物启运港口的所在国为起运国
途经某港口再运抵进口港	与途经港（或以外其他）国家的贸易商交易	货物装运的港口为装货港	货物起运港口的所在国为启运国
途经港换装运输工具后再运抵进口港（中转）	与途经港以外其他国家的贸易商交易（第4国）	换装运输工具的途经港口为装货港	货物启运港口的所在国为启运国
	与货物换装运输工具的途经港所在国贸易商交易		

项目九 出入境检验检疫工作初步认识

知识目标

1. 了解出入境检验检疫的含义、产生及发展。
2. 了解我国出入境检验检疫机构的主要职能。
3. 熟悉我国出入境检验检疫工作的主要内容。
4. 明确我国出入境检验检疫工作的法律地位及作用。
5. 掌握我国报检单位备案登记及监督管理有关规定。

技能目标

1. 能按照我国出入境检验检疫法律法规办理报检单位备案登记。
2. 能根据我国报检单位监督管理有关规定正确行使权利,履行义务和责任。

情境导入

厦门市某高校国际物流专业学生赵某结合自身实际制订了职业生涯规划,立志毕业后从事出入境报检工作。要想成为一名合格的报检员,首先要对中国出入境检验检疫工作的性质、任务、工作内容等方面进行深入的了解,为将来的职业发展进一步明确方向。

思考与讨论:

中国出入境检验检疫工作的主要内容是什么?

任务一 认识出入境检验检疫工作

一、出入境检验检疫的概念

出入境检验检疫是指在国际商务活动中,由国家出入境检验检疫机构依照国家检验检疫法律法规及国际惯例等要求,对出入境货物、交通运输工具、人员等进行检验检疫、鉴定、认证及监督管理等工作的统称。

二、中国出入境检验检疫的产生与发展

中国出入境检验检疫的雏形出现于 19 世纪后期,距今已有 100 多年漫长而又曲折的

发展历史。中华人民共和国成立后,中国出入境检验检疫事业得到了迅速发展。党的十一届三中全会以来,随着中国对外经济贸易的发展和对外交往的增多,中国出入境检验检疫事业进入了一个全新的发展阶段。

知识链接

中国出入境检验检疫的产生

（一）萌芽

从人类社会进入原始社会末期开始,自发的原始检验检疫行为已经开始萌芽。

随着贸易发展的需求和社会分工的细化,出现了为贸易双方开展数量和质量评品的职业。这种职业在我国一般称为"牙人",在西方称为"经纪人"。

（二）产生

我国历朝历代对于传染病的检疫和防治均有一定的法规,并规定了相应的措施。隋唐时期,朝廷在边境地区设立"交市监",管理对外贸易,在交市监下设有专门为买卖双方牵线说合以及检验鉴定货物数量和质量的"牙人"——互市郎。我国的"牙人"最早出现在东汉,隋代开始出现由"牙人"组成的半官方组织——"牙行"。

唐代,我国在广州设立市舶使一职,管理海外贸易。

宋代,中央政府设立榷易院,主管全国的对外贸易。

元代在市舶司内设舶牙人,海外船舶到岸后必须首先由舶牙人对船舶和货物进行检验和鉴定,并发给"公验"后方可开展贸易。

明代市舶司成为专管"朝贡贸易"的机构,在市舶司内设立牙行。

清代,市舶司的关税和打击走私的职责开始由海关担任,另一部分贸易管理职能则由新兴的牙行组织——十三行代替。

（三）近现代检验检疫制度的发展

1864年,英国劳合氏公司代理人在上海成立仁记洋行,这是中国第一个办理商检业务的机构。

1929年,工商部上海商品检验局(隶属国民政府工商部)成立,这是中国第一家由国家设立的官方商品检验局。

1932年,国民政府行政院通过《商品检验法》,这是关于中国商品检验的最早的法律。

1989年2月21日,第七届全国人民代表大会常务委员会第六次会议通过了《中华人民共和国进出口商品检验法》。

2002年4月28日,第九届全国人民代表大会常务委员会第二十七次会议通过了《关于修改〈中华人民共和国进出口商品检验法〉的决定》,对《中华人民共和国进出口商品检验法》进行了修正。

2005年8月10日,《中华人民共和国进出口商品检验法实施条例》经国务院第101次常务会议通过,自2005年12月1日起施行。

（四）中国进出境动植物检疫的产生与发展

中国最早的动植物检疫机构是 1903 年在中东铁路管理局建立的铁路兽医检疫处,对来自沙俄的各种肉类食品进行检疫。

1927 年,在天津成立了"农工部毛革肉类检查所",这是中国官方最早的动植物检疫机构。

1964 年 2 月,国务院决定将动植物检疫从外贸部划归农业部领导,并于 1965 年在全国 27 个口岸设立了中华人民共和国动植物检疫所。

1982 年 6 月 4 日,国务院发布了《中华人民共和国进出口动植物检疫条例》。

1991 年 10 月 30 日,第七届全国人民代表大会常务委员会第二十二次会议通过了《中华人民共和国进出境动植物检疫法》。

1996 年 12 月,国务院批准发布《中华人民共和国动植物检疫法实施条例》,该条例 1997 年 1 月 1 日正式施行。

（五）中国国境卫生检疫的产生与发展

1873 年,由于印度、泰国、马来半岛等地霍乱流行并向海外广泛传播,帝国主义为了维护其在华利益,在其控制下的上海、厦门海关设立卫生检疫机构,订立相应的检疫章程,这是中国出入境卫生检疫的雏形。

1957 年,第一届全国人民代表大会常务委员会第八十八次会议通过了《中华人民共和国国境卫生检疫条例》,这是中华人民共和国成立以来颁布的第一部卫生检疫法规。

1986 年 12 月 2 日,第六届全国人民代表大会常务委员会第十八次会议通过了《中华人民共和国国境卫生检疫法》。

2007 年 12 月 29 日,第十届全国人民代表大会常务委员会第三十一次会议通过了《关于修改〈中华人民共和国国境卫生检疫法〉的决定》,对《中华人民共和国国境卫生检疫法》进行了修正。

2010 年 4 月 19 日国务院第 108 次常务会议通过《国务院关于修改〈中华人民共和国国境卫生检疫法实施细则〉的决定》,对《中华人民共和国国境卫生检疫法实施细则》进行了第一次修订。2016 年 2 月 6 日《国务院关于修改部分行政法规的决定》为第二次修订。现今采用的《中华人民共和国国境卫生检疫法实施细则》为 2019 年 3 月 2 日《国务院关于修改部分行政法规的决定》第三次修订版。

三、中国出入境检验检疫工作的法律地位及作用

（一）中国出入境检验检疫工作的法律地位

中国出入境检验检疫工作的法律地位主要表现在以下几个方面。

1. 完整的法律体系奠定了依法施检的执法基础

由于出入境检验检疫工作在我国涉外经济贸易中的重要地位,全国人大常委会先后制定了《中华人民共和国进出口商品检验法》《中华人民共和国进出境动植物检疫法》《中华人民共和国国境卫生检疫法》以及《中华人民共和国食品安全法》四部法律,就出入境检验检疫工作的目的、任务、责任范围、执法机关和管辖权限,检验检疫的执行程序,执法监

督和法律责任等重要内容分别做出了明确规定,以法律形式从根本上确定了中国出入境检验检疫的法律地位。继上述法律公布后,各种与之配套的法规程序、检测标准、处理规范及检验检疫机构内部管理的各项责任制度等也陆续出台并日趋完备,出入境检验检疫法规已形成相对完整的法律体系,奠定了依法施检的执法基础。与此同时,中国迄今为止已加入联合国食品法典委员会和亚太地区植保委员会等多个国际组织,并与世界上20多个国家签订了双边检验检疫协定,从而使中国出入境检验检疫法律体系更加适应有关国际条约的要求,为使中国检验检疫工作与国际法规标准趋于一致创造了条件。这些对于保证我国出入境检验检疫工作的正常开展和有序进行,都具有极其重要的意义。

在出入境检验检疫工作中目前执行的基本法律法规有:《中华人民共和国进出口商品检验法》《中华人民共和国进出口商品检验法实施条例》,《中华人民共和国进出境动植物检疫法》《中华人民共和国进出境动植物检疫法实施条例》,《中华人民共和国国境卫生检疫法》《中华人民共和国国境卫生检疫法实施细则》,《中华人民共和国食品安全法》,等等。

2. 法定的执法机构拥有行政执法主体地位

在全国人大常委会出台上述检验检疫法律法规的基础上,国务院成立并授权进出口商品检验部门、进出境动植物检疫部门和出入境卫生检疫部门,作为主管各项工作和执行有关法律的主管机关,确立了它们在法律上的行政执法主体地位。1998 年,我国实行出入境检验检疫体制改革后,商检、动植物检和卫检机构体制合一,国家进出口商品检验局、农业部动植物检疫局和卫生部卫生检疫局合并成立国家出入境检验检疫局,继承了原有商检、动植物检和卫检机构的执法授权,成为四部法律共同的授权执法部门。2001 年 4 月,原国家出入境检验检疫局和国家质量技术监督局合并,组建成立国家质量监督检验检疫总局,但原国家出入境检验检疫局设在各地的出入境检验检疫机构、管理体制及业务不变。

3. 完备的监管程序确保法律有效实施

我国的出入境检验检疫法律法规的实施通过借鉴历史传统和国际经验,已经具备了强制性的闭环性监管措施,检验检疫部门的强制性报检签证程序、强制性安全卫生检测技术标准、强制性抽样检查程序也有效地发挥了监督作用,已形成了一个配套体系完整、监管要素齐备的执法监督体系,保证了法律的有效实施。

(二)中国出入境检验检疫的作用

随着中国改革开放和对外贸易的不断发展,出入境检验检疫在保证我国国民经济的顺利发展,维护国家和人民权益,维护对外贸易各方当事人合法权益和正常的国际经济贸易秩序,促进对外贸易的发展等方面都起到了积极的作用。主要体现在以下几个方面:

1. 出入境检验检疫是国家主权的体现

出入境检验检疫机构作为我国出入境检验检疫有关法律规定的法定执法机构,有权依法代表国家采取强制措施行使检验检疫职能,实施法定检验检疫,包括对出入境货物、运输工具、人员等法定检验检疫对象进行检验检疫、鉴定认证及监督管理;对涉及安全卫生及检疫产品的国外生产企业的安全卫生和检疫条件进行注册登记;对不符合安全卫生条件的商品、物品、包装和运输工具,有权禁止进口,或视情况在进行有关处理并重验合格后方准进口;对应经检验检疫机构实施注册登记的向中国输出有关产品的外国生产加工企业依法实行监管;等等。以上职能都是国家主权的具体表现。

2. 出入境检验检疫是国家管理职能的体现

作为法定执法机构,出入境检验检疫部门和机构有权依法实施进出口商品检验,对出入境货物、运输工具及人员实施检验检疫;对涉及安全、卫生及环保要求的出口产品生产加工企业及包装企业实施生产许可及注册登记等管理;对经检验检疫不合格的产品、包装容器、运输工具和集装箱等实施强制性管理;对涉及人类健康与安全、动植物生命与健康、环境保护与公共安全入境产品实行强制性认证制度;对成套设备和废旧物品进行装船前检验;等等。这些具有相当强制性的管制措施都是国家监督管理职能的具体表现。

3. 保证中国对外贸易顺利进行

在出入境检验检疫工作中,我国检验检疫机构对进出口商品的官方检验检疫和监督认证既是我国保护人民身体健康,保障工农业生产、基本建设、交通运输和消费者安全的可靠保障,同时也是合理利用国际通行的非关税技术壁垒手段,维护国家对外贸易的合法权益,保证我国对外贸易顺利进行的需要。中国检验检疫机构加强对进口产品的检验检疫和有关国外生产企业的注册登记与监督管理,是采用符合国外通行的技术贸易壁垒的做法,以合理的技术规范和措施保护国内产业和国家经济的顺利发展,保护消费者的安全健康与合法权益。中国检验检疫机构对出口产品或我国生产加工企业的官方检验检疫与监管认证,是突破国外的贸易技术壁垒,取得国外市场准入资格,并使我国产品能在国外顺利通关入境的保证。加强对重要出口商品质量的强制性检验,是为了提高中国产品质量及其在国际市场上的竞争能力,以利扩大出口。同时,中国检验检疫机构在对进出口商品实施检验后出具的各种检验鉴定证明,也是对外贸易各方当事人履行贸易合同和处理索赔争议的权威证件。

4. 预防国际重大疫情灾害,保护农林牧渔业生产安全

在出入境检验检疫工作中,检验检疫机构对动植物及其产品和其他检疫物品,装载动植物及其产品和其他检疫物品的容器、包装物和来自动植物疫区的运输工具(含集装箱)实施强制性检疫,可以有效地防止动物传染病、寄生虫和植物危险性病、虫、杂草及其他有害生物等检疫对象和其他危险性疫情传入传出,预防国际重大疫情灾害的传播,保护国家农林牧渔业生产安全。

5. 防止传染病传播,保护人民身体健康

我国是世界对外开放口岸最多的国家之一。近年来,随着我国与世界各国对外经贸关系、国际旅游和交通运输的不断发展,各种检疫传染病和监测传染病在一些国家和地区的发生和流行也给我国人民的身体健康造成了严重威胁,特别是鼠疫、霍乱等一些烈性传染病随时都有随出入境货物及人员等传入的危险。因此,对出入境人员、交通工具及其他传播媒介等实施强制性检验,对防止检疫传染病的传入或传出,保护人民身体健康具有非常重要的作用。

四、出入境检验检疫工作的主要内容

出入境检验检疫机构依照国家相关法律、行政法规和规定对必须实施检验检疫的出

入境货物、人员、交通运输工具及其他法定检验检疫物(统称法定检验检疫对象)依照规定的程序实施检验、检疫、鉴定等检验检疫业务,称为法定检验检疫,又称强制性检验检疫。

法定检验检疫的范围包括列入《出入境检验检疫机构实施检验检疫的进出境商品目录》的进出口商品;出口食品的卫生检验;出口危险货物包装容器的性能鉴定和使用鉴定;对装运出口易腐烂变质食品、冷冻品的船舱、集装箱等运载工具的适载检验;有关国际条约规定须由检验检疫机构实施检验的进出口商品;其他法律、行政法规规定须经检验检疫机构检验检疫的进出口商品。

(一) 进出口商品检验

进出口商品检验,是指对列入《出入境检验检疫机构实施检验检疫的进出境商品目录》及其他法律法规规定须经检验检疫机构检验的进出口商品是否符合国家技术规范的强制性要求的合格评定活动。检验检疫机构根据需要,对检验合格的进出口商品可以加施检验检疫标志或封识。

(1) 根据国家有关法律法规规定,凡列入《出入境检验检疫机构实施检验检疫的进出境商品目录》的进出口商品和其他法律法规规定须经检验的进出口商品,必须由出入境检验检疫部门或其指定的检验机构依法实施检验,通过合格评定程序对其是否符合国家技术规范的强制性要求进行判定。

(2) 对有关法律法规规定必须经检验检疫机构进行检验的商品,如旧机电产品、援外物资等,无论其是否在《出入境检验检疫机构实施检验检疫的进出境商品目录》所列商品范围之内,均应按规定向检验检疫机构申报,由出入境检验检疫机构或国家质量监督检验检疫总局认可的检验机构实施装运前的检验,检验合格后方可装运。

(3) 对规定必须经检验检疫机构进行检验的出入境商品,检验检疫机构根据有关规定可以实施抽查检验,其检验检疫结果可定期对外公布或向有关部门通报。

(二) 出入境动植物及动植物产品检疫

国家出入境检验检疫机构依法对出入境动植物及动植物产品实施检疫。对于国家列明的禁止进境物品作退回或销毁处理。

(1) 对进出境、过境动植物及动植物产品及其他检疫物实施检疫监管,对装载上述检疫物品的装载容器、包装物、铺垫材料实施检疫监管;对其生产加工、存放过程实施检疫监管。

(2) 对进境动物、动物产品、植物种子、种苗及其他繁殖材料,新鲜水果、烟草类、粮谷类及饲料,豆类、薯类和植物栽培介质等实行进境检疫许可制度,输入单位在签订合同之前,应先办理检疫审批手续。

(3) 对携带、邮寄动植物、动植物产品和其他检疫物进境的实行检疫监管。

(4) 对来自动植物疫区的运输工具,口岸检验检疫机构实施现场检疫和有关消毒处理。

(5) 对进境拆解的废旧船舶实行检疫监管。

(6) 对有关法律法规、国际惯例或贸易合同规定应实施检疫的其他物品进行检疫监管。

（三）国境卫生检疫

出入境检验检疫部门对出入境人员、交通工具、集装箱、行李、货物、邮包等实施医学检查和卫生检查，对未染有检疫传染病或者已实施卫生处理的交通工具，签发出入境检疫证书。

（1）对出入境人员实施传染病监测，出入境人员须按照要求填写健康申明卡，出示预防接种证书、健康证书或其他有关证件。检验检疫机构对患有鼠疫、霍乱、黄热病的出入境人员，有权实施隔离留验；对患有艾滋病、性病、麻风病、精神病、开放性肺结核的入境人员应阻止其入境；对发现的患有检疫传染病、监测传染病、疑似检疫传染病的入境人员实施隔离、留验和就医诊验等医学措施。

（2）对国境口岸和停留在国境口岸的出入境交通工具的卫生状况实施卫生监督，包括对啮齿动物及病媒昆虫防除的指导；对食品、饮用水及其储存、供应运输设施的检查检验；对饮用水供应从业人员健康状况的检查监督；对垃圾、废物、污水、粪便、压舱水处理的检查监督；对卫生状况不良和可能引起传染病传播的因素采取必要措施；等等。

（3）对来自疫区、被传染病污染、发现传染病媒介的出入境交通工具、集装箱、行李、货物邮包等物品进行消毒、除鼠、除虫等卫生处理。

（四）进口商品认证管理

国家对涉及人类和动植物生命健康，以及环境保护和公共安全的产品实行强制性认证制度。凡是列入《中华人民共和国实施强制性产品认证的产品目录》内的商品，必须经过指定的认证机构认证合格，取得指定认证机构颁发的认证证书并加施认证标志后，方可进口。

（五）出口商品质量许可及卫生注册管理

根据有关法律法规规定，我国对重要出口商品采取质量许可制度，对出口食品及其生产企业（包括加工厂、屠宰场、冷库等）实行卫生注册登记制度，出口食品及其生产企业只有取得卫生注册登记证书后方可生产、加工、储存出口食品。检验检疫机构对实施质量许可制度的出口商品实行验证管理，通过检验检疫部门及有关部门发放出口商品质量许可证书的方式实现。出口产品的生产企业或其代理人可向当地检验检疫机构申请出口质量许可证书，只有获得质量许可证书的商品方能获准出口。目前，我国实行出口商品质量许可制度的商品包括机械、电子、轻工、机电、玩具、医疗器械、煤炭类，等等。

（六）出口危险货物运输包装鉴定

根据有关法律规定，我国出入境检验检疫机构对危险货物包装实行强制检验。为出口危险货物生产包装容器的企业，必须申请商检机构进行包装容器的性能鉴定。生产出口危险货物的企业，必须申请商检机构进行包装容器的使用鉴定。使用未经鉴定合格的包装容器的危险货物，不准出口。

（七）外商投资财产价值鉴定

为有效防止低价高报或高价低报的现象，保护外商投资企业各投资方的合法权益，检验检疫机构对境外（还包括我国港、澳、台地区）投资者用以作价投资的实物,以及外商投资企业委托国外投资者用投资资金从境外购买的财产进行价值鉴定。检验检疫机构受当事人委托进行价值鉴定后出具"价值鉴定证书",供企业到所在地会计师事务所办理验资手续。外商投资财产价值鉴定的内容包括外商投资财产的品种、质量、数量、价值和损失鉴定等。

(八) 货物装载和残损鉴定

检验检疫机构对装运出口易腐烂变质的食品、冷冻品的船舶和集装箱等运输工具实施强制检验,承运人、装箱单位或其代理人必须在装运前向口岸检验检疫机构申请适载检验,检验机构检验合格后方可装运;对外贸易关系人及仲裁、司法等机构,对海运进口商品可向检验检疫机构申请办理残损鉴定、监视卸载、海损鉴定、验残等残损鉴定工作。

(九) 涉外检验、鉴定、认证机构审核和监督

国家质量监督检验检疫总局对从事进出口商品检验、鉴定、认证业务的公司的经营活动实行统一监督管理,对于拟设立的中外合资、合作进出口商品检验、鉴定、认证的公司,由国家质量监督检验检疫总局对其资格信誉、技术力量、装备设施及业务范围进行审查,对境内外检验鉴定认证公司设在各地的办事处实行备案管理,对审查合格的机构出具"外商投资检验公司资格证书",审查合格后方可开展经营活动。

(十) 与外国和国际组织开展合作

出入境检验检疫机构组织开展质量监督检验检疫的国际合作与交流,代表国家参加有关国际组织,签署并执行有关国际合作协定、协议和议定书;按规定承担《世界贸易组织技术性贸易壁垒协定》(WTO/TBT)和《世界贸易组织实施卫生与植物卫生措施协定》(WTO/SPS)的实施、国家通报、咨询和国内协调工作;负责对外签订政府部门间的检验检疫合作协议、认证认可合作协议、检验检疫协议执行决定书等,并组织具体实施。

五、出入境检验检疫机构

国家质量监督检验检疫总局是国务院主管全国质量、计量、出入境商品检验、出入境卫生检疫、出入境动植物检疫和认证认可、标准化等工作,并行使行政执法职能的直属机构。按照国务院授权,认证认可和标准化行政管理职能,分别由国家质量监督检验检疫总局管理的中国国家认证认可监督管理委员会(中华人民共和国国家认证认可监督管理局)和中国国家标准化管理委员会(中华人民共和国国家标准化管理局)承担。鉴于出入境检验检疫工作的涉外性质及技术性强的特点,我国检验检疫部门实行垂直领导体制,实行集中统一领导,从而在保证执法的集中统一与一致对外的同时,加强检测设备和技术队伍的建设,以利于通过强化技术检测力量有效实施法律规定。

根据国务院批准的《国家质量监督检验检疫总局主要职责内设机构和人员编制规定》(简称"三定"规定),国家质量监督检验检疫总局设17个内设机构(正司局级),包括办公厅、法规司、质量管理司、计量司、通关业务司、卫生检疫监管司、动植物检疫监管司、检验监管司、进出口食品安全局、特种设备安全监察局、食品生产监管司、执法督察司(国家质

量监督检验检疫总局打假办公室)、国际合作司(WTO 办公室)、科技司、人事司、计划财务司、督察内审司。

任务二 《出入境检验检疫机构实施检验 检疫的进出境商品目录》

2021 年 6 月 10 日起实施的国家质检总局和海关总署联合发布的《出入境检验检疫机构实施检验检疫的进出境商品目录(2021)》(简称《法检目录》)调整的公告,主要涉及三个方面:① 对涉及机电产品、金属材料、化工品、仿真饰品等 234 个 10 位海关商品编号取消监管条件"A",海关对相关商品不再实施进口商品检验。② 对涉及进口再生原料的 8 个 10 位海关商品编号增设监管条件"A",海关对相关商品实施进口商品检验。③ 对涉及出口钢坯、生铁的 24 个 10 位海关商品编号增设海关监管条件"B",海关对相关商品实施出口商品检验。

进出口企业可通过下列三种方式获知商品是否需要检验检疫:① 结合最新版本的版《出入境检验检疫机构实施检验检疫的进出境商品目录》,目录内的均须实施检验检疫。② 查询《中华人民共和国海关进出口税则》,看商品 H.S.编码对应的监管条件是否带"A/B","A"代表进口须进行检验检疫,"B"代表出口须进行检验检疫;查询检验检疫类别是否带"R/S"或"L/","R"代表进口须进行食品卫生监督检验,"S"代表出口须进行食品卫生监督检验,"L"代表须实施进境 CCC 认证验证。③ 向检验检疫部门咨询。

《进出口商品检验法》规定:"进出口商品检验检疫应当根据保护人类健康和安全、保护动物或者植物的生命和健康、保护环境、防止欺诈行为、维护国家安全的原则,由国家质检总局制定、调整必须实施检验的进出口商品目录并公布实施。""列入目录的进出口商品,由商检机构实施检验。"《法检目录》是出入境检验检疫机构的执法基础。列入《法检目录》的进出境货物、物品,海关凭检验检疫机构签发的通关单放行。

一、《法检目录》的产生

1999 年,国家出入境检验检疫局、海关总署联合下发"关于印发'进出口商品检验种类表''进出境动植物检疫商品与 H.S.目录对照表'的通知",对实施进出境检验检疫的货物以目录形式进行了明确,其中共涉及编码商品 5 249 个。

列入《法检目录》的进出境商品,出入境时必须向检验检疫机构报检,由检验检疫机构实施检验检疫和监管,海关凭出入境检验检疫机构签发的"入境货物通关单"或"出境货物通关单"办理验放手续。

2016 年《法检目录》中的商品共涉及《商品名称及编码协调制度》20 类,编码 5 201 个。其中实施进境检验检疫和监管的 H.S.编码 4 605 个,实施出境检验检疫和监管的 H.S.编码 4 491 个,海关与检验检疫联合监管的 H.S.编码 3 个。

二、《法检目录》的基本结构

《法检目录》由"商品编码""商品名称及备注""计量单位""海关监管条件"和"检验检疫类别"五项组成。其中,"商品编码"在原8位H.S.编码的基础上以末位补零的方式补足10位码,所有H.S.编码第9位前的小数点一律取消。海关监管条件为"A",表示必须实施进境检验检疫;海关监管条件为"B",表示须实施出境检验检疫;海关监管条件为"D",表示须实施海关与检验检疫联合监管。检验检疫类别字母"L"表示民用商品入境验证(对检验检疫类别设置为"L"的H.S.编码,具体认证适用范围按照海关总署、国家认证认可监督管理委员会的有关公告执行);检验检疫类别字母"M"表示进口商品检验;"N"表示出口商品检验;"P"表示进境动植物、动植物产品检疫;"Q"表示出境动植物、动植物产品检疫;"R"表示进口食品卫生监督检验;"S"表示出口食品卫生监督检验;"V"表示进境卫生检疫;"W"表示出境卫生检疫。

《法检目录》的基本结构及内容如表9-1所示。

表9-1 《法检目录》的基本结构及内容

基本结构	内 容
商品编码	在原8位H.S.编码的基础上以末位补零的方式补足10位码,所有H.S.编码第9位前的小数点一律取消
商品名称及备注	结合《海关进出口税则》的"货物名称"与"子目注释",与《商品名称及编码协调制度》对应
计量单位	《H.S.编码》第一标准计量单位
海关监管条件	A:实施进境检验检疫
	B:实施出境检验检疫
	D:海关与检验检疫联合监管
检验检疫类别	L:民用商品入境验证
	M:进口商品检验
	N:出口商品检验
	P:进境动植物、动植物产品检疫
	Q:出境动植物、动植物产品检疫
	R:进口食品卫生监督检验
	S:出口食品卫生监督检验
	V:进境卫生检疫
	W:出境卫生检疫
	国家禁止进境商品,"商品综合分类表"删除检验检疫进境监管条件,但本目录保留检验检疫进境监管条件
	国家禁止出境商品,"商品综合分类表"删除检验检疫出境监管条件,但本目录保留检验检疫出境监管条件

任务三　检验检疫通关放行与绿色通道

绿色通道制度是海关总署为加快口岸通关速度、方便出口货物通关放行而实施的一项重要举措。具有良好信誉、诚信度高、产品质量保障体系健全、质量稳定、出口规模较大、经营出口的企业，经审核批准获得实施检验检疫绿色通道资格后，其出口货物在产地检验检疫合格，口岸检验检疫机构将免于查验，换单就可放行。该制度能有效缩短货物在口岸滞留的时间，加快通关速度，降低企业成本。

一、检验检疫通关放行的规定

检验检疫通关放行，是指检验检疫机构依据法律法规、国际公约等规定，对符合要求的法定检验检疫进出境货物、运输工具、集装箱、人员等出具证明文件，准予出入境并由海关等口岸执法部门监督验放的行政执法行为。

法定检验检疫的进出口货物检验合格后，检验检疫机构签发"入境货物通关单"或"出境货物通关单"，交由货主办理通关手续，并按有关规定实施通关单联网核查。检验不合格，签发"出境货物不合格通知单"或"检验检疫处理通知书"。

二、检验检疫直通放行制度

直通放行是指检验检疫机构对符合规定条件的进出口货物实施便捷高效的检验检疫放行方式，包括进口直通放行和出口直通放行。进口直通放行，是指对符合条件的进口货物，口岸检验检疫机构不实施检验检疫，货物直运至目的地，由目的地检验检疫机构实施检验检疫的放行方式。出口直通放行，是指对符合条件的出口货物，经产地检验检疫机构检验检疫合格后，企业可凭产地检验检疫机构签发的通关单在报关地海关直接办理通关手续的放行方式。符合直通放行条件的，企业报检时可自愿选择直通放行方式或原放行方式。

（一）实施直通放行的企业需满足的条件

实施直通放行的企业需满足如下条件：① 严格遵守国家出入境检验检疫法律法规，2年内无行政处罚记录；② 检验检疫诚信管理（分类管理）中的 A 类企业（一类企业）；③ 企业年进出口额在 150 万美元以上；④ 企业已实施 HACCP（危害分析与关键控制点）或 ISO（国际标准化组织）9000 质量管理体系，并获得相关机构颁发的质量体系评审合格证书；⑤ 出口企业应具备对产品质量安全进行有效控制的能力，产品质量稳定，检验检疫机构实施检验检疫的年批次检验检疫合格率不低于 99%，1 年内未发生由产品质量问题引起的退货、理赔或其他事故。

（二）出口直通放行

申请实施出口直通放行的货物应在《实施出口直通放行货物目录》内,但有下列情况之一的,不实施出口直通放行:① 散装货物;② 出口援外物资和市场采购货物;③ 在口岸须更换包装、分批出运或重新拼装的;④ 双边协定、进口国(地区)要求等须在口岸出具检验检疫证书的;⑤ 海关总署规定的其他不适宜实施直通放行的情况。

货物选择直通放行方式的,企业在产地检验检疫机构办理报检手续时,应直接向产地申请出具"出境货物通关单",并在报检单上注明"直通放行"字样。

知识链接

实施出口直通放行部分货物目录

商品编码	商品名称及备注	计量单位	海关监管条件	检验检疫类别
0407001010	种用濒危野禽蛋	个/千克	A/B	P/Q
0407001090	种用禽蛋	个/千克	A/B	P/Q
0502101000	猪鬃	千克	A/B	P/N.Q
0502102000	猪毛	千克	A/B	P/Q
0502103000	猪鬃或猪毛的废料	千克	A/B	P/Q
0502901100	山羊毛	千克	A/B	P/N.Q
0502901200	黄鼠狼尾毛	千克	A/B	P/N.Q
0502901910	濒危獾毛及其他制刷用濒危兽毛	千克	A/B	P/N.Q
0502901990	其他獾毛及其他制刷用兽毛	千克	A/B	P/N.Q
0502902010	濒危獾毛及其他制刷濒危兽毛废料	千克	A/B	P/Q
0502902090	其他獾毛及其他制刷用兽毛废料	千克	A/B	P/Q
0505100010	填充用濒危野生禽类羽毛;羽绒(仅经洗涤、消毒等处理,未进一步加工)	千克	A/B	P/N.Q
0505100090	其他填充用羽毛;羽绒(仅经洗涤、消毒等处理,未进一步加工)	千克	A/B	P/N.Q
0505901000	羽毛或不完整羽毛的粉末及废料	千克	A/B	P/Q
0505909010	其他濒危野生禽类羽毛;羽绒(包括带有羽毛或羽绒的鸟皮及鸟体的其他部分)	千克	A/B	P/Q

（三）进口直通放行

申请进口直通放行的货物应符合以下所有条件：① 未列入《不实施进口直通放行货物目录》；② 来自非疫区（含动植物疫区和传染病疫区）；③ 用原集装箱（含罐、货柜车，下同）直接运输至目的地；④ 不属于海关总署规定须在口岸进行查验或处理的货物。

（四）推出机制

各地检验检疫机构负责对直通放行企业的监督管理。有下列情况之一的，由所在地检验检疫机构签发"停止直通放行通知单"，报直属海关审核同意后，停止其进出口直通放行，并报海关总署备案：① 企业资质发生变化，不再具备直通放行有关规定条件的；② 出口直通放行的货物因质量问题发生退货、理赔，造成恶劣影响的；③ 直通放行后擅自损毁封识、调换货物、更换批次或更换包装的；④ 非直通放行货物经口岸查验有货证不符的；⑤ 企业有其他违法违规行为，受到违规处理或行政处罚的。

停止直通放行的企业 1 年内不得重新申请直通放行。

三、绿色通道制度

检验检疫绿色通道制度是指对于诚信度高、产品质量保障体系健全、质量稳定、具有较大出口规模的生产、经营企业（含高新技术企业、加工贸易企业），经海关总署审查核准，对其符合条件的出口货物实行产地检验检疫合格，口岸免于查验的放行管理模式。

（一）实施绿色通道制度的申请

申请实施绿色通道制度的企业应当具备以下条件：① 具有良好的信誉，诚信度高，年出口额在 100 万美元以上。为进一步提高通关效率，提升贸易便利化水平，支持企业特别是中西部地区企业和中小型企业扩大出口，国家质检总局于 2012 年 11 月 2 日下发《关于进一步做好绿色通道制度实施工作的通知》（质检通函〔2012〕689 号），将绿色通道制度申请企业条件年出口额由 500 万美元以上调整为 100 万美元以上。② 已实施 ISO 9000 质量管理体系，获得相关机构颁发的生产企业质量体系评审合格证书。③ 出口货物质量长期稳定，2 年内未发生过进口国质量索赔和争议。④ 1 年内无违规报检行为，2 年内未受过检验检疫机构行政处罚。⑤ 根据海关总署有关规定实施生产企业分类管理的，应当属于一类或二类企业。⑥ 法律法规及双边协议规定必须使用原产地标记的，应当获得原产地标记注册。⑦ 海关总署规定的其他条件。

（二）实施绿色通道制度出口货物的放行流程

1. 审核报检信息

实施绿色通道制度的自营出口企业，报检单位、发货人、生产企业必须一致；实施绿色通道制度的经营性企业，报检单位、发货人必须一致，其经营的出口货物必须由获准实施绿色通道制度生产的企业生产。

2. 发送通关数据

产地检验检疫机构对符合实施绿色通道制度条件的出口货物实行产地检验检疫,检验检疫合格的以电子转单方式向口岸检验检疫机构发送通关数据。

3. 签发通关单

对于实施绿色通道制度的企业,口岸检验检疫机构审查电子转单数据中的相关信息,审查无误的,无须核查货证,直接签发"出境货物通关单"。

4. 有关改证的规定

实施绿色通关制度的企业在口岸对有关申报内容进行更改的,口岸检验检疫机构不再按绿色通道制度的规定予以放行。

5. 确定调整实施绿色通道制度出口货物范围

海关总署根据出口货物检验检疫的实际情况确定、调整实施绿色通道制度出口货物范围。散装货物、品质波动大、易变质和须在口岸换发检验检疫证书的货物,不实施绿色通道制度。

项目十　报检单位备案/注册登记

学习目标

知识目标

1. 掌握我国报检单位备案/注册登记及监督管理有关规定。
2. 能按照我国出入境检验检疫法律法规办理报检单位备案/注册登记。
3. 能根据我国报检单位监督管理有关规定正确行使其权利、履行义务及责任。

技能目标

能按规定完成报检单位备案/注册登记。

情境导入

厦门市某货运代理公司根据业务需要拟开展代理报检业务,现指派该公司拟任报检员陈某(已取得报检员资格证)为公司办理代理报检单位注册登记。根据我国出入境检验检疫有关法律法规规定,陈某须完成以下任务:

(1)认识出入境检验检疫工作。

(2)办理注册登记。

(3)取得注册登记证书。

任务一　了解报检单位备案/注册登记相关知识

一、报检单位备案/注册登记及监督管理

在报检工作中,报检单位是发生报检行为的主体,报检业务由报检单位的报检员具体负责。根据《中华人民共和国进出口商品检验法》《中华人民共和国国境卫生检疫法》等有关法律法规规定,必须加强对报检单位备案/注册登记等监督管理,实现检验检疫机构对出入境货物及进出境检疫等环节的有效监督,加强检验检疫机构与报检单位的联系与合作,才能使出入境检验检疫工作更加规范化、制度化,确保出入境检验检疫工作顺利进行。

经典案例

杨某向漳州某食品公司订购一批蘑菇罐头,打算出口阿曼。因临近春节假期,杨某认为向漳州检验检疫局申报该批蘑菇罐头的健康证书时间会受到影响,进而要承担违约责任,遂利用电脑制图软件,通过扫描漳州检验检疫局健康证书原件、修改货物信息等方式,伪造包含印章的漳州检验检疫局健康证书,并模仿签发人笔迹进行签名,后将伪造的健康证书交食品公司送漳州市贸促会代办认证。

贸促会将健康证书寄往中国国际贸易促进委员会商事法律服务中心办理认证时,工作人员怀疑健康证书系伪造并退回。经漳州检验检疫局确认,杨某提交的健康证书及印章均系伪造。

当事人杨某伪造检验检疫证单印章的行为,违反了《中华人民共和国进出口商品检验法》第36条、《中华人民共和国进出口商品检验法实施条例》第47规定,因涉嫌构成犯罪,漳州检验检疫局将案件移送公安机关调查处理。

公安机关经过调查取证,由检察机关正式提起公诉。法院判决当事人杨某的行为已构成伪造国家机关公文、印章罪,依照《中华人民共和国刑法》第280条规定,依法追究其刑事责任。

据介绍,在日益严峻的出口形式下,出口商为争取订单,在没有充分了解检验检疫政策的情况下,出于贪图方便、减少损失等原因,存在侥幸心理,企图使用假证蒙混过关。假检验检疫证单的存在,扰乱了正常的进出口检验检疫秩序,对中国外贸信誉造成负面影响。

漳州检验检疫局提醒,出口商要牢固树立良好的法律观念,按照规定自觉申报,遇到紧急事件、难题时,要及时向检验检疫机构提出,避免通过违法违规的方式"解难题"。

相关法律规定

《中华人民共和国刑法》

第二百八十条(第一款) 伪造、变造、买卖或者盗窃、抢夺、毁灭国家机关的公文、证件、印章的,处三年以下有期徒刑、拘役、管制或者剥夺政治权利;情节严重的,处三年以上十年以下有期徒刑。

《中华人民共和国进出口商品检验法》

第三十六条 伪造、变造、买卖或者盗窃商检单证、印章、标志、封识、质量认证标志的,依法追究刑事责任;尚不够刑事处罚的,由商检机构责令改正,没收违法所得,并处货值金额等值以下的罚款。

《中华人民共和国进出口商品检验法实施条例》

第四十七条 伪造、变造、买卖或者盗窃检验证单、印章、标志、封识、货物通关单或者使用伪造、变造的检验证单、印章、标志、封识、货物通关单,构成犯罪的,依法追究刑事责任;尚不够刑事处罚的,由出入境检验检疫机构责令改正,没收违法所得,并处商品货值金额等值以下罚款。

（一）报检单位备案登记

报检单位按其备案的性质及范围可以分为自理报检单位和代理报检单位两种类型。自理报检单位是指按照我国法律法规有关规定办理或委托代理报检单位办理出入境检验检疫报检/申报业务的出入境货物或其他报检物的收发货人、从事进出口货物的生产、加工、储存经营等业务的单位。代理报检单位是指获得检验检疫机构注册登记后，接受进出境收发货人或其他贸易关系人（又称委托人）委托，为委托人办理出入境检验检疫报检/申报业务的境内企业。

与自理报检单位及代理报检单位对应，报检行为也可以分成自理报检行为和代理报检行为。自理报检单位自行办理本企业生产、加工、储存或经营的进出口货物的报检业务，属于自理报检行为，简称自理报检。代理报检单位接受委托人委托，为委托人办理出入境检验检疫业务的报检行为，属于代理报检行为，简称代理报检。

1. 自理报检单位备案登记

为加强对自理报检单位的监督管理，检验检疫机构对自理报检单位实行备案管理制度。全国自理报检单位由国家质量监督检验检疫总局负责统一管理，各直属检验检疫局负责所辖地区自理报检单位备案登记等工作的组织实施，各地检验检疫机构负责辖区内自理报检单位的备案登记、信息更改、日常监督管理等具体管理工作。凡属自理报检单位范围内的企业应遵守属地管理原则，在首次办理报检业务时向其工商注册所在地检验检疫机构申请办理备案登记手续。申请单位须登录"中国检验检疫电子业务网"（http://www.eciq.cn）进行网上报检企业备案登记申请，并打印"出入境检验检疫报检企业备案表"。

知识链接

自理报检单位的范围

自理报检单位首次报检时通过备案登记（遵循属地管理原则）取得报检单位代码，可以异地报检。而代理报检单位通过注册登记取得报检代码，不可以异地报检。报检单位是报检主体，报检员是其代理执行人。报检员必须服务于一个报检单位，不是自由人。报检人是报检单位和报检员的统称。报检单位对报检员的报检行为负法律责任。

自理报检单位的范围：

（1）有进出口经营权的国内企业；

（2）进口货物的收货人或其代理人；

（3）出口货物的生产企业；

（4）出口食品包装容器和包装材料、出口货物运输包装生产企业；

（5）中外合资、合作、外商独资企业；

（6）国（境）外企业、商社常驻中国代表机构；

（7）出境动物隔离饲养和植物繁殖生产单位；

（8）进出境动植物产品的生产、加工、存储和运输单位；

(9) 对出境动植物及产品进行熏蒸、消毒服务的单位;

(10) 从事装箱储存场地和中转场(库)清洗、卫生除害、报检的单位;

(11) 有进出境交换业务的科研单位;

(12) 其他涉及出入境检验检疫业务并需要办理备案的单位。

2. 代理报检单位注册登记

为规范代理报检行为,维护各方利益,国家质量监督检验检疫总局对从事出入境检验检疫代理报检工作的单位实行注册登记制度。各地检验检疫机构不受理未经注册登记的代理报检单位的代理报检业务。国家质量监督检验检疫总局负责全国代理报检管理工作,国家质量监督检验检疫总局设在各地的直属出入境检验检疫局负责所辖区域代理报检企业注册登记的决定工作。直属检验检疫局及其分支机构按照权责分工,负责所辖区域代理报检企业注册登记申请的受理、审查及监督管理工作。代理报检企业应当经检验检疫机构注册登记,方可在其注册登记的直属检验检疫局辖区内从事代理报检业务。未经取得代理报检企业注册登记的,不得从事代理报检业务。注册登记时,申请单位须登录"中国检验检疫电子业务网"(http://www.eciq.cn),进行网上报检企业注册登记申请,并打印出"代理报检企业注册登记申请书"。

(二) 报检单位监督管理

1. 自理报检单位监督管理

1) 自理报检单位信息变更

为确保备案登记信息的准确性,自理报检单位在单位名称、注册地址、企业性质等备案登记信息有变动时,应及时向检验检疫机构提出更改申请,网上申请、打印并提交"自理报检单位备案信息更改申请表"(见表10-1)。检验检疫机构根据自理报检单位提出的更改申请及时办理信息变更手续。自理报检单位名称、注册地址、法定代表人发生变化时须重新颁发"自理报检单位备案登记证明书"。各地检验检疫机构可以根据实际情况对自理报检单位的备案信息定期进行核实。

表 10-1　自理报检单位备案信息更改申请表

自理报检单位备案信息更改申请表				
			申请编号:	
			申请日期:	
企业备案登记号码:				
报检单位名称:				
信息更改情况				
序号	更改项目名称	原信息内容	更改后信息内容	随附资料

更改原因：			
申请更改报检单位声明： 　　**以上更改信息真实无讹。** 报检单位法定代表人(签名和日期)：　　　　　　　　　　单位盖章：			
以下内容由检验检疫机构填写			
检验检疫机构意见： 经办人：　　　年　　月　　日　　　　　　　业务主管部门盖章：			

有关说明：

① 自理报检单位提供的材料失实，或不按规定办理更改手续，造成无法落实检验检疫等严重后果的，按相关法律法规规定处理。

② 办理备案登记信息变更时，自理报检单位须持原登记备案证明书原件、报检单位备案登记/备案信息更改申请表、企业法人营业执照、组织机构代码证复印件、对外贸易经营者备案登记表到当地检验检疫机构进行核查。食品加工企业除上述材料外还需提供卫生登记证书复印件，特殊行业企业需提供特殊行业许可证。

2) 自理报检单位备案登记终止

自理报检单位备案登记期满后，必须重新进行备案登记。自理报检单位应网上申请并打印出"出入境检验检疫企业备案信息注销表"，持原登记备案证明书原件、报检单位终止登记备案申请表，向原备案登记机构办理注销手续，经核准后予以注销。

3) 自理报检单位备案登记年审

我国出入境检验检疫机构对自理报检单位实行年审制度。申请年审的自理报检单位须通过"中国检验检疫电子业务网(http://www.eciq.cn)申请并打印出"自理报检单位备案年审申请表",持"自理报检单位备案年审申请表"及原"自理报检单位备案登记证明书"到检验检疫机构进行现场审核。检验检疫机构核准后向其颁发"自理报检单位备案登记证明书",该证明书五年内有效,到期后由自理报检单位申请换发新证。

2.代理报检单位监督管理

1)代理报检单位信息变更

代理报检单位注册登记后,在单位名称、注册地址、企业性质等信息发生变更时,应当在变更之日起15日内办理信息更改手续,网上申请、打印并向所在地检验检疫机构提交"代理报检企业注册登记更改申请表"(见表10-2)及相关证明材料,由所在地直属检验检疫局受理并审核后办理信息更改手续。更改信息涉及注册登记证书内容的,所在地直属检验检疫局收回原注册登记证书并颁发新证。代理报检单位更改信息后的资质条件不能满足注册登记必备条件,经补充后仍无法满足要求者,由直属检验检疫局报经国家质量监督检验检疫总局批准后,取消其代理报检资格。代理报检单位随意更改注册信息,产生的法律责任和后果由代理报检单位承担。

表10-2　代理报检企业注册登记更改申请表

代理报检企业注册登记更改申请表

申请编号:

申请日期:

企业注册登记号码:

报检企业名称:

信息更改情况

序号	更改项目名称	原信息内容	更改后信息内容	随附资料

更改原因:

申请更改报检企业声明:

　　以上更改信息真实无讹。

报检企业法定代表人(签名和日期):　　　　　　企业盖章:

续　表

以下内容由检验检疫机构填写
检验检疫机构意见：
经办人：　　　　年　月　日　　　　　　　业务主管部门盖章：

有关说明：

① 代理报检单位登记信息发生变更的内容可能涉及单位名称、注册地址、经营范围、法定代表人、联系方式、开户银行、银行账号、报检员资格证人员等信息。

② 代理报检单位办理信息更改手续时须向所在地检验检疫机构现场提交报检单位注册登记/备案信息更改申请表及代理报检单位注册登记证书复印件等资料；如更换证书，须交回原件；涉及公司名称、法定代表人、注册地址等内容的更改，需提交已办理更改的工商营业执照及组织机构代码证复印件；如增加报检员资格证人员，要提供增加人员的报检员资格证、身份证和劳动合同或劳动手册复印件（交验正本）；如删除报检员资格证人员，要提供加盖单位公章的退工证明复印件。

2）代理报检单位年度审核制度

检验检疫机构对代理报检单位实行年度审核制度，检验检疫机构每两年对代理报检单位实行一次例行审核。注册登记满一年的代理报检单位应当以先电子申请，后提交书面材料的方式，在审核年度的 3 月 31 日之前向所在地检验检疫机构申请例行审核，提交代理报检单位年审报告书以及检验检疫机构要求提供的其他资料。直属检验检疫局对年审材料的真实性及实质性内容进行审查，对于审核合格的，检验检疫局签发"代理报检单位年审合格通知书"。对于因单位资质变动不再具备检验检疫代理报检单位要求，或因违反检验检疫法律法规情节严重被检验检疫机构行政处罚等审核不合格的，做出不合格决定并签发年审不合格通知书。

有关说明：

① 代理报检单位年审材料主要包括代理报检单位年审报告书、出入境检验检疫代理报检单位注册登记证书复印件（交验正本）、组织机构代码证复印件（交验正本）、工商营业执照复印件（交验正本）、单位所属报检员资格证人员清单（交验报检员资格证正本）以及检验检疫机构需要提交的其他材料。

② 代理报检单位年审内容主要包括代理报检单位资质变动、注册登记信息变更、代理报检业务及报检差错情况；检验检疫法规、代理报检规定遵守情况；报检员证注册、撤销、延期等日常管理情况；公司所属报检员违法违规情况；等等。

③ 代理报检单位年审形式包括现场核查、实地核查、座谈及发放调查表等。

④ 获得注册登记不满一年的代理报检单位，本年度可不参加年审。

⑤ 未参加年审也未经直属检验检疫局同意延迟参加年审的单位，暂停其代理报检资格。

3）代理报检单位信用等级分类管理

为加强对代理报检单位的管理，规范其代理报检行为，促进代理报检单位诚实守信、守法经营，国家质量监督检验检疫总局统一负责代理报检单位信用等级分类管理工作，并专门出台了《出入境检验检疫代理报检单位信用等级评定与分类管理规范》。各直属检验检疫局负责所辖地区代理报检单位信用等级分类管理工作的组织实施。代理报检企业存在违法行为并受到行政处罚的,检验检疫机构可以将其列入违法企业名单,并向社会公布。

代理报检单位信用等级评定是以代理报检单位在日常代理报检业务中遵守法律法规、履行代理报检职责等情况为依据进行评分。评定内容包括代理报检单位业务经营、管理情况;代理报检单位基本信息登记、变更情况;检验检疫费用的缴纳情况,年审和换证情况;代理报检单位对报检员管理情况;报检员的差错或违规记录等信息。代理报检单位信用等级评定分为 A、B、C、D 四个等级。A 级、B 级的代理报检单位,可给予不同程度的便利通关措施,采取较为宽松的管理措施;对 C 级、D 级的代理报检单位,采取加严监管、列入"黑名单"等强化管理措施,目的在于引导代理报检单位增强依法经营和诚实守信意识。

4) 代理报检单位换证

根据出入境检验检疫有关法律规定,代理报检单位注册登记证书有效期为四年,后须向原发证机构申请换证。申请更换新证的单位应在规定时间内填写"代理报检单位注册登记证书换证申请书",并提交代理报检单位注册登记证书及有关证明材料。

二、报检单位的权利及义务

(一) 自理报检单位的权利和义务

1. 自理报检单位的权利

(1) 依法报检、申报权。自理报检单位有权根据检验检疫法律法规规定,依法办理出入境货物、人员、运输工具、动植物及其产品等与其相关的报检、申报手续。

(2) 责任追究权。自理报检单位有权要求检验检疫机构在国家质检部门统一规定的检验检疫期限内完成检验检疫工作并出具证明文件;有权要求检验检疫机构及其工作人员予以保密。对检验检疫机构及其工作人员的违规、违法行为,自理报检单位有权进行控告、检举。

(3) 申请复验权。自理报检单位对出入境检验检疫机构检验检疫结果存有异议,有权在规定的期限内根据有关法律法规,向原检验检疫机构或其上级机构以至国家质量监督检验检疫总局申请复验。

2. 自理报检单位的义务

(1) 遵守国家检验检疫有关法律法规。自理报检单位应按照国家有关法律规定,依法提供正确、齐全、合法、有效的证单,完整、准确、清楚地填制报检单,对报检的真实性负责;应按规定缴纳检验检疫费,并在规定的时间和地点向检验检疫机构办理报检手续;对已经检验检疫合格放行的出口货物应加强批次管理,不得错发、错运、漏发致使货证不符。对入境的法检货物,未经检验检疫或未经检验检疫机构的许可,不得销售、使用或拆卸、运递。

(2) 接受检验检疫机构监督管理。自理报检单位应当按检验检疫机构要求聘用具有报检员资格证书的报检员;要加强对本单位报检员的管理,并对报检员的报检行为承担法律责任;应当落实检验检疫机构提出的检验检疫监管及有关要求,协助检验检疫工作人员进行现场检验检疫、抽(采)样及检验检疫处理等事宜。在办理报检手续后,应当按要求及时与检验检疫机构联系验货,并提供进行抽(采)样和检验检疫、鉴定等必要的工作条件。

（二）代理报检单位的权利、义务和责任

1. 代理报检单位的权利

（1）依法报检、申报权。代理报检单位被许可注册登记后，有权在批准的代理报检区域内由其在检验检疫机构注册并持有报检员资格证书的报检员向检验检疫机构办理代理报检业务。除另有规定外，代理报检单位有权代理委托人委托的出入境检验检疫报检业务；进口货物的收货人可以在报关地或收货地委托代理报检单位报检；出口货物发货人可以在产地或报关地委托代理报检单位报检。

（2）责任追究权，同自理报检单位。

（3）申请复验权，同自理报检单位。

2. 代理报检单位的责任及义务

1）对委托单位负责

代理报检单位与委托单位之间的法律关系适用于《中华人民共和国民法通则》的有关规定，并共同遵守出入境检验检疫法律、法规。代理报检单位应切实履行代理报检职责，负责与委托人联系，协助检验检疫机构落实检验检疫时间、地点，配合检验检疫机构实施检验检疫，并提供必要的工作条件。对已完成检验检疫工作的，应及时领取检验检疫证单和通关证明；代理报检单位对实施代理报检中所知悉的商业秘密负有保密义务；代理报检单位应按规定代委托人缴纳检验检疫费，在向委托人收取相关费用时应如实列明检验检疫机构收取的费用，并向委托人出示检验检疫机构出具的收费票据，不得借检验检疫机构名义向委托人收取额外费用，检验检疫费收据上注明的交款人应当是委托人；代理报检单位的代理报检，不免除被代理人或其他人根据合同和法律所承担的产品质量责任和其他责任。

2）接受检验检疫机构监督管理

代理报检单位在接受委托人委托办理报检业务过程中，必须接受检验检疫机构的监督管理。

代理报检单位从事代理报检业务时，必须提交委托人的"代理报检委托书"（见图10-1）。"报检委托书"应载明双方责任、权利和代理期限等内容，并加盖双方的公章；代理报检单位应在检验检疫机构规定的期限、地点办理报检手续，办理报检时应按规定填写报检申请单（加盖代理报检单位的合法印章），并提供检验检疫机构要求的必要证单；代理报检单位应积极配合检验检疫机构对其所代理报检的有关事宜的调查和处理；代理报检单位须向国家质量监督检验检疫总局申请登记注册，其报检员须经检验检疫机构培训统一考试合格获得报检员资格证书，并经所在地检验检疫机构注册取得报检员证。代理报检单位经准予注册登记后，可由其持有报检员证的报检员向检验检疫机构办理代理报检业务；代理报检单位应按检验检疫机构的要求选用报检员，加强对报检员的管理，按照有关规定规范报检员的报检行为，并对其报检员的报检行为承担法律责任；报检员不再从事报检工作或被解聘、离开本单位的，代理报检单位应当以书面形式通知检验检疫机构，办理收回和注销报检员证手续，否则因此而产生的法律责任由代理报检单位承担；代理报检单位因违反规定被出入境检验检疫机构暂停或取消其代理报检资格所发生的与委托人等关系人之间的经济纠纷，由代理报检单位自行解决或通过法律途径解决。

代理报检委托书

编号：

_____出入境检验检疫局：

本委托人（备案号/组织机构代码_____）保证遵守国家有关检验检疫法律、法规的规定，保证所提供的委托报检事项真实、单货相符。否则，愿承担相关法律责任。具体委托情况如下：

本委托人将于_____年_____月间进口/出口如下货物：

品名		HS 编码	
数（重）量		包装情况	
信用证/合同号		许可文件号	
进口货物收货单位及地址		进口货物提/运单号	
其他特殊要求			

特委托_____（代理报检注册登记号_____），代表本委托人办理上述货物的下列出入境检验检疫事宜：

□1. 办理报检手续；

□2. 代缴纳检验检疫费；

□3. 联系和配合检验检疫机构实施检验检疫；

□4. 领取检验检疫证单。

□5. 其他与报检有关的相关事宜：_____。

联系人：_____

联系电话：_____

本委托书有效期至_____年____月____日　　　　　　　委托人（加盖公章）

　　　　　　　　　　　　　　　　　　　　　　　　　　　　年　月　日

受托人确认声明

本企业完全接受本委托书。保证履行以下职责：

1. 对委托人提供的货物情况和单证的真实性、完整性进行核实；

2. 根据检验检疫有关法律法规规定办理上述货物的检验检疫事宜；

3. 及时将办结检验检疫手续的有关委托内容的单证、文件移交委托人或其指定的人员；

4. 如实告知委托人检验检疫部门对货物的后续检验检疫及监管要求。

如在委托事项中发生违法或违规行为，愿承担相关法律和行政责任。

联系人：_____

联系电话：_____　　　　　　　　　　　　　　　受托人（加盖公章）

　　　　　　　　　　　　　　　　　　　　　　　　　　　　年　月　日

图 10 - 1　代理报检委托书

3）遵守检验检疫法律法规

代理报检单位在办理代理报检业务等事项时，必须遵守出入境检验检疫法律、法规，并对代理报检的各项内容和提交的有关文件的真实性、合法性负责，承担相应的法律责任；代理报检单位有伪造、变造、买卖或者盗窃出入境检验检疫证单、印章、标志、封识和质量认证标志行为的，除取消其代理报检注册登记及代理报检资格外，还应按检验检疫相关法律法规的规定予以行政处罚。对情节严重、构成犯罪的，移交司法部门对直接责任人依法追究刑事责任；代理报检单位及其报检员在从事报检业务中有违反代理报检规定的，由出入境检验检疫机构视情况给予通报批评、警告、暂停或取消其代理报检资格等处理。违反有关法律、法规的，按有关法律、法规的规定处理，涉嫌触犯刑律的，移交司法部门按照刑法的有关规定追究其刑事责任。

任务二　办理代理报检单位注册登记

情境导入

"情境导入"中的陈某可按以下程序操作：

（1）登录"中国检验检疫电子业务网"（http：//www.eciq.cn），在"业务在线"一栏中点击"报检企业注册登记"。

（2）在报检企业管理系统"用户登录"中选择"新用户"，输入本单位组织机构代码，然后点击"备案"。

（3）按系统提示逐步操作并输入单位基本信息。

（4）申请完成后点击"打印备案登记申请书"，即可打印出"出入境检验检疫报检企业备案表"，图10-2、表10-3为代理出入境检验检疫报检企业注册登记申请书及代理出入境检验检疫报检企业注册登记申请基本情况登记表。

（IO）代理出入境检验检疫报检企业

注册登记申请书

申请编号：＿＿＿＿＿＿

申请日期：＿＿＿＿＿＿

中华人民共和国＿＿＿＿＿＿出入境检验检疫局：

　　根据相关法律法规和《出入境检验检疫代理报检管理规定》，我企业特向贵局申请代理出入境检验检疫报检业务注册登记，并附相关材料。

　　我企业将严格遵守出入境检验检疫有关法律、法规和规定，按照检验检疫机构的规定和要求办理代理报检业务，配合做好检验检疫工作，并承担相应的经济责任和法律责任。我企业具有固定营业场所及符合办理检验检疫报检业务所需的设施，具备健全的管理制度。

　　我企业保证如实提交有关材料和反映真实情况，并对申请材料的实质内容的真实性负责，特请批准。

申请企业（公章）：

法定代表人　　　　　　　　　联系人（签字）：

（签字）：　　　　　　　　　　部门：　　职务：　　电话：

　　　　　　　　　　　　　　　　　　年　　月　　日

图10-2　代理出入境检验检疫报检企业注册登记申请书

表 10 - 3　代理出入境检验检疫报检企业注册登记申请基本情况登记表

企业名称	中文			简称				
	英文							
注册地址					邮政编码			
企业性质			行政区划					
工商营业执照号码			有效日期：　　年　　月　　日					
海关注册号			组织机构代码					
法定代表人		电话			传真			
企业联系人		电话			传真			
体系认证		企业电子邮件						
注册资金		开户银行			银行账号			
申请的报检区域			经营地址			邮政编码		电话
报检人员	序号	姓名	报检员资格证号码		身份证号码		联系电话	手签笔迹
	1							
	2							
	3							
	4							
	5							
	6							
	7							
	8							
	9							
	10							

　　(5) 在规定时间内向厦门市出入境检验检疫局提交"代理报检企业注册登记申请书"、企业声明,并向检验检疫机构交验有关材料的原件、复印件,其中复印件需加盖单位公章(提交材料包括企业法人营业执照、组织机构代码证、陈某的报检员资格证书、企业印章印模、公司章程与最近一次验资报告、企业与拟任报检员签订的劳动合同、社会保险登记证以及由劳动和社会保障部门出具或确认的申请单位为每个报检人员缴纳社会保险的证明文件、申请企业有关管理制度以及国家质量监督检验检疫总局要求提交的其他材料)。

　　(6) 厦门市出入境检验检疫局对陈某报检单位提交的材料进行审核,出具行政许可申请受理决定文书,并对申请注册登记单位的申请材料、营业场所及办公条件、有关代理报检的管理制度进行评审核查。

(7)审查合格,厦门市出入境检验检疫局自受理申请之日起20日内做出准予注册登记的决定,10个工作日内领取代理报检单位注册登记证书。

一、自理报检单位备案登记程序

自理报检单位备案登记一般实行网上申请、书面确认的方式,其程序如下:

(1)自理报检单位网上申请并打印填写"自理报检单位备案登记表"。

(2)向检验检疫机构提交出入境检验检疫报检企业备案表正本,加盖企业公章的企业法人营业执照、组织机构代码证复印件(同时交验原件)及检验检疫机构要求的其他材料。有进出口经营权的企业须提供有关证明材料(政府批文)。

(3)检验检疫机构对申请人提供的登记表及其他申请资料等进行审核。

(4)审核合格,办理备案登记。

(5)告知申请单位备案登记好并颁发备案证明。

有关说明:

(1)申请单位提供申请材料不齐全或不符合要求的,检验检疫机构应当当场一次告知申请方,并允许其当场更正所提供材料存在的文字问题等可以当场更正的错误。

(2)自理报检单位提供虚假信息或材料并取得备案登记的,检验检疫机构将依法对其备案登记予以撤销,造成无法落实检验检疫等严重后果的,按相关法律法规规定处理。

(3)自理报检单位在备案登记有效期满后,应重新申请备案登记。需要终止备案登记的,应以书面形式向原备案登记的检验检疫机构办理注销手续,经审核后予以注销。

(4)自理报检单位应遵守属地管理原则,已经在工商注册所在地检验检疫机构备案登记的自理报检单位向注册地以外的检验检疫机构报检时,由检验检疫机构核实其提供的自理报检单位备案登记信息后予以受理,无须在异地重新办理备案登记手续。

二、代理报检单位注册登记程序

代理报检单位注册登记一般实行网上申请、书面确认的方式,其程序如下:

(1)代理报检单位注册登记网上申请并按规定内容打印填制"代理报检企业注册登记申请书"。

(2)在规定时间内向当地直属检验检疫机构提交"代理报检企业注册登记申请书"、企业声明,并向检验检疫机构交验有关材料的原件、复印件,其中复印件需加盖单位公章(提交材料包括企业法人营业执照、组织机构代码证、拟任报检员的报检员资格证书、企业印章印模、公司章程与最近一次验资报告、企业与拟任报检员签订的劳动合同、社会保险登记证以及由劳动和社会保障部门出具或确认的申请单位为每个报检人员缴纳社会保险的证明文件、申请企业有关管理制度以及国家质量监督检验检疫总局要求的其他材料),分公司以自己名义申请的,需同时提交营业执照复印件及总公司授权书。

（3）当地直属检验检疫机构对注册登记申请予以审核，根据审核结果出具受理决定书或不予受理决定书，并对申请注册登记单位的申请材料、营业场所及办公条件、有关代理报检的管理制度进行评审核查。分支机构受理申请的，应当将初步审查意见和全部申请材料报送直属检验检疫局。

（4）当地直属检验检疫局应当自受理申请之日起 20 日内做出准予或者不予注册登记的决定。20 日内不能做出决定的，经直属检验检疫局负责人批准，可以延长 10 日，并将延长期限的理由书面告知申请人。

（5）准予注册登记的，直属检验检疫局应当自做出书面决定之日起 10 日内向申请人颁发"代理报检企业注册登记证书"。不予注册登记的，出具不予注册登记决定书，说明理由并告知申请人享有依法申请行政复议或者提起行政诉讼的权利。"代理报检企业注册登记证书"有效期为 4 年。

有关说明：

（1）申请人提交申请材料不齐全或者不符合法定形式的，应当当场或者在 5 日内一次告知申请人需要补正的全部内容，逾期不告知的，自收到申请材料之日起即为受理。

（2）申请材料存在可以当场更正的错误的，应当允许申请人当场更正。

（3）因检验检疫工作人员滥用职权、玩忽职守、超越法定职权或违反法定程序做出准予注册登记决定，对于不具备申请资格或者不符合法定条件的申请人准予注册登记的，或代理报检企业以欺骗、贿赂等不正当手段取得注册登记的，直属检验检疫局可以依法撤销代理报检企业注册登记。

（4）对由于代理报检企业终止代理报检业务，代理报检企业依法终止，代理报检企业组织机构代码发生变化，注册登记被撤销、撤回，注册登记证书被吊销或者法律、法规规定应当注销行政许可的其他情形，直属检验检疫局应当依法办理注册登记的注销手续。注册登记资格被注销的代理报检企业，应当交还"代理报检单位注册登记证书"和"报检员证"。

任务三　取得代理报检单位注册登记证书

厦门市出入境检验检疫总局自受理之日起 20 日内做出准予注册登记的决定，陈某于 10 个工作日内领取代理报检单位注册登记证书。

在出入境检验检疫工作中，报检单位是发生报检行为的主体，报检业务由报检单位的报检员具体负责实施。根据我国出入境检验检疫有关法律法规规定，必须切实加强报检单位管理，进一步规范报检行为，才能有效提高报检质量及效率，维护正常的报检工作秩序。根据有关法律规定，国家质量监督检验检疫总局负责全国自理及代理报检单位的统一管理工作,对自理及代理报检单位实行备案/注册登记制度。出入境检验检疫自理报检单位在首次办理报检业务时,必须持有关证件向当地检验检疫机构申请办理备案登记手续,取得自理报检单位备案登记证明书;从事出入境检验检疫代理报检工作的单位需向当地检验检疫机构申请办理注册登记,取得代理报检单位注册登记证书。因此报检员必须对我国出入境检验检疫基础知识、报检单位备案/注册登记条件及有关程序等方面进行全面了解,按照我国出入境检验检疫法律法规办理代理报检单位注册登记手续,取得代理报检单位注册登记证明书,才能在许可的报检区域从事指定范围内的代理报检业务。

项目十一　电子报检

知识目标

1. 了解电子报检的基本概念。
2. 熟悉开通电子报检的申请条件。
3. 掌握电子报检业务的操作流程。
4. 能根据业务要求办理报检员注册。

技能目标

1. 能熟练完成电子报检业务。
2. 能熟练完成报检员注册。

情境导入

2000 年国家质量监督检验检疫总局在检验检疫系统推广使用出入境检验检疫综合业务管理系统——CIQ 2000 系统,全面提高了检验检疫系统信息化应用水平。电子申报、电子转单和电子通关(新"三电工程")的深入实施,实现了检验检疫机构与企业之间、内地与口岸检验检疫机构之间、检验检疫机构与海关之间的信息交换与共享,大大提高了工作效率,降低了企业的贸易成本,中国电子检验检疫体系框架基本形成。

张某为福建省厦门市新成立的某代理报检单位的报检员,公司现有一笔为北京市某进出口有限公司出口到英国的食品进行电子报检的业务,要完成此项工作,张某须根据国家质量监督检验检疫总局有关规定完成以下任务:① 申请开通电子报检;② 开展电子申报业务。

任务一　申请开通电子报检

一、电子报检的概念

电子报检是指报检人使用电子报检软件通过检验检疫电子业务服务平台将报检数据以电子方式传输给检验检疫机构,经 CIQ 2000 业务管理系统和检务人员处理后,将受理报检信息反馈报检人,实现远程办理出入境检验检疫报检的行为。目前,能够进行电子报检的业务包括出境货物报检、入境货物报检、产地证书报检和出境包装报检等。

检验检疫"三电工程"原指电子报检、产地证电子签证和电子转单。为适应口岸"大通关"形势的发展,CIQ 2000 业务管理系统又增加了电子通关的功能。因此,现在的"三电工程"是出入境货物检验检疫电子申报、电子转单、电子通关的简称。

知识链接

电子申报包括电子报检和产地证电子签证。电子报检是指报检人使用电子申报软件,通过网络将出入境货物的报检数据以电子方式传输给检验检疫机构,经 CIQ 2000 业务管理系统和检务人员处理后,将受理报检信息反馈报检人,实现远程办理出入境检验检疫报检的行为;产地证电子签证是指申领原产地证的企业,通过网络将申报原产地证的有关数据以电子方式传输给检验检疫机构,由检验检疫机构审查符合要求后办理证书,实现电子远程申请办理原产地证的行为。

电子转单是指通过网络将出境货物经产地检验检疫机构检验检疫合格后的相关电子信息传输到出境口岸检验检疫机构,入境货物经入境口岸检验检疫机构签发《入境货物通关单》后的相关电子信息传输到目的地检验检疫机构实施检验检疫的监管模式。

电子通关是检验检疫机构与海关联网,通过"口岸电子执法系统"平台实现检验检疫机构和海关的业务数据的交换。

二、电子报检工作流程

一项完整的报检工作包括报检、施检、计收费和签证放行四个环节。

(一) 报检

(1) 对报检数据的审核采取"先机审,后人审"的程序进行。企业发送电子报检数据,电子审单中心按计算机系统数据规范和有关要求对数据进行自动审核,对不符合要求的,反馈错误信息;对符合要求的,将报检信息传输给受理报检人员,受理报检人员人工进行再次审核,符合规定的将成功受理报检信息,同时反馈报检单位和施检部门,并提示报检企业与相应的施检部门联系检验检疫事宜。

(2) 出境货物受理电子报检后,报检人应按受理报检信息的要求,在检验检疫机构施检时提交报检单和随附单据。

(3) 入境货物受理电子报检后,报检人应按受理报检信息的要求,在领取入境货物通关单时提交报检单和随附单据。

(4) 电子报检人对已发送的报检申请需要更改或撤销报检时,应发更改或撤销报检申请。检验检疫机构按有关规定办理。

(二) 施检

报检企业接到报检成功信息后,按信息中的提示与施检部门联系检验检疫。在现场检验检疫时,持报检软件打印的报检单和全套随附单据交施检人员审核,不符合要求的,施检人员通知报检企业立即更改,并将不符合的情况反馈受理报检部门。

(三) 计收费

计费由电子审单系统自动完成,接到施检部门转来的全套单据后,对照单据进行计费复核。报检单位逐票或按月缴纳检验检疫等有关费用。

(四) 签证放行

施检部门根据检验检疫记录进行拟稿,检务部门在收到施检部门的证件后,进行审核,签署和盖章后签发检验检疫证书。另外,对报检地和报关地一致的出境货物,经检验检疫合格后,检验检疫部门签发出境货物通关单,报检人凭以通关。对报检地(产地报检)与报关地不一致的货物,产地检验检疫部门签发出境货物换证凭单,报检人凭以到报关地检验检疫机构换发出境货物通关单,口岸海关凭此查验放行。

三、电子报检注意事项

(1) 企业电子报检应使用经国家质量监督检验检疫总局评测合格并认可的电子报检软件进行电子报检,不得使用未经国家质量监督检验检疫总局测试认可的软件进行电子报检。

(2) 企业须在规定的报检时限内将相关出入境货物的报检数据发送至报检地检验检疫机构,并确保电子报检信息真实、准确,与提供的报检单及随附单据有关内容保持一致,不得发送无效报检信息。此外,同一报检单不得随意多次发送,不然会存在多次报检生成多个报检号的问题,多余报检号要办理撤销报检手续。

(3) 对于合同或信用证中涉及检验检疫特殊条款和特殊要求的,企业须在电子报检申请中同时提出。

(4) 企业发出电子报检申请后,应及时上网接收报检信息。

① 收到"正确"信息的回执(含报检号、施检部门信息及所需随附单据的种类等信息)后,应打印出回执,并套打出境货物报检单或入境货物报检单。

② 收到"错误"信息的回执时,即经审核不符合报检要求,应按照检验检疫机构的有关要求对报检数据修改后,再次报检。

(5) 出境货物运输包装使用鉴定核销问题。对于需要进行出境货物运输包装使用鉴定的,施检部门应在电子报检人提供的出境货物运输包装性能检验结果单上进行核销,对于尚未核销完的出境货物运输包装性能检验结果单正本退还电子报检人。

(6) 发票号长度不得超过20位;不同报检单不得使用同一发票号;重新报检时,不得使用原发票号,否则得到的将是原报检号。

(7) 出错代码问题。在企业发送新证后得到带"E"的报检号前,当企业电子报检信息存在错误时,系统会给出错误代码和提示信息。

(8) 不允许改动的部分。一般情况下,报检类别代码、口岸代码、国别代码等统一编码类的内容不得随意进行修改、增加、删除等操作。特殊情况下必须得到企业端开发商技术人员的同意,并在他们的指导下进行操作。

（9）报检单位必须是开通电子报检业务的单位,否则只能得到一般预录入报检号;报检员必须是经过报检水平测试合格的人员,如果没有,可以不填报检员编码,但联系人和电话要填写清楚;货物品名要根据实际情况对系统自动给出的内容进行调整;多个货物的,要注意能否放在同一个报检单;使用海运集装箱的,必须填写集装箱规格及数量,拼箱的,应在"特殊要求"栏说明;合同、信用证等有特殊要求的也应该在"特殊要求"栏内填写清楚。

知识链接

电子报检人及其监督管理

（一）电子报检人的含义

电子报检人是指经检验检疫机构审查合格,可以开展电子报检业务的企业或者个人。

（二）电子报检人应具备的条件

（1）遵守报检的有关管理规定。

（2）已在检验检疫机构办理报检人登记备案或注册登记手续。

（3）具有经检验检疫机构培训考核合格的报检员。

（4）具备开展电子报检的软硬件条件。

（5）在国家质量监督检验检疫总局指定的机构办理电子业务开户手续。

检验检疫机构应及时对申请开展电子报检业务的报检人进行审查。经审查合格的报检人可以开展电子报检业务。

（三）电子报检人的监督管理

（1）报检人在申请开展电子报检时,应提供以下资料:

① 电子报检登记申请表。

② 电子业务开户登记表。

（2）自理报检人以及负责报检、验货、取单等主要环节的代理报检人可按规定采用电子报检方式。

（3）只负责向检验检疫机构送交报检单及随附单据的代理报检人暂采取准电子报检方式,条件成熟后转为电子报检方式。

准电子报检方式是指报检人将电子报检数据发送至检验检疫机构后,还需提交报检单及随附单据,由检务人员审核报检单及随附单据与有关电子数据是否一致,审核通过后,方可完成报检手续的方式。

（4）对于连续5次发生报检信息不准确,造成报检信息错误的,自动降为准电子报检方式报检,需提交报检单及随附单据,经检务人员审核通过后,方可完成报检手续。若连续10次保持数据准确,顺利通过检务人员审核,则自动转为电子报检方式。

（5）检验检疫机构对电子报检人实施年度核查制度。电子报检人应于每年3月31日前向检验检疫机构提交上一年度的"年度审核报告书",报告其上一年度的电子报检情况。

(6) 有下列情况之一的,检验检疫机构可暂停或取消报检人电子报检资格:

① 逾期未参加年度审核的。

② 有违反检验检疫有关规定行为的。

③ 被撤销、解散的。

(7) 实行电子报检的报检人的名称、法定代表人、经营范围、经营地址等变更时,应及时向当地检验检疫机构办理变更登记手续。

(8) 国家质量监督检验检疫总局对电子报检企业端软件实行公开竞争和测试认可制度,本着公平、公正、公开的原则鼓励电子报检软件开发商参加竞争,对测试认可的电子报检企业端软件开发商的有关工作进行监督管理。

四、电子监管

国家质量监督检验检疫总局以检验检疫综合业务管理系统为基础,利用计算机和网络通信等电子信息技术,建立和实施电子监管系统。出口货物电子监管,对企业生产、加工、储运、处理等过程和实验室检测、产品质量控制等工作实施全面的电子化管理,实现检验检疫与企业信息共享、互动。进口货物电子监管,对货物装运前的检验检疫信息、货物舱单信息以及检验检疫后续监督信息实施电子化管理,实现检验检疫与港区作业部门、海外检验公司及企业等信息共享、互动。

(一) 电子监管的内容

(1) 建立检验检疫法律、法规、标准和风险预警管理信息系统。为检验检疫工作提供支持,为企业提供帮助和指导。

(2) 建立企业及产品管理系统。实现企业及产品(进口货物)的审批、许可、注册、备案、登记管理电子化,为检验检疫工作提供支持。

(3) 帮助企业建立质量管理系统。结合企业分类等管理活动,对影响出口产品质量的生产企业管理体系进行评估,帮助企业提高自身的管理水平,从根本上改善出口产品质量。

(4) 完善检验检疫监督管理系统。对出口货物,把检验检疫监督管理工作深入到控制出口产品质量的关键环节中去,从源头抓产品的质量,实现出口产品监管工作的前推;对进口货物,把检验检疫监督管理工作前推到装运前检验和检疫的关键监控环节中,后移到后续的监督管理中。

(5) 建立企业出口产品过程监控系统。合理选择过程监控项目和参数,规范企业端数据采集,通过数据监控和关键控制点的视频监控对在线数据、实验室数据和视频数据等影响出口产品质量的关键数据进行采集,通过数据关联实现对不合格产品的可追溯,并实时调用所采集的信息,完成企业生产批合格评定。

(6) 建立进出口货物合格评定系统。在货物风险分析的基础上,综合各方面信息,完成货物合格评定工作。对于实施生产过程监控的出口货物,实现报检批与生产批的综合批次管理,将企业出口报检信息与企业生产监控信息有机关联;对于实施装运前检验或检疫的进口货物,将企业进口报检信息与装运前监控信息有机关联。

(7) 建立进出口货物质量分析系统。实现对货物质量的全面分析和快速反应机制，解决质量分析问题，为决策部门提供决策支持。

(8) 完善口岸检验检疫机构与产地检验检疫机构的信息交流，强化对出口货物运输过程的监管、对货物核放情况的监控和对进口货物的后续管理。

(9) 建立电子监管系统的抽样评定规则库（包括企业抽样规则库和检验检疫抽样规则库）。实现对企业抽样的管理、评定以及验证抽样的管理和自动提示；支持检验检疫工作人员的业务操作。

(10) 实现电子监管系统与出入境检验检疫其他系统的充分整合，以推进出入境检验检疫全过程的电子化进程，形成完整的检验检疫电子网络。

（二）进口快速查验

进口快速查验由海港电子验放系统、陆运口岸电子申报快速查验系统以及空港普通货物和快件电子验放系统三部分组成。

1. 海港电子验放系统

适用于海港的电子验放系统充分利用港区船舶、集装箱、货物信息流，主动监控检验检疫对象，实现电子申报核查快速查验、电子闸口管理三大目标。根据检验检疫的要求，对来自非疫区、无木制包装的《出入境检验检疫机构实施检验检疫的进出境商品目录》外的货物，系统实现申报核查、快速放行；对来自疫区和须查验的集装箱，系统向港区作业部门发送查验/卫生处理指令，实现信息共享，检企协同查验/处理；对无须港区内查验的或须查验并已检验检疫完毕的，系统向港区作业部门发送电子放行指令，实现电子闸口管理。海港电子验放系统使检验检疫对象以"最短的时间、最少的移动、最低的成本"完成通关放行。

2. 陆运口岸电子申报快速查验系统

实施检验检疫电子通关后，在没有设置通道检验检疫闸口的情况下，适用于陆运口岸的电子申报快速查验系统利用海关通道自动核放系统闸口来为检验检疫执法把关，实现快速验放和有效监管。该系统提前受理企业报关审单，通道无须人员值守，车辆经过海关通道时，通过采集车辆 IC 卡（运载货物的货车可以通过 IC 卡的数据与其运载的货物信息挂钩）和司机 IC 卡的数据，系统自动控制闸口的开启。对于已提前报关且审单通过的货物，当车辆通过通道时，闸口自动开启，车辆自动通过；当属于布控名单的车辆抵达时，闸口不能开启，系统报警，由海关关员手工打开闸口，将车辆指引到指定地点待查。

3. 空港普通货物和快件电子验放系统

适用于空港普通货物和快件的电子验放系统利用空港数据平台提供的货物空运总运单、分运单以及申报人在网上确认补充的相关检验检疫数据等信息资源，对已在检验检疫机构电子申报的有关数据或申报人网上确认的信息进行核查，对未申报或申报不实的进行锁定，达到防止逃、漏检的目的；通过电子审核实现有关货物的检疫预处理，避免货物的多次移动，加快通关速度，提高物流效率；同时，实现对空运进口货物的分类、统计功能；通过电子查验，实现施检货物电子信息在检验检疫机构内部的传递；通过快件子系统将施检信息反馈给相关企业；通过空港数据平台共享须由检验检疫机构和海关共同查验的信息，实现关检协同查验，最终实现电子放行。

(三) 出口快速核放

快速核放是指检验检疫机构对部分质量稳定、质量管理水平高的企业的出口货物,在实施有效监管的前提下实施快速验放的做法。

目前,实施快速核放的产品主要是质量较稳定的工业产品。

五、电子放行

电子放行包括电子通关及电子转单两部分内容。

(一) 电子通关

1.电子通关的定义

电子通关是采用网络信息技术,将检验检疫机构签发的出入境通关单的电子数据传输到海关计算机业务系统,海关将报检报关数据比对确认相符合,予以放行的通关形式。

2.通关单联网核查

为了确保检验检疫机构对出入境货物的监管有效、方便进出,加快进出口货物通关速度,国家质量监督检验检疫总局和海关总署开发了电子通关单联网核查系统,已于2003年1月1日在主要口岸的检验检疫机构和海关推广应用。

其基本要求一是先报检后报关,二是通关单纸质单证信息与通关单电子数据必须一致。即对于按照法律法规规定需要进行检验检疫的进出口货物,出入境检验检疫机构签发"通关单"以后,实时将通关单电子数据由质检电子业务平台经中国电子口岸信息平台传输给海关,海关将报关单相关数据与通关单数据进行比对,通过数据校验之后才能报关,并在办结验放手续后实时将通关单的使用情况反馈检验检疫机构。

这种通关方式不仅加快了通关速度,还有效控制了报检数据与报关数据不符问题的发生,同时能有效遏制不法分子伪造、变造通关证单的不法行为。

(二) 电子转单

电子转单指通过系统网络,将产地检验检疫机构和口岸检验检疫机构的相关信息相互连通,出境货物经产地检验检疫机构将检验检疫合格后的相关电子信息传输到出境口岸检验检疫机构;入境货物经入境口岸检验检疫机构签发入境货物通关单后的相关电子信息传输到目的地检验检疫机构,实施检验检疫的监管模式。

1.出境电子转单

(1)产地检验检疫机构检验检疫合格后,通过网络将相关信息传输到电子转单中心。出境货物电子转单传输内容包括报检信息、签证信息及其他相关信息。

(2)产地检验检疫机构以书面方式向出境货物的货主或其代理人提供报检单号、转单号及密码等。

(3)出境货物的货主或其代理人凭报检单号、转单号及密码等到出境口岸检验检疫机构申请出境货物通关单。

(4)出境口岸检验检疫机构应出境货物的货主或其代理人的申请,提取电子转单信息,签发出境货物通关单。

(5)按有关规定需核查货证的,出境货物的货主或其代理人应配合出境口岸检验检疫机构完成检验检疫工作。

知识链接

出境货物换证凭单与出境货物换证凭条的区分与应用

出境货物换证凭单是指货物经产地检验检疫机构检验检疫合格后签发的并凭以到出境口岸检验检疫机构申请查验、换取"出境货物通关单"的一个证明文件。

出境货物换证凭条是由产地检验检疫机构实行出境电子转单后产生的一个数据凭条,是实行了电子转单的一个证明文件,该文件的作用也是到出境口岸检验检疫机构申请查验、换取"出境货物通关单"。

两者相同之处在于:两者都是在报关地与产地不同的情况下,凭这些文件去出境地检验检疫机构换取正本"出境货物通关单"的凭证。

两者的不同之处在于:出境货物换证凭单可以一次报检,分批核销,即可以一次将货物进行检验然后分批出口。使用时必须带换证凭单"正本"到出境地核销并换通关单,通常情况下是由产地检验检疫机构的货主将正本快递到出境口岸检验检疫机构的关系人手里。出境货物换证凭条是该批货物实行了出境电子转单的凭证。出境口岸检验检疫的关系人只需凭换证凭条上的"转单号、密码、报检单号"或者换下凭条的"传真件"就可以到出境检验检疫机构换取"出境货物通关单"。

由此可以看出换证凭单速度慢、需要正本,但有效期较长,货物不同,其有效期也不同,大多数货物该单的有效期可长达半年至1年,甚至可以更长,可以一次报检分批核销;换证凭条速度快,不需要正本,货物不能够分批核销,需要一批一证,而且有效期较短,货物各类不同凭条的有效期也不同,通常情况下约为2个月。

目前多数的产地机构与口岸机构已经实行联网,能够实行电子转单,由于其方便、快捷,大多数企业愿意选择换证凭条,实际工作当中也是使用换证凭条的情况多一些。但是,由于换证凭条受到某些方面的限制,换证凭条现在还不可以完全取代换证凭单,如产地与出境口岸未联网的,或者一批货物出境口岸暂时不明确的、出境货物在产地预检的等,这些情况暂时都不能实行电子换单,只能使用换证凭单。另外,还有像上面所表述的货物需要较长的有效期时或者需要分批核销时一般也选择换证凭单。如果考虑成本因素,企业也会选择换证凭单而非换证凭条,因为换证凭条需要一证一批,成本要高出许多。

2.入境电子转单

(1)对经入境口岸办理通关手续,需到目的地实施检验检疫的货物,口岸检验检疫机构通过网络将报检及其他相关信息传输到目的地检验检疫机构。

(2)入境货物的货主或其代理人持口岸检验检疫机构签发的入境货物通关单(第二联,即货物运递和异地检验检疫联)向目的地检验检疫机构申请检验检疫并缴纳相应的检验检疫费。

（3）目的地检验检疫机构根据电子转单信息，对入境货物的货主或其代理人未在规定期限内办理报检的，将有关信息反馈给入境口岸检验检疫机构，采取相关处理措施。

3. 暂不实施电子转单的情况

有下列情况之一的，暂不实施电子转单：

（1）出境货物在产地预检的。

（2）出境货物出境口岸不明确的。

（3）出境货物需到口岸并批的。

（4）出境货物按规定需在口岸检验检疫并出证的。

（5）其他按有关规定不适用电子转单的。

在下列情况下，出境口岸检验检疫机构应出境检验检疫关系人和产地检验检疫机构要求，在不违反有关法律法规的情况下，可以对电子转单有关信息予以更改：

（1）对运输造成包装破损或短装等原因需要减少数/重量的。

（2）需要在出境口岸更改运输工具名称、发货日期、集装箱规格及数量等有关内容的。

（3）申报总值需按有关币种换算或变更申报总值幅度不超过10%的。

（4）经口岸检验检疫机构和产地检验检疫机构协商同意更改有关内容的。

由检验检疫机构误操作等原因造成电子转单信息错误的，由产地检验检疫机构书面通知出境口岸检验检疫机构对错误信息进行更改。口岸检验检疫机构发现电子转单信息有误时应主动与产地检验检疫机构联系解决。

4. 实施电子转单后的查验和更改

（1）查验：按有关规定，口岸查验分为验证和核查货证，需核查货证的，报检企业应配合出境口岸检验检疫机构完成检验检疫工作。

（2）更改：产地检验检疫机构签发完"换证凭条"后需进行更改的，按《出入境检验检疫报检规定》的有关规定办理。应报检人和产地检验检疫机构要求，在不违反有关法律法规及规章的情况下，出境口岸检验检疫机构可以根据下列情况对电子转单有关信息予以更改：

① 对运输造成包装破损或短装等原因需要减少数（重）量的；

② 需要在出境口岸更改运输工具名称、发货日期、集装箱规格及数量等有关内容的；

③ 申报总值按有关比重换算或变更申报总值幅度不超过10%的；

④ 经口岸检验检疫机构和产地检验检疫机构协商同意更改有关内容的。

六、申请开通电子报检

报检企业应使用经国家质量监督检验检疫总局评测合格并认可的电子报检软件进行电子报检。电子报检软件有企业端安装版和浏览器版两种。本教材主要介绍浏览器版报检软件开通程序。

要完成"情境导入"中所提出的第一项任务，张某须按照以下步骤操作：

（一）办理电子业务开户

携单位注册登记证明复印件、电子报检登记申请表、电子业务开户登记表,到国家质量监督检验检疫总局指定的机构办理电子业务开户手续。

（二）注册信城贸通用户

1. 信城贸通新用户注册流程

信城贸通新用户注册流程如图 11－1 所示。

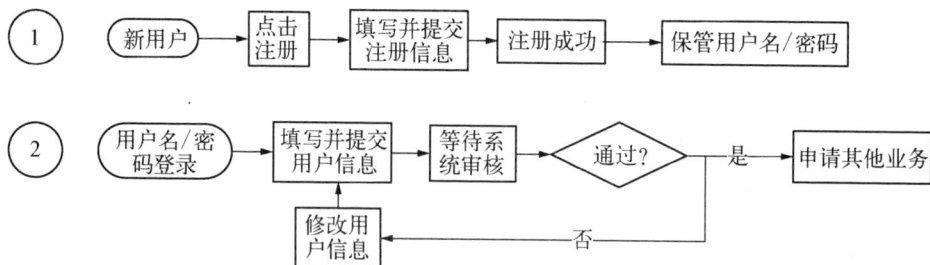

图 11－1　浏览器版报检软件开通程序

2. 信诚贸通电子密钥申请流程

信诚贸通电子密钥申请流程如图 11－2 所示。

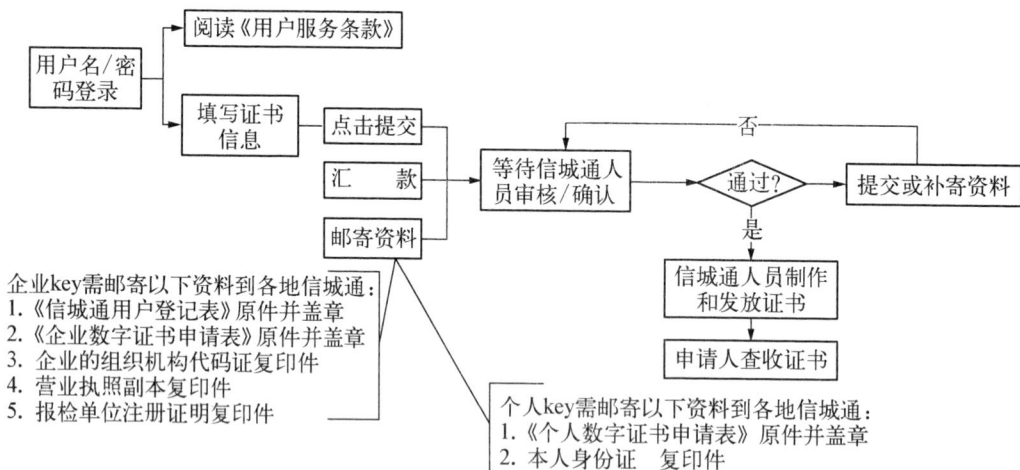

图 11－2　信诚贸通电子密钥申请流程

3. 安装电子密钥驱动程序

具体操作流程如下:

（1）进入信城贸通网站(http://www.tralink.itownet.cn/login.jsp),界面如图 11－3 所示。

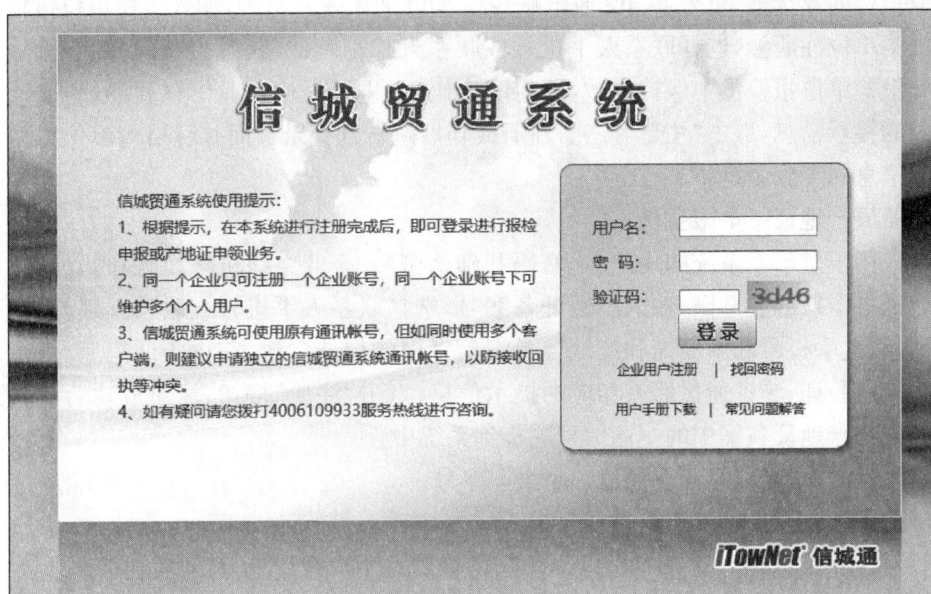

图 11 - 3　信城贸通系统

（2）点击"用户注册"，如图 11 - 4 所示。

新用户登录此系统前，应先在报检单位报检员系统或产地证备案系统中做好企业备案，开通相关业务权限，维护企业基本信息（联系人手机号或联系人邮箱）。如需做出入境报检业务或产地证业务，需在本系统注册，注册完成后即可登录。

图 11 - 4　用户注册

注册出入境报检业务：

录入用于登录本系统的用户名、密码和确认密码、企业组织机构代码和验证码；勾选出入境报检的复选框,录入 ECIQ 通讯账号和 EIQ 通讯账号密码,输入报检单位报检员系统的报检单位注册号,选择联系人手机号或联系人邮箱验证,获得验证码,此手机号和邮箱需和报检单位报检员中保持一致,获得验证码后,进行报检企业信息验证;验证通过后有相应的提示信息,点击"注册"按钮,注册成功后跳转到登录页面并将报检单位报检员中的企业信息同步到系统中。

注册原产地证书申报业务:

录入用于登录本系统的用户名、密码和确认密码、企业组织机构代码和验证码;勾选原产地证书申报的复选框,输入产地证备案号,选择联系人手机号或联系人邮箱验证,获得验证码,此手机号和邮箱需和产地证备案信息中的保持一致,获得验证码后,进行产地证备案信息验证;验证通过后有相应的提示信息,点击"注册"按钮,注册成功后跳转到登录页面并将产地证备案中的企业信息同步到系统中。

注意:同一个企业只允许注册一个企业账号。

步骤如下:

(1) 点击"打印用户注册申请表",填写信城贸通用户登记表,打印后加盖企业公章。

(2) 填写并打印(企业)数字证书申请表,打印后加盖企业公章。

(3) 将以上信城贸通用户注册登记表、(企业)数字证书申请表、企业的组织机构代码证复印件、营业执照副本复印件以及报检单位注册证明复印件寄送到北京信城贸通公司,并按规定向其支付费用。

(4) 可登录业务管理系统,查看证书受理进度。如果审核通过,电子密钥及发票将于两个工作日内寄出;如果审核不通过,会有电话通知其未通过的原因。

(5) 完成网上申报申请。

① 收到信城贸通邮寄的电子密钥以及驱动安装光盘,对照随电子密钥附带的安装手册进行安装驱动。

② 将电子密钥插入电脑 USB 接口,进入信城贸通首页,选择要申办的业务进行业务注册(货物报检、原产地证等),在"企业申报"中点击"货物报检"下的"总平台入口"。

③ 输入电子密钥口令,默认密码是 1234,点击"确定"。

④ 进入电子申报系统,填写网上申报申请表,填写完毕后,点击"保存",等待信城贸通审核。

⑤ 一个工作日内业务受理员审核通过,再次登录,选择需要办理的业务。至此,已完成电子报检的申请开通步骤。

(三) 登录

在浏览器地址栏中输入信城贸通系统的访问地址(http://web.eciq.gov.cn/login.jsp),进入登录页面,如图 11-5 所示。

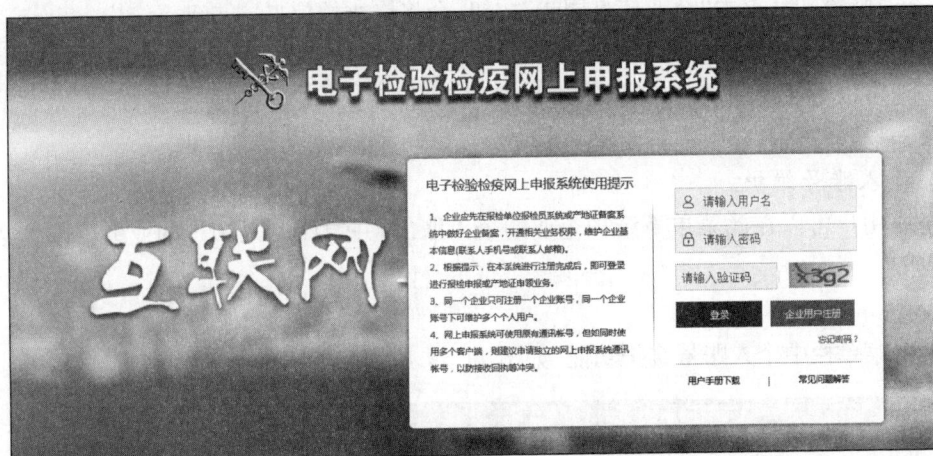

图 11 - 5　系统登录页面

企业登录输入该企业的用户名、密码、验证码,点击"登录"按钮或回车键,即可进入本系统。

(四) 用户管理

只有企业权限的用户有此功能。

1. 企业信息维护

用户可以手工同步信息,保证本系统的企业信息与报检单位报检员系统或产地证备案系统中的企业信息保持一致;可以增加或取消企业的业务权限。

1) 操作步骤

单击左侧菜单栏中的企业信息维护功能,如图 11 - 6 所示。

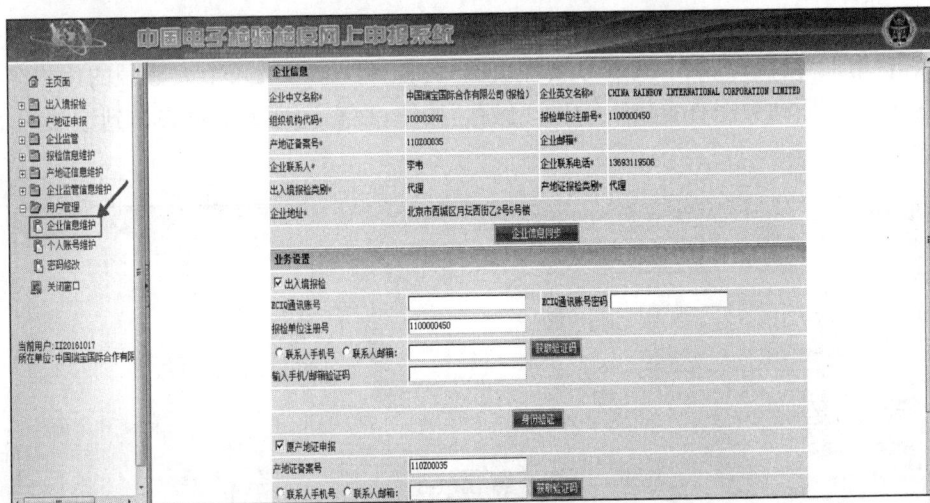

图 11 - 6　企业信息维护页面

2) 功能按钮

(1) 企业信息同步。

企业在报检单位报检员系统或产地证备案系统中,修改了基本信息(如联系人、联系方式、企业邮箱)时,点击"企业信息同步"按钮,会将修改的信息同步到系统中。

(2) 保存。

企业可以增加或取消业务设置,增加或取消后,点击"保存"按钮。刷新后,系统的菜单会跟随设置的业务权限进行变化。

2. 个人账号维护

企业用户可以在此菜单下维护企业的个人账号,并设置个人用户的业务权限和数据查看权限。

1) 操作步骤

单击菜单栏中个人账号维护功能,如图 11-7 所示。

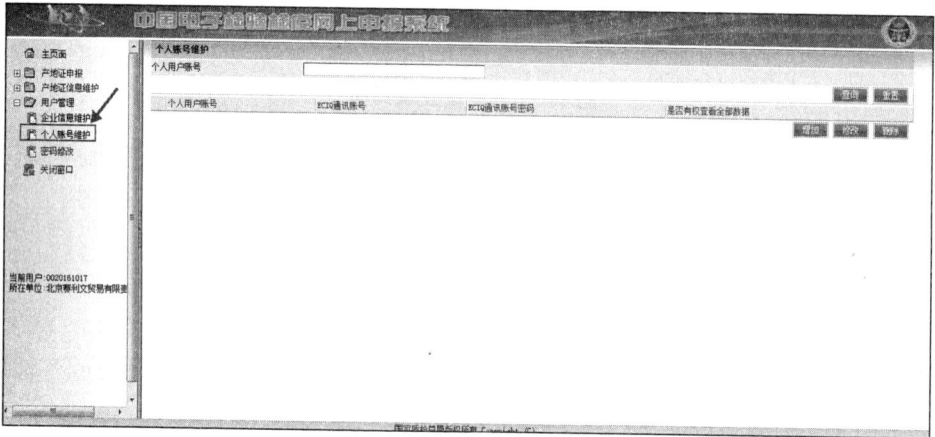

图 11-7 个人账号维护页面

2) 功能按钮

(1) 增加。

点击"增加"按钮,进入个人账号增加页面(见图 11-8),录入个人账号的用户名、密码、勾选业务权限和数据查看权限,点击"保存"按钮,在查询列表中可查询到增加的个人账号数据。

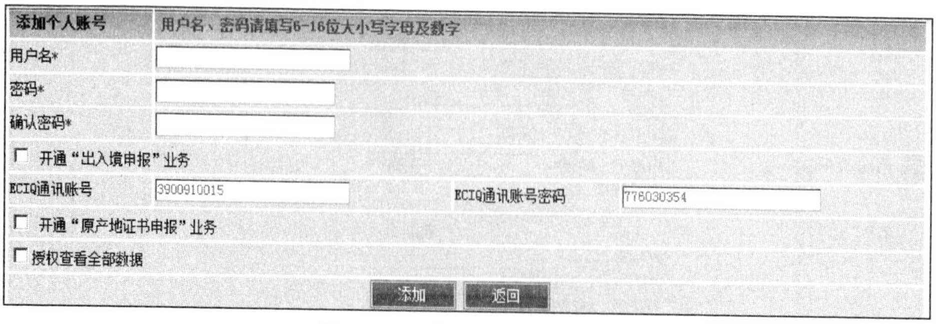

图 11-8 个人账号增加页面

(2) 修改。

选中一条个人账号数据,进入个人账号修改页面,修改个人账号的密码、业务权限和数据查看权限,点击"保存"按钮,查询列表中可查看到修改后的数据。

（3）删除。

选中一条个人账号数据,点击"删除"按钮,弹出确认删除的提示信息,点击"确定"按钮后,查询列表中将查询不到删除的数据。

出境、入境、出境包装报检、尸体棺柩报检、集装箱适载报检和场站划拨报检将报检数据发送给主干系统。

建议进行货物报检申报时,应先维护好报检证默认信息,减少单据填写量。在报检信息维护→报检默认信息维护中,填写好需要设为默认的信息,点击"保存"或者"保存并继续"按钮,如图 11-9 所示。以后新建报检单据时,这些默认信息就会自动填入。

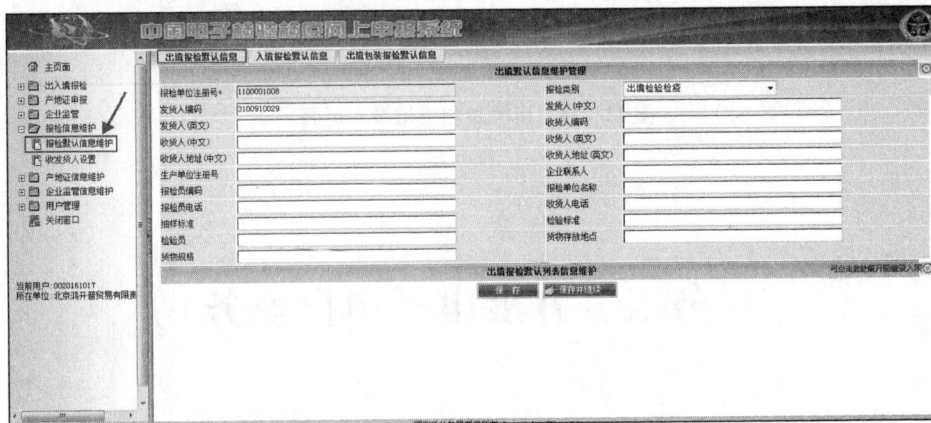

图 11-9　出境报检默认信息维护页面

如果该企业的报检类别为代理,建议进行出入境报检时应先维护好该企业的收货人、发货人及生产单位信息,在报检信息维护→收发货人设置(见图 11-10),可以增加、修改、删除收发货人数据,维护好的数据,用于录入页面的发货人、收货人一栏以及生产单位,在录入页面的发货人编码中输入 3 开头的发货人编码,会将维护好的 3 开头的发货人编码以下拉的方式显示出来,选中数据后,会将发货人编码、发货人中文名称、发货人英文名称及地址自动带出(见图 11-11)。

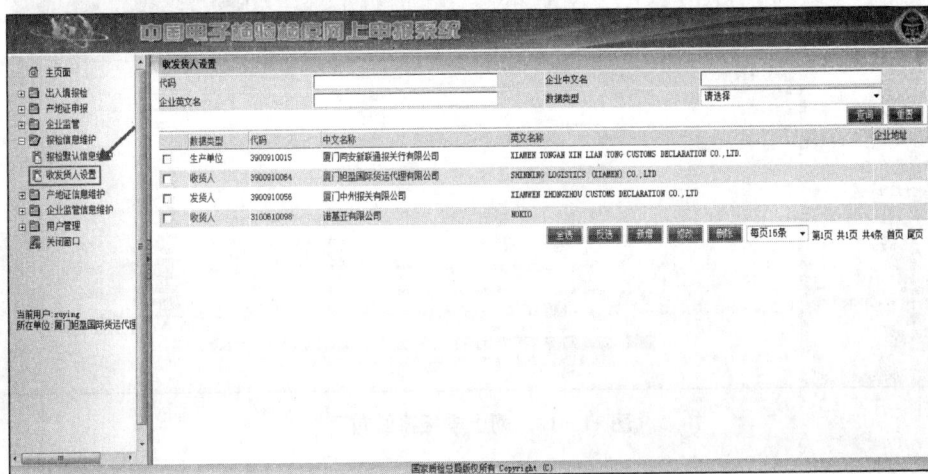

图 11-10　收发货人设置列表页面

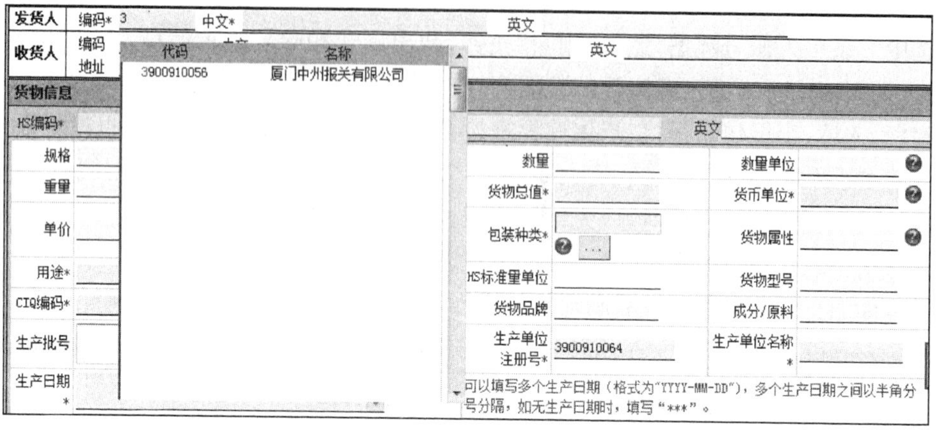

图 11-11　出境货物报检录入页面

任务二　开展电子申报业务

张某申请开通电子报检后，为北京市某进出口有限公司出口到英国的食品进行电子报检，具体程序操作如下。

一、进入网上申报系统

进入网上申报系统首页（见图 11-12）后，点击"出境报检"，进入出境报检控制中心页面。

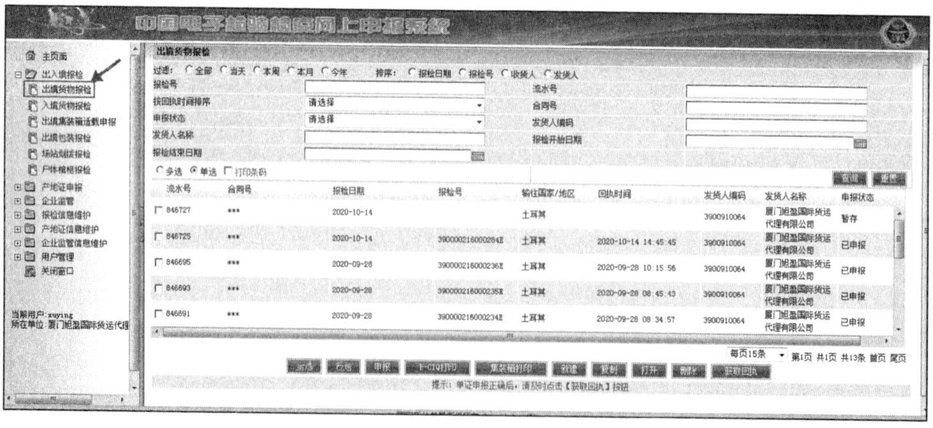

图 11-12　网上申报系统首页

二、填写默认信息

(1) 点击"默认信息"(见图 11 – 13)。

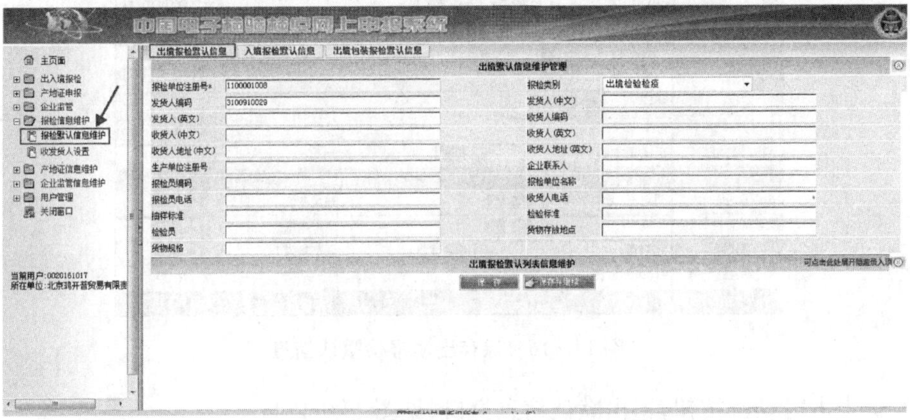

图 11 – 13　出境报检默认信息维护页面

(2) 进入默认信息窗口,在默认信息里可以添加电子密钥用户经常重复使用的信息,如图 11 – 14 所示。

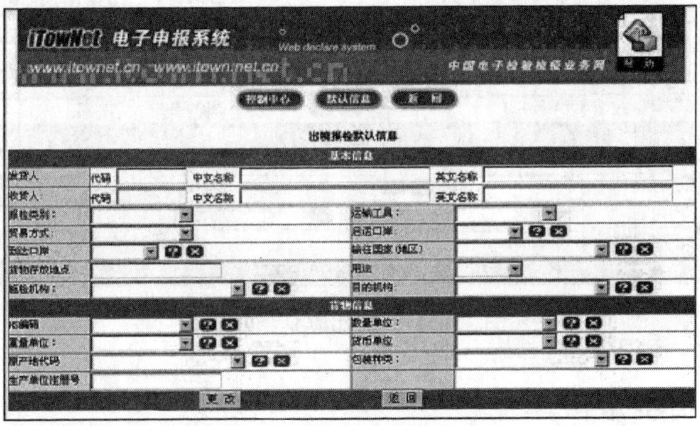

图 11 – 14　出境报检默认信息

(3) 张某按照自己的需要添加每一项,填写完毕点击"更改"按钮(见图 11 – 15)。

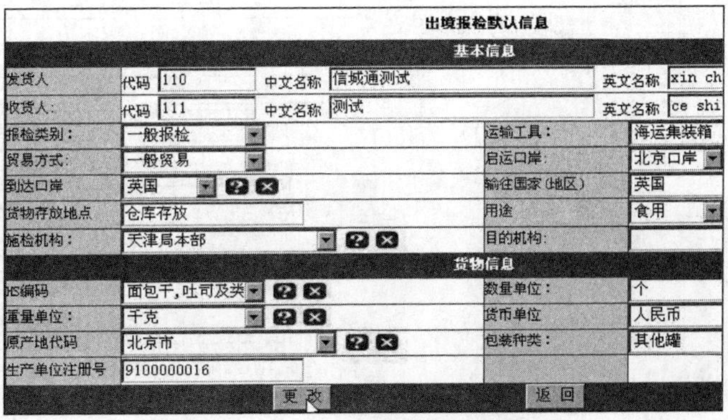

图 11 – 15　提交出境报检默认信息

（4）在弹出的询问是否保存对话框中，点击"确定"按钮（见图 11 - 16）。

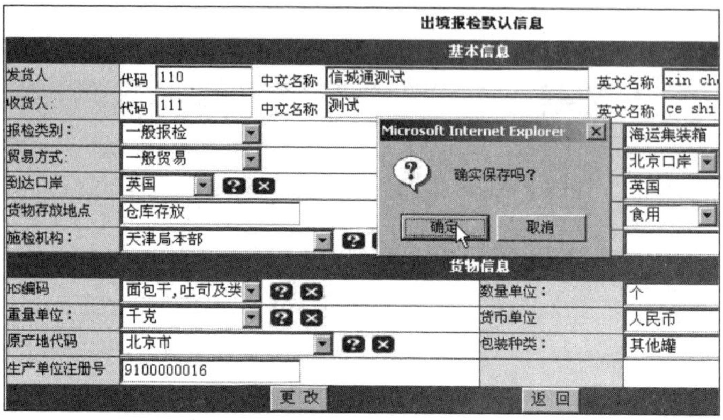

图 11 - 16　保存出境报检默认信息

（5）点击"返回"按钮，退出默认信息窗口（见图 11 - 17）。

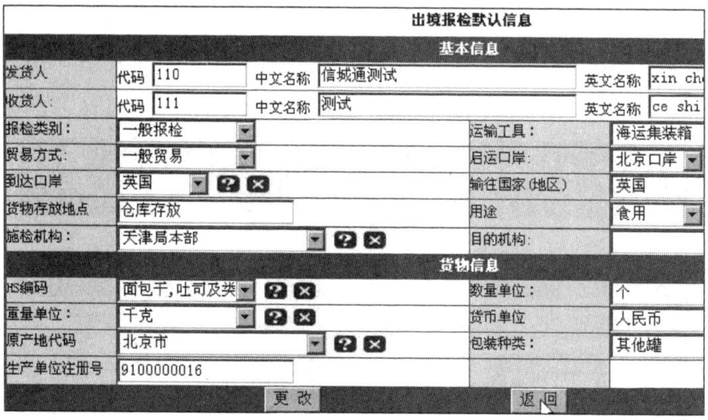

图 11 - 17　退出默认信息窗口

三、填写出境报检单

（1）登录出境报检录入页面，如图 11 - 18 所示。

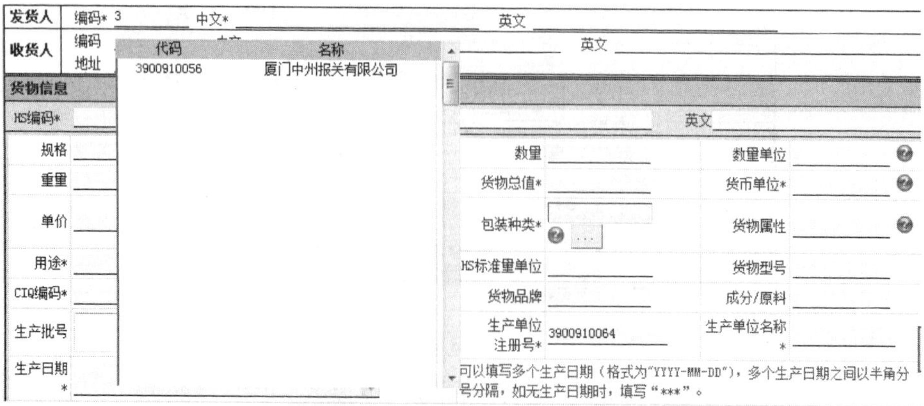

图 11 - 18　出境报检录入页面

（2）新建报检单。点击"新建"，弹出一份出境货物报检单。

（3）填写报检单。其中"＊"部分为必填项。

（4）报检单填制好后，单击"暂存"按钮，并认真核实其中每一项内容。此举是为了防止有输入错误的内容直接申报造成影响，先暂时存在系统中，不提交到检验检疫局。

（5）确认填写无误后，单击"申报"按钮，并点击"确定"。将数据提交到检验检疫局，完成整个电子报检流程。

四、刷新并查看回执

点击"获取回执"按钮，手动获取主干的回执信息。选中报检单后在下方可以看到该报检单的回执信息。如图 11－19 所示。

图 11－19　回执信息

五、电子报检单(E－CIQ)打印

选中一条报检数据，点击"E－CIQ 打印"按钮，弹出 E－CIQ 打印页面。

提示：

（1）获取回执不是针对选中报检单的，是针对所有报检数据的；

（2）带有 [?] 的基础数据录入字段，可以采用输入代码或名称进行查询挑选。目前只支持左匹配和全匹配。例如，离境口岸输入"3"或"厦门"，下方会显示出代码 3 或厦门开头的离境口岸，如图 11－20、图 11－21 所示。

图 11－20　离境口岸名称及代码 1

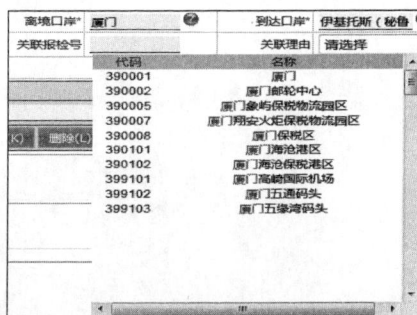

图 11－21　离境口岸名称及代码 2

六、施检

接收到电子报检成功的信息后,持报检单和随附单据到施检部门现场报检、施检。

七、计收费

按照电子审单系统自动完成的计费结果缴纳费用。

八、签证放行

检验检疫部门签发出境货物通关单,凭以通关。

入境货物报检,企业可以对入境报检单进行申报、修改、查看、删除、打印等操作,手动获取主干系统的回执信息。操作方法同"出境报检"。

项目十二　申报出境货物检验检疫

学习目标

知识目标

1. 熟悉出境货物报检的基本规定和报检程序。
2. 了解出境货物报检的分类和报检范围。
3. 掌握各类特殊货物出境报检的规定和注意事项。

技能目标

掌握申报出境货物检验检疫。

情境导入

在 S 局辖区的 A 企业于 2016 年 1—3 月分 5 批出口了塑胶玩具共计 688 832 套,货物总值 91 376.32 美元。由于交货时间紧迫,该企业来不及送样至辖区检验检疫局做检验,便委托内地的货代公司以 A 企业的名义在当地的检验检疫局报检,在并未提供样品进行检验的情况下直接购买了该检验检疫局出具的"出境货物换证凭单",然后在深圳的口岸换取"出境货物通关单"出口了。

按照《中华人民共和国进出口商品检验法实施条例》的有关规定,检验检疫机构依法对进出口商品实施检验。列入《法检目录》的进出口商品必须接受检验检疫机构的检验,其中就出口商品而言,未经过检验或者检验不合格的,不准出口。如果违反了上述规定,就构成逃避商品检验的违法行为,要依法承担相应的法律责任。很显然,A 企业未将产品送样检验,而是直接购买异地检验检疫局出具的"出境货物换证凭单",由深圳的口岸出口。该企业涉嫌擅自出口未经检验的出口法检货物。

思考与讨论:

1. 出境货物报检的范围涵盖哪些?
2. 出境货物报检的程序有哪些环节?

任务一　一般货物出境报检

一、出境货物报检的分类

出境货物报检,是指报检员根据我国有关法律法规、对外贸易合同的规定,向检验检疫机构申请检验、检疫、鉴定以获得出境合法凭证及某种公证证明所必须履行的法定程序和手续,一般可以分为出境一般报检、出境换证报检、出境预检报检。出境报检业务流程如图 12-1 所示。

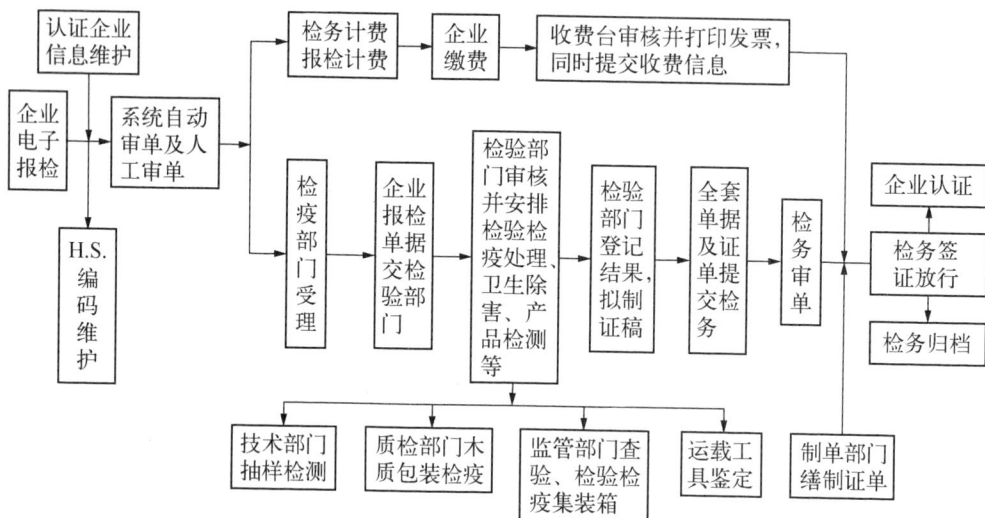

图 12-1　出境报检业务流程

(一) 出境一般报检

出境一般报检是指法定检验检疫的出境货物的货主或其代理人,持有关单证向产地检验检疫机构申请检验检疫以取得出境放行证明及其他证单的报检。

出境一般报检货物,在当地海关报关的,产地检验检疫机构签发"出境货物通关单"(见图 12-2),货主或其代理人持"出境货物通关单"向当地海关报关。

在异地报关的,由产地检验检疫机构签发"出境货物换证凭单"或"换证凭条",货主凭此向报关地检验检疫机构申请换发"出境货物通关单"。

如果货物符合出口直通放行条件,产地检验检疫机构直接签发"出境货物通关单",货主凭此直接向报关地海关办理通关手续,货主无须再凭产地检验检疫机构签发的"出境货物换证凭单"或"换证凭条"到报关地检验检疫机构换发"出境货物通关单"。

(二) 出境换证报检

出境换证报检是指经产地检验检疫机构检验检疫合格的法定检验检疫出境货物的货主或其代

中华人民共和国出入境检验检疫 出境货物通关单			
			编号:
1. 发货人			
2. 收货人			
3. 合同/信用证号		4. 输往国家或地区	
6. 运输工具名称及号码		7. 发货日期	8. 集装箱规格及数量
9. 货物名称及规格	10. H.S. 编码	11. 申报总值	12. 数/重量、包装数量及种类
13. 证明 　上述货物业经检验检疫,请海关予以放行。 　本通关单有效期至　　年　月　日 　　签字:　　　　　日期:　年　月　日			
14. 备注			

图 12-2　出境货物通关单样本

理人,持产地检验检疫机构签发的"出境货物换证凭单"或"换证凭条"向报关地检验检疫机构申请换发"出境货物通关单"的报检。对于出境换证报检的货物,报关地检验检疫机构按照海关总署规定的抽查比例进行查验。

(三) 出境预检报检

出境预检报检是指货主或其代理人持有关单证向产地检验检疫机构对暂时还不能出口的货物预先实施检验检疫的报检。合格的,签发标明"预检"字样的"出境货物换证凭单"。正式出口时,可凭此证申请办理换证放行手续。

申请报检的货物是经常出口的、非易腐烂变质的、非易燃易爆的商品。

二、出境货物报检的时间和地点

(一) 报检时间

一般情况下,出境货物最迟应在出口报关或装运前 7 日报检。个别检验检疫周期较长的货物,应留有相应的检验检疫时间。需隔离检疫的出境动物在出境前 60 日预报,隔离前 7 日报检。出境观赏动物应在动物出境前 30 日到出境口岸检验检疫机构报检。

(二) 报检地点

法定检验检疫货物,除活动物须由口岸检验检疫机构检验检疫外,原则上应实施产地检验检疫,在产地检验检疫机构报检。

法律法规允许在市场采购的货物向采购地的检验检疫机构办理报检手续。异地报关的货物,在报关地检验检疫机构办理换证报检(实施出口直通放行制度的货物除外)。

三、出境货物报检应提交的单据

出境货物报检时,应填写"出境货物报检单",并提供合同、信用证,发票、装箱单等必要的凭证及其他检验检疫机构要求提供的特殊单证。

任务二　食品出境报检

一、出境食品报检范围

需要报检的出境食品包括一切出口食品(包括各种供人食用、饮用的成品和原料以及按照传统习惯加入药物的食品)和用于出口食品的食品添加剂等。《中华人民共和国食品卫生法》对食品和食品添加剂的定义为:食品,指各种供人食用或者饮用的成品和原料以及按照传统既是食品又是中药材的物品,但是不包括以治疗为目的的物品;食品添加剂,指为改善食品品质和色、香、味以及为防腐、保鲜和加工工艺的需要而加入食品中的人工合成或者天然物质,包括营养强化剂。

二、出境食品报检应提交的单据

除按规定填写"出境货物报检单",并提供合同、信用证、发票、装箱单等有关单证外,还应提供如下相应单证:① 生产企业(包括加工厂、冷库、仓库)的"出口食品生产企业备案证明"(见图 12 - 3);② 检验检疫机构出具的"出入境食品包装及材料检验检疫结果单";③ 出口预包装食品的,还应提供与标签检验有关的标签样张和翻译件。

三、其他规定和要求

国家对出口食品的生产、加工、储存企业实施卫生备案制度,企业应该取得"出口食品生产企业备案证明"。货主或其代理人向检验检疫机构报检的出口食品,须产自或储存于经卫生备案的企业或仓库,未经卫生备案的企业和仓库所生产或储存的出口食品,检验检疫机构不予受理报检。

图 12 - 3　出口食品生产企业备案证明

出口食品的标签必须符合进口国(地区)的要求。以中韩《关于进出口水产品卫生管理协议》为例子,对于出口至韩国的水产品,其包装上应有进口国文字及英文标志,标志内容包括品名、出口国国家名称、注册登记加工厂名称及注册编号,所有标志内容应清晰、醒目、持久。

对申报仅用于工业用途,不用于人类食品添加剂及原料的产品,企业须提交贸易合同及非用于人类食品和动物饲料添加剂及原科产品用途的证明;对申报用于人类食品或动物饲料添加剂及原料产品,报检时须注明用于人类食品加工或用于动物饲料加工。

经典案例 12 - 1

2015 年 6 月,英国食品标准局和加拿大食品检验局陆续发布消息并相继召回受肉毒杆菌污染的鸡肉和烟熏鱼等相关产品。我国有关食品出口企业对此予以高度重视。肉毒杆菌是一种生长在缺氧环境下的细菌,在罐头食品及密封腌渍食物中具有极强的生存能力,是毒性最强的细菌之一。人们食入和吸收这种毒素后,神经系统将遭到破坏,出现头晕、呼吸困难和肌肉乏力等症状。严重者可因呼吸麻痹而死亡。欧盟是我国的主要的贸易伙伴,也是我国最大的产品出口市场之一。相关出口企业应该注意:夏季气温较高,食品在生产过程中比较容易滋生细菌,企业应加强对产品及整个生产工艺过程的安全卫生监管,对各个环节进行相关的微生物检测,尤其对生产环境要进行严格消毒。此外,应及时掌握欧盟对肉毒杆菌等相关细菌的最新检测标准及方法,以免造成损失。

思考讨论:

1. 出境食品的报检范围有哪些?
2. 出境食品的报检程序是什么?
3. 出境食品的卫生备案管理规定有哪些?

经典案例 12 - 2

2016 年 3 月 21、22 日,有三家进出口公司分别委托宁波 B 公司向宁波出入境检验检疫局报检了 3 批,出口到加拿大、意大利、美国的金枣酥、沙琪玛、南枣核桃糕等食品。上述 3 批货物的生产厂家均为 B 公司。

3 月 28 日,宁波检验检疫局稽查处执法人员根据掌握的线索,会同食检处工作人员赴 B 公司对该 3 批货物进行核查。经清点数量,检验人员发现,该公司报检的 3 批货物的库存数量不全。据 B 公司称有一批货物已作为内销产品销售,请求申请撤销该批货物的报检单证。在进一步核查过程中,检验人员又发现另 2 批食品外包装上的标签标志有问题,其中生产批号为 0A0096003 的 210 箱沙琪玛外包装纸箱上没有标注生产日期,其内包装塑料袋上标示"最后食用期限为 2017 年 3 月 31 日,保质期限 360 天"的字样,而实际生产日期为 3 月 20 日,标示的生产日期与实际生产日期明显不符。生产批号为 0A0096001 的金枣酥上标签标示的生产日期为 4 月 5 日,而实际生产日期为 3 月 21 日,两者也明显不符。

思考讨论:

1. 该案例中的 B 公司违反了哪条规定?
2. 食品报检应当注意什么问题?

任务三　化妆品出境报检

化妆品是指以涂抹、喷洒或者其他类似方法,散布于人体表面的任何部位,如皮肤、毛发、指(趾)甲、唇齿等,以达到清洁、保养、美容、修饰和改变外观,或者修正人体气味,保持良好状态目的的化学工业品或精细化工产品。它与人类的密切程度仅次于食品,是和人体直接接触的物质,其所含有的具有潜在危险的化学成分对人体健康会产生严重的危害。随着化妆品消费的日益增加,其安全问题也日益引起人们的关注。我国及国际上许多国家对化妆品实施法定检验,对安全和卫生要求很高,特别是对汞、铅等有害金属成分加以严格的限制。

一、出境化妆品报检范围

需要报检的出境化妆品包括划入《法检目录》及有关国际条约、相关法律、行政法规规定需要检验检疫的化妆品(包括成品和半成品)。

H.S.编码为 3303000000 的香水及花露水、H.S.编码为 3304100000 的唇用化妆品、H.S.编码为 3304200000 的眼用化妆品、H.S.编码为 3304300000 的指(趾)用化妆品、H.S.编码为 3304910000 的香粉(不论是否压紧)、H.S.编码为 3304990010 的护肤品(包括防晒油或晒黑油,但药品除外)、H.S.编码为 3304990090 的其他美容化妆品、H.S.编码为 3305100000 的洗发剂(香波)、H.S.编码为 3305200000 的烫发剂、H.S.编码为 3305300000 的定型剂、H.S.编码为 3305900000 的其他护发品。

二、出境化妆品报检应提交的单据

除按规定填写"出境货物报检单"并提供合同、信用证、发票、装箱单等有关单证外,出口预包装化妆品,还应提供与标签检验有关的标签样张和翻译件。首次出口的化妆品应当提供以下文件:① 出口化妆品企业营业执照、卫生许可证、生产许可证、生产企业备案材料及法律、行政法规要求的其他证明(化妆品生产许可证办理流程如图 12 - 4 所示)。② 自我声明。声明化妆品符合进口国家(地区)相关法规和标准的要求,正常使用不会对人体健康产生危害等内容。③ 产品配方。④ 销售包装化妆品成品应当提交外文标签样张和中文翻译件。⑤ 特殊用途销售包装化妆品成品应当提供相应的卫生许可批件或者具有相关资质的机构出具的是否存在安全性风险物质的有关安全性评估资料。⑥ 安全性评价资料和产品成分表(包括特殊化妆品)以供检验检疫机构备案。

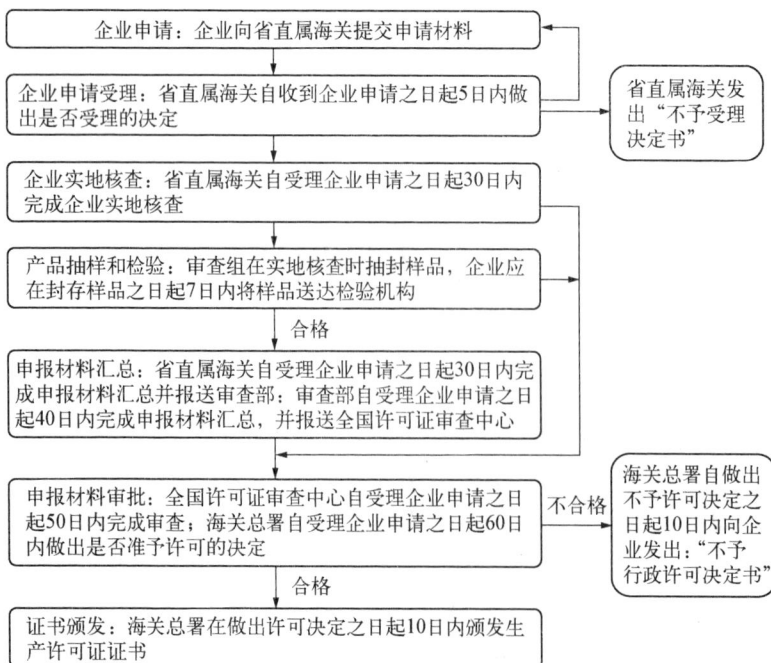

```
┌─────────────────────────────────────────────────┐
│ 企业申请:企业向省直属海关提交申请材料              │ ◄─────────┐
└─────────────────────────────────────────────────┘            │
                    │                                           │
┌─────────────────────────────────────────────────┐   ┌──────────────┐
│ 企业申请受理:省直属海关自收到企业申请之日起5日内做  │   │ 省直属海关发   │
│ 出是否受理的决定                                  │   │ 出"不予受理   │
└─────────────────────────────────────────────────┘   │ 决定书"       │
                    │                                  └──────────────┘
┌─────────────────────────────────────────────────┐
│ 企业实地核查:省直属海关自受理企业申请之日起30日内   │
│ 完成企业实地核查                                  │
└─────────────────────────────────────────────────┘
                    │
┌─────────────────────────────────────────────────┐
│ 产品抽样和检验:审查组在实地核查时抽封样品,企业应    │
│ 在封存样品之日起7日内将样品送达检验机构             │
└─────────────────────────────────────────────────┘
                    │ 合格
┌─────────────────────────────────────────────────┐
│ 申报材料汇总:省直属海关自受理企业申请之日起30日内完  │
│ 成申报材料汇总并报送审查部;审查部自受理企业申请之日 │
│ 起40日内完成申报材料汇总,并报送全国许可证审查中心   │
└─────────────────────────────────────────────────┘
                    │
┌─────────────────────────────────────────────────┐  不合格  ┌──────────────┐
│ 申报材料审批:全国许可证审查中心自受理企业申请之日   │ ───────► │ 海关总署自做出  │
│ 起50日内完成审查;海关总署自受理企业申请之日起60日   │          │ 不予许可决定之  │
│ 内做出是否准予许可的决定                            │          │ 日起10日内向企  │
└─────────────────────────────────────────────────┘          │ 业发出:"不予   │
                    │ 合格                                     │ 行政许可决定书" │
┌─────────────────────────────────────────────────┐          └──────────────┘
│ 证书颁发:海关总署在做出许可决定之日起10日内颁发生   │
│ 产许可证证书                                      │
└─────────────────────────────────────────────────┘
```

图 12 - 4 化妆品生产许可证办理流程

上述文件提供复印件的,应当同时交验正本。

三、出境化妆品报检要求

(一) 标签的标注

出口化妆品标签必须标注如下内容:产品名称、制造者的名称和地址、生产者的名称和地址、净容量、化妆品成分表、保质期、生产许可证号(未实行生产许可证的产品除外)、卫生许可证号(未实行卫生许可证的产品除外)、产品标准号、批准文号(特殊用途化妆品)、备案号(进口非特殊用途化妆品)、安全警告用语(凡国家有关法律和法规有要求或根据化妆品特点需要时)。

凡使用或者保存不当容易造成化妆品本身损坏或者可能危及人体健康和人身安全的化妆品、适用于儿童等特殊人群的化妆品,必须标注注意事项、警示说明和使用指南,必要时应注明满足保质期和安全性要求的储存条件等。

(二) 检验检疫不合格的处理方式

出口化妆品检验检疫不合格的,按如下方式处理:① 安全卫生指标不合格的,在检验检疫机构的监督下销毁。② 其他项目不合格的,在检验检疫机构监督下进行技术处理,经重新检验合格方可出口;不能进行技术处理或者经技术处理后重新检验仍不合格的,不准出口。③ 来料加工全部复出口的化妆品,来料进口时,能够提供符合拟复出口国家(地区)法规或者标准的证明性文件的,可免于按照我国标准进行检验;加工后的产品,按照进口国家(地区)的标准进行检验检疫。

(三) 监督管理

海关总署对进出口化妆品安全实施风险监测制度,组织制订和实施年度进出口化妆品安全风险监控计划。根据进出口化妆品风险监测结果,在风险分类的基础上调整对进出口化妆品的检验检疫和监管措施。

海关总署对进出口化妆品建立风险预警与快速反应机制。进出口化妆品发生质量安全问题,或者国内外发生化妆品质量安全问题可能影响到进出口化妆品安全时,海关总署和检验检疫机构应当及时启动风险预警机制,采取快速反应措施。根据风险类型和程度,可以采取以下快速反应措施:① 有条件地限制进出口,包括严密监控、加严检验、责令召回等;② 禁止进出口,就地销毁或者作退运处理;③ 启动进出口化妆品安全应急预案。

经典案例 12 - 3

随着人们生活水平的不断提高,化妆品已逐渐从生活奢侈品变成了日用必需品。然而,近年来化妆品质量问题接连发生,这不但给消费者带来健康危害,也给生产企业带来了损失。2013 年,欧盟非食品类快速预警系统对一款中国产美白产品发出消费者警告,该产品含汞量为每千克8 600毫克,不符合欧盟(EC) No.1223/32009化妆品法规,进口商和分销商已采取撤出市场的措施。

昆山是江苏重要的出口化妆品生产基地,产品销往欧、美、日等五大洲近40个国家和地区。昆山检验检疫局提醒出口化妆品企业,在欧美日益严苛的化妆品管理制度下,应及时收集和掌握输入国家和地区的化妆品法规信息。一方面加强对化妆品原辅料的质量控制,建立完善的合格供应商评价体系,从源头上对产品质量进行把关;另一方面要及时改进工艺,优化整个生产流程,整改产品不安全因素,完成从成本优势型产品向技术优势型产品升级,避免经济损失。

思考讨论:

1. 出境化妆品的报检范围有哪些?

2. 出境化妆品报检的具体要求是什么?

3. 出境化妆品报检时需提供的单据有哪些?

经典案例12-4

出口美国的化妆品为什么频遭FDA扣留?

浙江某外贸公司出口美国的口红、洗手液、沐浴液等3批化妆品连续被FDA(食品药品监督管理局)通报,产品被扣留在港口无法入关,企业损失惨重。原因是产品进入美国境内前没有在美国FDA登记。

案例分析:按美国联邦规章有关化妆品企业登记的21CFR710条款、有关化妆品成分及原料构成存档的21CFR720条款规定,化妆品企业的这些登记行为都是自愿的,也就是说出口美国的化妆品生产企业可以向美国FDA登记企业及产品成分、原料构成信息,也可以不登记。

但上述化妆品为什么会被美国FDA扣留呢?这主要是由于美国法律对化妆品的定义与中国不同,某些具有特殊功效的化妆品在美国也属于药品的范畴,必须符合化妆品和药品的双重要求。而药品是要求强制向FDA登记的,未经FDA批准不得销售,也就不能入关。这类产品有很多,包括具有去头屑功效的洗发香波,具有防蛀功放的含氟牙膏,具有止汗功效的除臭剂,以及具有防晒声明的润肤品等。而该批出口美国的口红具有防晒功效,却没有按药品要求在FDA登记。

任务四　玩具出境报检

玩具已成为我国主要的轻工出口产品之一。玩具能够帮助儿童增长知识、发展智力,一般为特定年龄组的儿童设计和制造。作为儿童玩具,它必须能吸引儿童的注意力。这就要求玩具具有颜色鲜艳、声音丰富、易于操作的特性。就其材质来说，儿童玩具有木制玩具、金属玩具、布绒玩具等；就其功能来说，最受家长欢迎的是开发智力型的玩具。由于儿童受智力发育的自然限制，不能识别玩具的潜在危险，不懂得如何保护自己免受伤害，因此国际上对玩具的安全、卫生性能要求很高，许多国家制定了严格的玩具安全法规标准，并实施严格的检验管制。比如欧盟的玩具安全标准 EN7I、美国的玩具安全标准 ASTMF96303。

玩具不仅关系到少年儿童的生命健康，而且关系到我国出口产品在国际上的形象，关系到我国对外贸易的健康发展。我国对出口玩具实施法定检验。

一、出境玩具报检范围

出境玩具报检范围是：H.S.编码为 95030010 的三轮车、踏板车、踏板汽车和类似的带轮玩具或玩偶车，H.S 编码为 95030021 的动物玩偶，H.S.编码为 95030029 的其他玩偶，H.S.编码为 95030031 的缩小版的电动火车模型，H.S.编码为 95030040 的其他建筑套件及建筑玩具，H.S.编码为 95030050 的玩具乐器，H.S.编码为 95030060 的智力玩具，H.S.编码为 95030081 的组装成套的其他玩具，H.S.编码为 95030082 的其他带动力装置的玩具及模型，H.S.编码为 95030089 的其他未列明的玩具等。

二、出境玩具报检应提交的单据

出境玩具报检时除按规定填写"出境货物报检单"，并提供合同、信用证、发票、装箱单等有关单证外，还应提供如下相应单证：① 出口玩具产品质量许可(注册登记)证书(见图 12-5)。② 该批货物符合输入国家(地区)的标准或者技术法规要求的声明。输入国家(地区)的技术法规和标准无明确规定的，提供该批货物符合我国国家技术规范的强制性要求的声明。③ 玩具实验室出具的检测报告。④ 海关总署规定的其他材料。⑤ 出口日本的玩具，须同时提供安全项目检测合格报告和能证明其产品满足日本玩具法规要求(特别是化学项目)的检测报告。

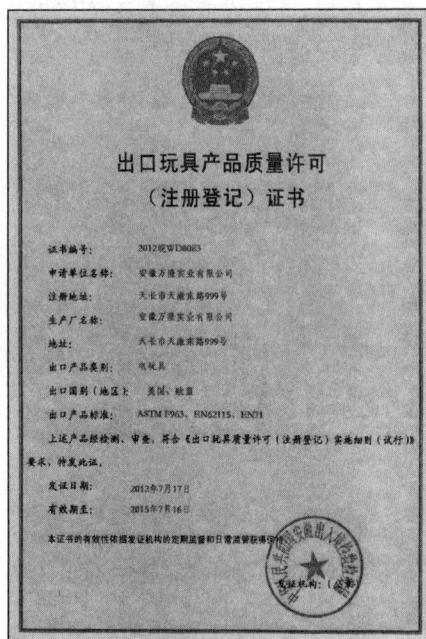

图 12-5 出口玩具产品质量许可(注册登记)证书

三、出境玩具报检要求

海关总署对出口玩具产品实施出口玩具注册登记制度，严禁在玩具的材料中使用有毒有害物质。

玩具出口企业在生产过程中使用新的材料时，应向检验检疫机构提供新材料的成分表和有关物质的安全分析表，或有关机构的毒理评估报告，同时提供进口商或品牌商对该成分的安全保证确认函。

出口可充电类玩具产品时,出口企业除按要求提供产品的首件检测报告或安全项目检测报告外,还必须提供所使用电池的安全性能检测报告或者该玩具的型式试验报告,供检验检疫机构对充电电池进行安全性检测。

检验检疫机构对出口玩具生产企业按照《出口工业产品生产企业分类管理办法》实施分类管理。

未能在检验有效期内出口或者在检验有效期内变更输入国家(地区)且检验要求不同的,应当重新向检验检疫机构报检。

经典案例 12-5

2017年6月25日,德国《焦点》周刊报道称,法兰克福海关近日没收了35吨来自中国的指压陀螺,其背景是近来风靡德国校园的"指压陀螺热潮"。报道称,指压陀螺突然间成了德国孩子们的最爱,有些地方甚至出现了脱销现象。德国玩具零售商协会负责人费舍尔说,这款玩具介于保健球、螺旋桨和飞镖之间,已成为2017年夏季德国最热门的玩具,是中小学生人手一个的"标配"。产品安全专家警告,由于一些指压陀螺的零件和电池容易脱落,易使孩子吞咽和受伤,所以应进行更严格的使用年龄限制。据称,这些被没收的指压陀螺,既没有欧盟市场"CE"认证安全合格标志,也没有生产厂家的名称和联系方式。

思考讨论:

1. 出境玩具的报检范围有哪些?
2. 出境玩具的报检要求是什么?
3. 出境玩具监督管理的内容包括什么?

任务五　植物及植物产品出境报检

植物检疫是农病虫害综合防治体系中的主要环节,它与动物检疫一起作为口岸检验检疫工作的重要环节,是为了防治植物危险性病虫害在国内蔓延和在国家间传播所采取的一项技术行政措施。

一、植物及植物产品报检范围

根据我国《动植物检疫法》的规定,出境植物及植物产品的报检范围包括:① 出境植物、植物产品和其他检疫物;② 装载植物、植物产品和其他检疫物的装载容器、包装物、铺垫材料;③ 有关法律、行政法规、国际条约股东或者贸易合同约定应当实施出境植物检疫的其他货物、物品。

在这里"植物"是指栽培植物、野生植物及其种子、种苗和其他繁殖材料等;"植物产品"是指来源于植物未经加工或者虽经加工仍有可能传播病虫害的产品,如粮食、豆、棉花、油、麻、烟、草、籽仁、干果、鲜果、蔬菜、生药材、木材、饲料等；"其他检疫物"包括植物废弃物、垫舱木、芦苇、草帘、竹篓、麻袋、纸等废旧植物性包装物、有机肥料等。

二、植物及植物产品报检地点及应提供的单证

出口水果应该在包装厂所在地检验检疫机构报检。

货主或其代理人在办理报检时应该按规定填写"出境货物报检单"并提供相应外贸单据，如合同、信用证、发票、装箱单等，此外还要提供如下单证：① 如果是濒危和野生动植物资源的，须出具国家濒危物种进出口管理办公室或其授权的办事机构签发的允许出境证明文件。② 如果是输往欧盟、美国、加拿大等国家（地区）的出境盆景，应提供"出境盆景场/苗木种植场检疫注册证"。③ 出境水果来自注册登记果园、包装厂的，应当提供"注册登记证书"（复印件）。来自本辖区以外其他注册果园的，由注册果园所在地检验检疫机构出具水果"产地供货证明"。④ 供我国港澳地区的蔬菜，报检时应当提交供港澳蔬菜加工原料证明文件、出货清单以及出厂合格证明。

出境植物及其产品的检疫程序一般依次为：审批、报检、检疫、签证和其他检疫等。具体流程如图 12－6 所示。

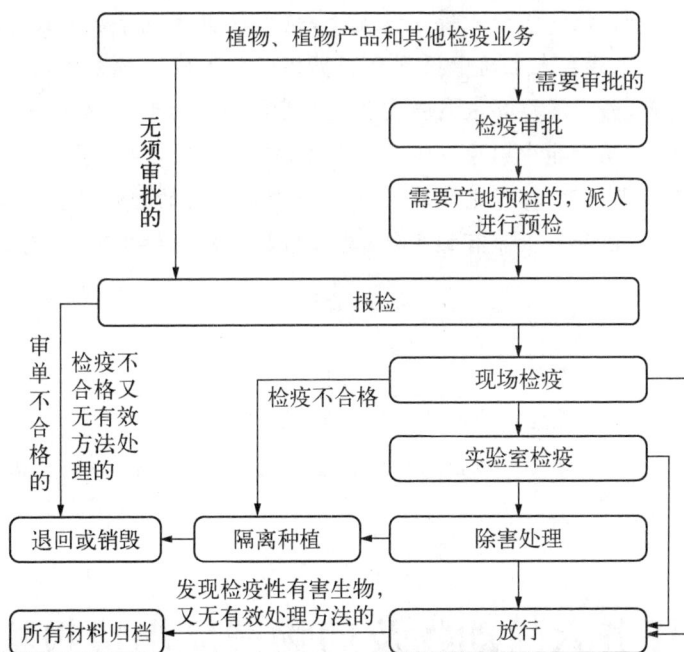

图 12－6　出境植物及其产品的检疫流程

三、其他规定和要求

实施出境种苗花卉基地注册登记制度，推行"公司＋基地＋标准化"的管理模式。从事出境种苗花卉生产经营的企业，应向所在地检验检疫机构申请注册登记，填写"出境种苗花卉生产经营企业注册登记申请表"及提交相关证明材料。未获得注册登记的企业，不

得从事出境种苗花卉生产经营业务。来自未实施注册登记生产经营企业的种苗花卉,检验检疫机构不得受理报检,不准出口。

我国对出境水果果园和包装厂实行注册登记制度。来自非注册果园、包装厂的水果,以及出境水果来源不清楚的,不准出口。

对输往智利的水果,所有水果包装箱应用英文标注"水果种类、出口国家、产地、果园名称或其注册号、包装厂及出口商名称"等信息。承载水果包装箱的托盘货物外表应加贴"输往智利共和国"英文标签。

对输往秘鲁的柑橘,包装箱上应用英文标出产地(省份)、果园名称或其注册号、包装厂名称或注册号、"中国输往秘鲁"的字样。

对供我国港澳地区的蔬菜种植基地和蔬菜生产加工企业实施备案管理。种植基地和生产加工企业应向检验检疫机构备案。

经典案例 12-6

2017年,深圳罗湖检验检疫局工作人员从入境旅客随身携带的行李箱中截获600株红背椒草。现场查验发现,该批植株高5~8厘米,全株呈肥厚肉质,除叶面呈暗绿色外,其他部分均为暗红色;植株根茎附着少量泥土,被白色卫生纸层层包裹,使用衣物包裹夹藏于行李箱中。鉴于旅客未主动申报且无法提供任何检疫审批文件,工作人员依法对物品作截留销毁处理,并采集样品送实验室做进一步检疫。红背椒草是一种多肉植物,原产于南美洲热带地区,属于非中国原有物种。种子(苗)、苗木及其他具有繁殖能力的植物材料属于国家明令禁止携带、邮寄进境物品。未经检验检疫的植物及其根茎附着的土壤可能携带各类真菌、细菌和线虫等有害生物,具有植物疫情传播风险,有可能导致外来生物入侵。

思考讨论:

1. 出境植物及植物产品的报检范围有哪些?
2. 出境植物及植物产品企业的注册登记制度有哪些内容?
3. 出境植物产品及植物产品企业的监督管理有哪些内容?

任务六 动物及动物产品出境报检

我国是农业大国,畜牧、水产等养殖业在我国占有举足轻重的地位,动物及动物产品的质量安全不仅关系着企业信誉,关系着消费者的健康,而且关系着政府和国家的形象。因此,做好出境动物及动物产品的检验检疫工作是维护我国出口动物及动物产品质量的需要,也是推动我国农业发展的需要。

一、出境动物报检

(一) 报检范围

根据《进出境动植物检疫法》的规定,我国对出境的动物实施检验检疫。在这里,动物是指饲养、野生的活动物,如畜、家禽、兽、蛇、龟、鱼、虾、蟹、贝、蚕、蜂等。

(二) 报检时间和地点

需隔离检疫的出境动物,应在出境前 60 日预报,隔离前 7 日报检。出境观赏动物(不包括观赏鱼),应在出境前 30 日向出境口岸检验检疫机构报检。

出境野生捕捞水生动物的货主或者其代理人应当在水生动物出境前 3 日向出境口岸检验检疫机构报检。

出境养殖水生动物(包括观赏鱼,下同)的货主或者其代理人应当在水生动物出境前 7 日向注册登记养殖场、中转场所在地检验检疫机构报检。

(三) 报检应提交的单据

报检时应按规定填写"出境货物报检单",并提交外贸合同或销售确认书或信用证(以信用证方式结汇时提供)、发票、装箱单等有关外贸单证。报检以下动物还应提供如下相应单证:① 出境观赏动物的,应提供贸易合同或展出合约、产地检疫证书;② 输出国家规定的保护动物的,应有由国家濒危物种进出口管理办公室出具的许可证;③ 输出非供屠宰用的畜禽,应有农牧部门品种审批单;④ 输出实验动物,应有由国家濒危物种进出口管理办公室出具的"允许进出口证明书";⑤ 输出实行检疫监督的输出动物,须出示生产企业的输出动物检疫许可证;⑥ 出境养殖水生动物的,应提供注册登记证(复印件),并交验原件。

(四) 其他规定和要求

国家对出口动物实行生产企业注册制度。自 2008 年 4 月 1 日起,所有出口的动物都必须来自经检验检疫机构注册的生产加工企业。

出境水生动物的其他规定:① 除捕捞后直接出口的野生捕捞水生动物外,出境水生动物必须来自注册登记养殖场或者中转场。注册登记养殖场、中转场应当保证其出境水生动物符合进口国(地区)的标准或者合同要求,并向出口商出具"出境水生动物供货证明"。② 中转场须凭注册登记养殖场出具的"出境水生动物供货证明"接收水生动物。③ 出境水生动物必须凭产地检验检疫机构出具的动物卫生证书或"出境货物换证凭单"及检验检疫封识进入口岸中转场。在中转场内不得将不同来源的水生动物混合拼装。

凡是在口岸中转场内改变包装的、出口前变更输入国家(地区)的,或超过规定有效期的,必须重新向口岸检验检疫机构报检。

二、出境动物产品及其他检疫物报检

（一）报检范围

根据《进出境动植物检疫法》的规定，我国对出境的动物产品和其他检疫物实施检验检疫。

在这里，动物产品是指来源于动物未经加工或者虽经加工但仍有可能传播疫病的动物产品，如生皮张、毛类、肉类、脏器、油脂、动物水产品、奶制品、蛋类、血液、精液、胚胎、骨、蹄、角等。其中，肉类产品是指动物身体的任何可供人类食用部分，包括胴体、脏器、副产品以及以上述产品为原料的制品，但是不包括罐头产品。

其他检疫物是指动物疫苗、血清、诊断液、动植物性废弃物等。

（二）报检时间和地点

出境动物产品应在出境前 7 日报检，须作熏蒸消毒处理的，应在出境前 15 日报检。出口冷冻肉类产品应当在生产加工后 6 个月内出口，冰鲜肉类产品应当在生产加工后 72 小时内出口。输入国家（地区）另有要求的，按照其要求办理。

（三）报检应提交的单据

报检应按规定填写"出境货物报检单"，并提交外贸合同或销售确认书或信用证（以信用证方式结汇时提供）、发票、装箱单等有关外贸单证，此外还应提供如下相应单证：① 出境动物产品生产企业（包括加工厂、屠宰厂、冷库、仓库）的卫生注册登记证；② 如果出境动物产品来源于国内某种属于国家级保护或濒危物种的动物、濒危野生动植物国际贸易公约中的中国物种的动物，报检时必须递交国家濒危物种进出口管理办公室出具的允许出口证明书。

（四）其他规定和要求

国家对生产出境动物产品的企业（包括加工厂、屠宰厂、冷库、仓库）实施卫生注册登记制度。货主或其代理人向检验检疫机构报检的出境动物产品，必须产自经注册登记的生产企业并存放于注册登记的冷库或仓库。

三、出境水产品报检

（一）报检范围

水产品是指供人类食用的水生动物产品及其制品，包括水母类、软体类、甲壳类、棘皮类、头索类、鱼类、两栖类、爬行类、水生哺乳类动物等其他水生动物产品以及藻类等海洋植物产品及其制品，不包括水生动物及水生动植物繁殖材料（下同）。

（二）报检时间和地点

出口水产品生产企业或者其代理人应当在出口前向产地检验检疫机构报检。

（三）报检应提交的单据

报检应按规定填写"出境货物报检单"，并提交外贸合同或销售确认书或信用证（以信用证方式结汇时提供）、发票、装箱单等有关外贸单证，此外还应提供如下相应单证：① 生产企业检验报告（出厂合格证明）；② 出货清单；③ 所用原料中药物残留、重金属、微生物等有毒有害物质含量符合输入国家（地区）以及我国要求的书面证明。

（四）其他规定和要求

检验检疫机构对出口水产品养殖场实施备案管理。出口水产品生产企业所用的原料应当来自备案的养殖场、经渔业行政主管部门批准的捕捞水域或者捕捞渔船，并符合拟输入国家（地区）的检验检疫要求。

出口水产品备案养殖场应当为其生产的每批出口水产品原料出具供货证明。检验检疫机构按照出口食品生产企业备案管理规定对出口水产品生产企业实施备案管理。输入国家（地区）对中国出口水产品生产企业有注册要求，需要对外推荐注册企业的，按照海关总署相关规定执行。

出口水产品包装上应当按照输入国家（地区）的要求进行标注，在运输包装上注明目的地国家（地区）。

出口水产品超过检验检疫有效期的，应当重新报检。输入国家（地区）另有要求的，按照其要求办理。出口水产品检验检疫的有效期为：① 冷却（保鲜）水产品 7 日；② 干冻、单冻水产品 4 个月；③ 其他水产品 6 个月。

经典案例 12-7

近年来，越来越多的中外旅客携带宠物出境，涉及的宠物主要有狗、猫。每年到了 6 月底，随着暑期的临近，外国留学生陆续回到自己的国家，宠物出境业务又将迎来一波小高潮。每位出境旅客仅限携带 1 只宠物。宠物经检疫合格后，旅客方可凭口岸检验检疫机构签发的动物卫生证书出境。

由于近年来世界各地动物性疫情频频爆发，许多国家为防疫病入侵，对进境宠物检疫日趋严格。这些严格的检验检疫措施主要分三个方面：① 一些国家宠物进境必须获得进境检疫许可，甚至必须有电子识别码或在宠物体内植入芯片身份识别码等；② 严格的进出境检疫、隔离措施；③ 宠物进境时，须缴纳昂贵的检验检疫费用。

思考讨论：

1. 出境动物及动物产品的报检范围有哪些？

2. 出境动物及动物产品的报检要求是什么？

3. 关于出境动物及动物产品，企业的监督管理是如何规定的？

任务七 出境货物木质包装报检

目前,世界各国为了维护本国森林资源的安全,预防各种森林病虫害的传播和蔓延,纷纷对进口木质包装制定和实施越来越严格的检疫制度。我国为了保证出境货物木质包装符合进口国家(地区)的检疫规定,依据《进出境动植物检疫法》及其实施条例、国际植物检疫措施标准第 15 号《国际贸易中木质包装材料管理准则》规定,对出境货物采用木质包装的,依法实行严格的检验检疫。

一、出境货物木质包装报检范围

木质包装是指用于承载、包装、铺垫、支撑、加固货物的木质材料,如木板箱、木条箱、木托盘、木框、木桶、木轴、木楔、垫木、枕木、衬木等。但是经人工合成或者经加热、加压等深度加工的包装用木质材料,如胶合板、纤维板、刨花板等除外,以及薄板旋切芯、锯屑、木丝、刨花等以及厚度小于或者等于 6 毫米的木质材料除外。

二、出境货物木质包装检验检疫

(一) 木质包装材料检疫除害处理方法

为了保证我国出境货物木质包装符合进口国家(地区)的检验检疫规定,根据 2018 年颁布的《出境货物木质包装检疫处理管理办法》的规定进行检疫除害处理,其方法主要是热处理(HT)、溴甲烷熏蒸处理(MB)和国际植物检疫措施标准或输入国家(地区)认可的其他除害处理方法。

知识链接

出境货物木质包装除害处理方法

一、热处理(HT)

必须保证木材中心温度至少达到 56 ℃,持续 30 分钟以上。

窑内烘干(KD)、化学加压浸透(CPI)或其他处理方法只要达到热处理要求,可以视为热处理。如化学加压浸透可通过蒸气、热水或干热等方法达到热处理的技术指标要求。

二、溴甲烷熏蒸处理(MB)

(1) 常压下处理标准(见下表)。

溴甲烷常压熏蒸处理

温　　度	剂量(克、立方米)	最低浓度要求(克、立方米)			
		0.5 小时	2 小时	4 小时	16 小时
≥21 ℃	48	36	24	17	14
≥16 ℃	56	42	28	20	17
≥11 ℃	64	48	32	22	19

(2) 最低熏蒸温度不应低于 10 ℃,熏蒸时间最低不应少于 16 小时。

溴甲烷就是一种无色无味的液体,对昆虫、鼠类都有较好的毒杀作用,渗透性与扩散性强,散毒快,是一种强烈的神经毒物。吸入、摄入或经皮肤吸收均会引起中毒,短时期内接触较大量的溴甲烷会引起神经系统、呼吸系统损害等全身性疾病。部分企业为节约时间或图方便,在集装箱装运前未散毒或散毒不完全即进行装运,严重威胁着口岸人员的健康和环境安全。

此外,还有国际植物检疫措施标准或输入国家(地区)认可的其他除害处理方法。

(二) 加施专用标志

出境货物木质包装应当按照上述列明的检疫除害处理方法实施处理,并按照要求加施专用标志。标志式样如图 12-7 所示。

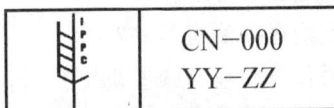

图 12-7　出境货物木质包装除害处理标志

注:IPPC——《国际植物保护公约》的英文缩写;
　　CN——国际标准化组织(ISO)规定的中国国家编码;
　　000——出境货物木质包装标志加施企业的 3 位数登记号,按直属海关分别编号;
　　YY——除害处理方法,溴甲烷熏蒸处理为 MB,热处理为 HT;
　　ZZ——各直属海关 2 位数代码。

直属检验检疫机构对标志加施企业的热处理或者熏蒸处理设施、人员及相关质量管理体系等进行考核,符合要求的,颁发除害处理标志加施资格证书,并公布标志加施企业名单,同时报海关总署备案,标志加施资格的有效期为 3 年;不符合要求的,不予颁发资格证书,并连同不予颁发的理由一并书面告知申请企业。未取得资格证书的,不得擅自加施除害处理标志。

知识链接

美国实施严格的进境木质包装检疫法规

美国农业部动植物检疫局和美国国土安全部于 2006 年 6 月 29 日联合宣布,从 2006

年7月5日起,所有木质包装在进入美国前必须按照 IPPC 的 ISPM15 号标准进行除害处理并加施 IPPC 标志,不能携带林木有害生物。违规木质包装立即退货,不允许在美国实施熏蒸。对各国可能采取的其他处理方法,美国法规视其为违规。因木质包装违规退货所造成的经济损失由进口商负责。如果在有标志的木质包装上发现活的有害生物,如天牛科、吉丁虫科、树蜂科、象鼻虫类、蛾类、蠹类的害虫将视为未做有效处理而退货。

经典案例 12-8

2017年3月,江苏常熟检验检疫局检疫人员在对一批从菲律宾进境的木质包装实施现场查验时,发现木包装上有多个蠹虫虫孔,剖开木样后截获小蠹虫若干。虫样经该局检疫实验室鉴定,确认为检疫性有害生物中对长小蠹和赤材小蠹。中对长小蠹和赤材小蠹均为我国禁止进境的植物检疫性有害生物。中对长小蠹寄主范围广,善在木质部钻蛀坑道,形成大小不一的蛀孔,降低木材的使用价值;赤材小蠹是一种世界分布较广、危害较严重的材小蠹,全国口岸有多次截获记录,目前我国尚无关于此虫分布的报道,其一旦传入可能对我国林业生产、生态环境造成严重危害。由于木质包装携带植物疫情风险较大,已日益引起世界各国的高度重视。同大多数国家一样,我国也对进出境货物木质包装采取经处理合格后再加施 IPPC(国际植物保护公约)标识的做法。因此,我们除关注木箱、木托等木质包装外,对加固用的木条、木块等木质材料也应予以高度重视。

思考与讨论:

1. 出境货物木质包装的报检范围有哪些?

2. 出境货物木质包装的检疫处理方法有哪些?

3. 关于出境货物木质包装的监督管理有哪些规定?

项目十三　申报入境货物检验检疫

学习目标

知识目标

1. 熟悉入境货物报检的基本规定和报检程序。
2. 了解入境货物报检的分类和报检范围。
3. 掌握各类特殊货物入境报检的规定和注意事项。

技能目标

掌握申报入境货物检验检疫。

情境导入

2016 年年底,一艘装载 6.46 万吨印度粉铁矿的货轮靠泊北仑港区某泊位。北仑某港埠公司的码头作业人员在未取得检验检疫人员同意,没有完成水尺鉴定的情况下,擅自登轮与货轮大副办理相关卸货手续,并下达指令开始卸船作业。北仑局鉴定人员到达码头时,作业人员已擅自卸货 20 分钟,部分铁矿石未经重量鉴定被运至堆场,鉴定人员立即要求停止卸货作业。

经过调查得知,这是由于码头作业人员外语较差,在与大副沟通中误以为检验检疫人员已经完成水尺鉴定,于是开始卸货。北仑检验检疫局依照《进出口商品数量、重量检验鉴定管理办法》认定,港埠公司在检验检疫人员未对货物进行数量、重量检验的情况下,擅自卸货,破坏了进口铁矿石重量检验现场条件,影响了检验结果。依据相关规定,对该港埠公司处以 1 万元人民币的罚款。

思考与讨论:

1. 入境货物的报检范围有哪些?
2. 入境货物报检的分类、报检工作的程序是怎样的?

任务一　一般货物入境报检

一、入境货物报检的分类

法定检验检疫的入境货物可分为进境一般报检、进境流向报检和异地施检报检。

（一）进境一般报检

进境一般报检，是指法定检验检疫入境货物的货主或其代理人，持有关证单向卸货口岸检验检疫机构申请检验检疫以取得相应的准许入境货物销售、使用及其他证单的报检。对进境一般报检业务而言，签发"入境货物通关单"和对货物的检验检疫都由报关地检验检疫机构完成，货主或代理人在办理完通关手续后，应主动与货物目的地检验检疫机构联系落实检验检疫工作。

（二）进境流向报检

进境流向报检，亦称口岸清关转异地进行检验检疫的报检，指法定入境检验检疫货物的收货人或其代理人持有关证单在卸货口岸向口岸检验检疫机构报检，由进境口岸检验检疫机构进行必要的检疫处理后签发"入境货物通关单"。货物通关并调往目的地后，收货人或其代理人再向目的地检验检疫机构申报，由目的地检验检疫机构进行检验检疫监管的报检。申请进境流向报检货物的通关地与目的地属于不同辖区。对符合进口直通放行的货物，口岸检验检疫机构不实施检验检疫，货物直运至目的地，由目的地检验检疫机构实施检验检疫。

经典案例 13-1

进境流向货物逃检案

2015年3月—2016年2月，宁波一家公司为青岛某公司代理进口了4批从台湾进口的乙烯乙酸乙烯酯共聚物，总值278 077.50美元。该4批货物均从天津口岸进境，目的地为浙江省宁波市。该4批货物在天津口岸进境时，天津检验检疫局依法签发了4份"入境货物调离通知单"，并明确告知："上述货物须调往目的地检验检疫机构实施检验检疫，请及时与目的地检验检疫机构联系。上述货物未经检验检疫，不准销售、使用。"然而该公司在该4批货物通关进境后，并没有与报检时申报的目的地检验检疫机构——宁波检验检疫局联系检验，而是直接予以销售。

案例分析： 此案中，该公司进口的4批货物报关地（天津市）与货物的目的地（浙江省宁波市）在不同辖区，属于进境流向货物，该公司应该履行"进境流向报检"和"异地施检报检"两次报检义务。该公司的错误在于只办理了进境流向报检手续而没有办理异地施检的报检手续，且在没有接受目的地检验检疫机构——宁波检验检疫局检验的情况下就擅自将该批货物予以销售，客观上造成了逃避进口商品法定检验的事实，明显违反了有关法律法规的规定。

（三）异地施检报检

异地施检报检是指已在口岸完成进境流向报检，货物到达目的地后，该批进境货物的货主或其代理人在规定的时间内（海关放行后20日内），向目的地检验检疫机构申请进行检验检疫的报检。异地施检报检是进境流向报检货物到达目的地后，入境货物的货主或其代理人对同一批货物向目的地检验检疫机构的二次申报。因进境流向报检只在口岸对装运货物的运输工具和外包装进行了必要的检疫处理,并未对整批货物进行检验检疫,所以只有当检验检疫机构对货物实施了具体的检验、检疫,确认其符合有关检验检疫要求及合同、信用证的规定,货主才能获得相应的准许进口货物销售使用的合法凭证,完成进境货物的检验检疫工作。异地施检报检时应提供口岸检验检疫机构签发的"入境货物调离通知单",即"入境货物通关单"中的第二联流向联。

　　入境货物检验检疫的一般工作程序是:先报检,后通关,再进行检验检疫。具体流程如图 13-1 所示。

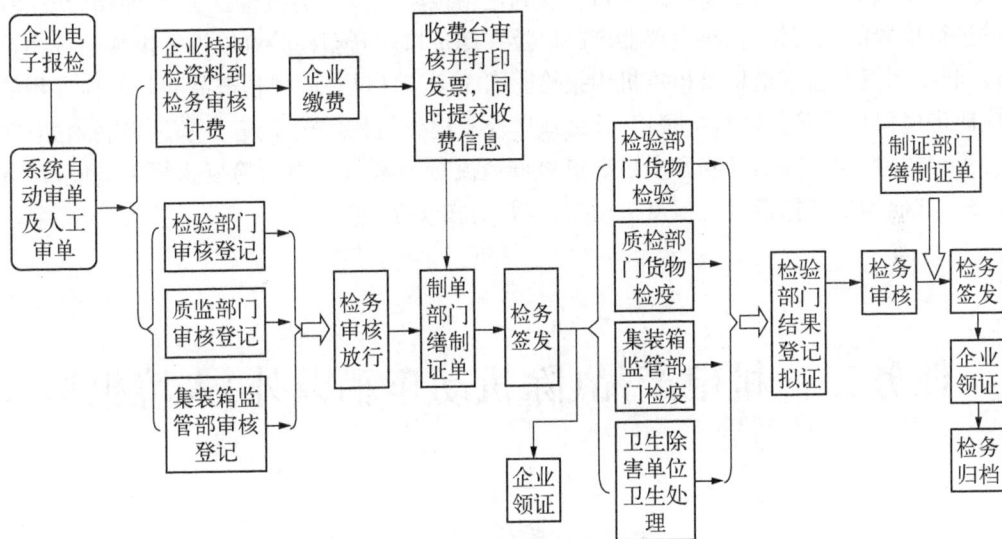

图 13-1　入境货物检验检疫的一般工作程序

二、入境货物报检的时间和地点

(一) 报检时间

　　对于一般的入境货物,货主或其代理人应在入境前或入境时向报关地检验检疫机构报检,具体如下:① 申请货物品质检验和鉴定的,一般应在索赔期到期前不少于 20 日内报检;② 输入其他动物的,应当在进境前 15 日报检;③ 输入植物、种子、种苗及其他繁殖材料的,应当在进境前 7 日报检;④ 动植物性包装物、铺垫材料进境时应当及时报检;⑤ 运输动植物、动植物产品和其他检疫物过境的,应当在进境时报检;⑥ 入境的集装箱货物、废旧物品在到达口岸时,必须向检验检疫机构报检并接受检疫,经检疫或实施消毒、除鼠、除虫或其他必要的卫生处理合格的,方准入境;⑦ 输入微生物、人体组织、生物制品、血液及其制品或种畜、禽及其精液、胚胎、受精卵的,应当在入境前 30 日报检。

(二) 报检地点

　　入境货物按照相应类别到如下地点报检:① 法律法规规定必须经检验检疫机构检验

的进口商品的收货人或者其代理人,应当向报关地检验检疫机构报检;审批、许可证等有关政府批文中规定了检验检疫地点的,在规定的地点报检。② 大宗、散装进口货物的鉴重及合同规定凭卸货口岸检验检疫机构的品质、重量检验证书作为计算价格结算货款的货物,应向卸货口岸或到达站检验检疫机构报检。③ 进口粮食、原糖、化肥、硫黄、矿砂等散装货物,按照国际贸易惯例,应在卸货口岸报检,并须在目的地口岸承载货物的船舱内或在卸货过程中,按有关规定抽取代表性样品进行检验。④ 进口化工原料和化工产品,分拨调运后,不易按原发货批号抽取代表性样品,应在卸货口岸报检。⑤ 在国内转运过程中,容易造成水分挥发、散失或易腐易变的货物,应在卸货口岸报检。⑥ 在卸货时,发现货物残损或短少的,必须向卸货口岸或到达站检验检疫机构报检。⑦ 需要结合安装调试进行检验的成套设备、机电仪器产品以及在卸货口岸开箱检验难以恢复包装的货物,可以向收、用货人所在地检验检疫机构报检。⑧ 输入动植物、动植物产品和其他检疫物的,应向进境口岸检验检疫机构报检,并由口岸检验检疫机构实施检疫。⑨ 进境后须办理转关手续的检疫物,除活动物和来自动植物疫情流行国家(地区)的检疫物须由进境口岸检疫外,其他均应到指定检验检疫机构报检,并实施检疫。

任务二　机电产品(除机动车辆以外)入境报检

一、入境机电产品报检范围

机电产品(含旧机电产品)是指机械设备、电气设备、交通运输工具、电子产品、电器产品、仪器仪表、金属制品等及其零部件、元器件。

所谓"旧机电产品",是指具有下列情形之一的机电产品:① 已经使用(不含使用前测试、调试的设备),仍具备基本功能和一定使用价值的;② 未经使用,但超过质量保证期(非保修期)的;③ 未经使用,但存放时间过长,部件产生明显有形损耗的;④ 新旧部件混装的;⑤ 经过翻新的,如旧压力容器类、旧工程机械类、旧电器类、旧车船类、旧印刷机械类、旧食品机械类、旧农业机械类等。

进口用机电产品,进口单位须向海关总署或其授权机构申请办理进口检验。

二、入境机电产品报检要求及检验检疫规定

(一)强制性产品认证

国家对涉及人类健康、动植物生命和健康,以及环境保护和公共安全的产品实行强制性认证制度。凡列入《中华人民共和国实施强制性产品认证的产品目录》(简称《强制性产品认证目录》)内的产品,必须经过指定的认证机构认证合格、取得指定认证机

构颁发的认证证书并加施认证标志后,方可出厂、销售、进口或者在其他经营活动中使用。

实施强制性产品认证的收货人或其代理人在报检时除填写"入境货物报检单"并随附有关外贸单证外,还应提供认证证书复印件并在产品上加施认证标志。

出入境检验检疫机构应当对列入《强制性产品认证目录》的货物实施入境验证管理,查验认证证书、认证标志等证明文件,核对货证是否相符。验证不合格的,依照相关法律法规予以处理,对列入《强制性产品认证目录》的入境货物实施后续监管。

(二)民用商品入境验证

民用商品入境验证,是指对国家实行强制性产品认证的民用商品,在通关入境时由检验检疫机构核查其是否取得必需的证明文件。在《法检目录》内检验检疫类别中,标有"L"标记的进口商品的收货人或其代理人,在办理进口报检时,应当提供有关进口许可的证明文件。口岸检验检疫机构对其认证文件进行验证,必要时对其货证的相符性以及认证标志进行查验。

(三)旧机电产品

国家规定进口的旧机电产品的收货人在签订对外贸易合同前,应当向海关总署或者出入境检验检疫机构办理备案手续,填写"进口旧机电产品备案申请书"(见表13-1)。

表13-1 进口旧机电产品备案申请书

进口旧机电产品备案申请书

申请号:

申请人名称及地址:

联系人姓名: 电话: 传真:

收货人名称及地址:

发货人名称及地址:

备案产品名称、型号:

备案产品数量: 备案产品金额:

备案产品产地: 备案产品制造日期:

备案产品的用途:□企业自用 □市场销售 □其他_____

根据《进口旧机电产品检验监督管理办法》的有关规定,特就上述拟进口的旧机电产品申请备案,随附单证(共 页)

□申请人营业执照(复印件) □收货人营业执照(复印件)

□发货人营业执照(复印件) □合同(协议)

□国家允许进口证明文件(复印件) □装运前预检验申请书

□拟进口旧机电产品清单(包括名称、编码、数量、规格型号、产地、制造日期、制造商、新旧状态、价格、用途)

□其他资料

申请人(单位)郑重声明:

上述填写内容及随附单证正确属实，如申请备案产品须实施装运前预检验，本人（单位）将遵照《进口旧机电产品检验监督管理办法》有关规定执行，并提供必要的检验条件。

申请人（单位章）：

代表人：

申请日期： 年 月 日

按海关总署的规定，有的旧机电产品可以在直属海关备案，而有的则须由直属海关审核合格后再到海关总署办理备案手续。凡列入《办理备案的进口旧机电产品目录》的进口旧机电产品，经所在地直属海关初审后，报海关总署备案；"目录"外的进口旧机电产品由所在地直属海关受理备案申请。列入《不予备案的进口旧机电产品目录》的进口旧机电产品，除国家特殊需要并经海关总署批准的之外，进口旧机电产品备案机构一律不予受理备案申请。

进口旧机电产品的单位，在签署合同或有约束力的协议时，必须按照国家安全、卫生、环保等法律、行政法现的规定订明该产品的检验依据及各项技术指标等的检验条款。对价值较高，涉及人身财产安全、健康、环境保护项目的高风险进口旧机电产品，应当依照国家有关规定实施装运前检验，进口时，收货人应当提供出入境检验检疫机构或者经海关总署指定的检验机构出具的装运前检验证书。

进口用机电产品报检时应提供商务部或地方、部门机电办签发的注明为旧机电的相关机电进口证明。

进口用于销售、租赁或者维修等用途且国家实施强制性产品认证制度、进口质量许可管理以及有其他规定要求的旧机电产品的，备案申请人申请备案时必须提供相应的 CCC 认证证明文件（见图 13-2 和图 13-3）。

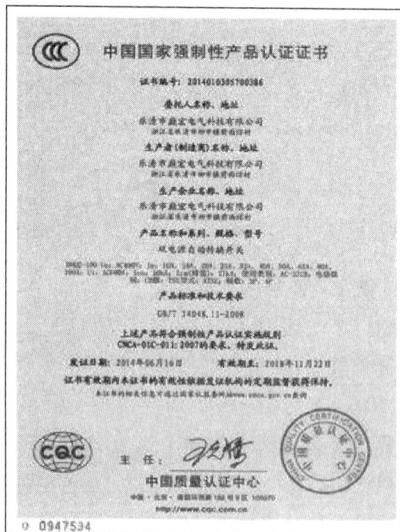

图 13-2 中国国家强制性产品认证证书

图 13-3 CCC 认证标志

入境旧机电产品报检时，其发票、箱单、合同中注明的设备型号应与"进口旧机电产品装运前预检验证书"或"进口旧机电产品免装运前预检验证明书"备案的型号相一致，并且应在证书有效期内进行报检。

进口旧机电产品报检时,须经装运前检验的产品,须提供"进口旧机电产品装运前检验备案书"(正本)、"进口旧机电产品装运前预检验证书"(正本)、"进口旧机电产品装运前检验报告"(正本);无须装运前检验的产品,须提供"进口旧机电产品免装运前预检验证明书"(正本)。

(四) 电池产品

为了加强对电池产品汞污染的防治工作,保护和改善我国的生态环境,1997 年 12 月,中国轻工总会等九个国务院部委局联合下发了《关于限制电池产品汞含量的规定》。其中规定,自 2001 年 1 月 1 日起,进出口电池产品汞含量由检验检疫机构实施强制检验。进出口电池产品实行备案和汞含量年度专项检测制度。汞含量专项检测由海关总署核准实施进出口电池产品汞含量检测的实验室实施并出具"电池产品汞含量检测合格确认书"。确认书的有效期为 1 年。受理备案申请的检验检疫机构凭该确认书审核换发"进出口电池产品备案书"。进口电池产品的收货人或其代理人在报检时应提供"进出口电池产品备案书"。

进出口电池产品汞含量检验监管备案的申请程序如下:

进口电池产品的备案申请人(制造商、进口商或进口代理商等)在电池产品进口前应当向有关检验检疫机构申请备案,提交相关文件并填写"进出口电池产品备案申请表"。

检验检疫机构受理备案申请后,应对进出口电池产品是否属含汞电池产品进行审核。经审核,对不含汞的电池产品,可直接签发"进出口电池产品备案书";对含汞的及必须通过检测才能确定其是否含汞的电池产品,必须进行汞含量专项检测。

经检测,其中有一个样品的汞含量不合格的,则判该品牌、规格型号、产地的电池产量汞含量不合格,由汞含量检测实验室签发"电池产品汞含量检测不合格通知单";样品经检测合格的,由汞含量检测实验室出具"电池产品汞含量检测合格确认书"。受理备案申请的检验检疫机构凭"电池产品汞含量检测合格确认书"(正本)审核并签发含汞电池产品"进出口电池产品备案书"。

经典案例 13－2

在我国开展 15 年之久的电池汞含量检测备案工作,培养了如今电池生产商、出口商、进口商牢固的责任意识和质量控制意识,进出口电池产品的汞含量也得到了根本上的控制,目前的生产工艺和技术水平也可基本确保电池产品符合相关规定。按照国家加快推进检验监管模式改革,提高管理效率和执法水平,促进外贸便利化发展的要求,结合电池产业发展和贸易实际,国家质检总局发布 2015 年第 163 号公告"质检总局关于停止实施进口电池产品汞含量备案工作的公告",该公告宣布自 2016 年 1 月 1 日起停止实施进口电池产品检验监管中的汞含量备案工作。

思考讨论:

1. 入境机电产品的报检范围有哪些?

2. 入境机电产品的报检要求有哪些?

进口成套设备"化整为零"逃避检验

深圳蛇口检验检疫局赤湾办事处查获一起货值 582 488.00 美元,以检验检疫法检商品目录外名称申报进口的日产数控冲床裸机,申报 HS 编码为 84621010(/N)"目录外"商品。赤湾办工作人员从设备进口备案清单中发现,与冲床配套使用的送料系统、坐标测量机、五金工磨等设备未一起申报,存在将成套设备化整为零、分散分批进口的嫌疑。为摸清情况,赤湾办工作人员与用户取得联系并前往工厂调查。经调查了解到,深圳某进口公司近期因扩大生产,从日本、德国引进一批设备,分别从深圳各口岸入境,设备到工厂后组装成生产线。这是一起典型的将成套设备化整为零分批入境以达到逃避检验的事件。

一台冲床裸机进口属于非法定检验商品,但与配套设备组装在一起成一条生产工艺完整的生产线,则应界定为成套设备。深圳蛇口检验检疫局赤湾办事处责令该公司补缴纳检验费人民币 6 809.00 元。

案例分析:进口成套设备的界定是一项复杂的系统工作,应加强对客户申报证单的审查,特别注意对进口设备备案清单及技术合同项目的审查,同时应积极与贸易方沟通,了解情况,并进行实地调查,准确地进行判断,以杜绝漏检行为的发生。

任务三 食品入境报检

一、入境食品报检范围

入境食品报检范围包括食品、食品添加剂和食品相关产品。食品,指各种供人食用或饮用的成品和原料以及按照传统既是食品又是中药材的物品,但是不包括以治疗为目的的物品。食品添加剂,指为改善食品品质和色、香、味以及为防腐、保鲜和加工工艺的需要而加入食品中的人工合成或者天然物质,包括营养强化剂。食品相关产品,指用于食品的包装材料、容器、洗涤剂、消毒剂和用于食品生产经营的工具、设备。

二、入境食品报检要求

进口的食品、食品添加剂以及食品相关产品应当经出入境检验检疫机构检验合格后,海关凭出入境检验检疫机构签发的通关证明放行。在此之前,货主或代理人应当持合同、发票、装箱单、提单等必要的凭证和相关批准证明文件,向报关地出入境检验检疫机构报检。

进口的预包装食品及食品添加剂应当有中文标签样张和外文原标签及翻译件。若进口预包装食品标签中强调某一内容,如获奖、获证、法定产区、地理标识及其他内容的,或者强调含有特殊成分的,应提供相应证明材料;标注营养成分含量的,应提供符合性证明材料。其中,预包装食品,指经预先定量包装或者制作在包装材料、容器中的食品。食品标签,指在食品包装容器上或附于食品包装容器上的一切附签、吊牌、文字、图形、符号说明物。

凡以保健食品名义报检的进口食品,必须报国家食品药品监督管理局审批合格,取得"进口保健食品批准证书"后方准进口。进口时,口岸检验检疫机关凭该证书对货物进行检验检疫,合格的方准进口。

进口尚无食品安全国家标准的食品,或者首次进口食品添加剂新品种、食品相关产品新品种,进口商应当向检验检疫机构提交经国务院卫生行政部门批准颁发的许可文件。检验检疫机构按照国务院卫生行政部的要求进行检验。

入境动植物源性食品,应根据产品的不同要求提供相应的"动植物检疫许可证"输出国家(地区)出具的检验检疫证书及原产地证书,向海关报关地的出入境检验检疫机构报检。

进口食品包装容器、包装材料(简称"食品包装"),是指已经与食品接触或预期会与食品接触的进口食品内包装、销售包装、运输包装及包装材料。海关总署对食品包装进口商实施备案管理,对进口食品包装产品实施检验。作为商品直接输入的与食品接触材料和制品及以盛装入境食品的食品包装,应向到货地口岸检验检疫机构报检。

三、入境食品换证

进口食品的经营企业(指进口食品的批发、零售商)在批发、零售进口食品时应持有当地检验检疫机构签发的"进口食品卫生证书"(简称"卫生证书")。进口食品在口岸检验合格取得"卫生证书"后再转运内地销售时,进口食品经营企业应持口岸检验检疫机构签发的"卫生证书"正本或副本到当地检验检疫机构换取"卫生证书"。申请换证时也应填写入境货物报检单,并在报检单上"合同订立的特殊条款以及其他要求"一栏中注明需要换领证书的份数。

四、入境食品监督管理

(一)建立食品进口和销售记录制度

进口商应当建立食品进口和销售记录制度,如实记录食品的名称、规格、数量、生产日期、生产或者进口批号、保质期、出口商和购货者名称及联系方式、交货日期等内容。食品进口和销售记录应当真实,保存期限不得少于 2 年。

(二)风险预警或者控制措施

根据我国《食品安全法》的规定,境外发生的食品安全事件可能对我国境内造成影响,或者在进口食品中发现严重食品安全问题的,国家出入境检验检疫部门应当及时采取风险预警或者控制措施,并向国务院卫生行政、农业行政、工商行政管理和国家食品药品监督管理部门通报。接到通报的部门应当及时采取相应措施。

(三) 备案与注册制度

根据我国《食品安全法》的规定,向我国境内出口食品的出口商或者代理商应当向国家出入境检验检疫部门备案。向我国境内出口食品的境外食品生产企业应当经国家出入境检验检疫部门注册。注册有效期为 4 年。

国家出入境检验检疫部门应当定期公布已经备案的出口商、代理商和已经注册的境外食品生产企业名单。已经注册的境外食品生产企业提供虚假材料,或者境外食品生产企业的原因致使相关进口食品发生重大食品安全事故的,国家出入境检验检疫部门应当撤销注册,并予以公告。

经典案例 13－4

2017 年 1 月,欧盟委员会食品和饲料快速预警系统和新西兰初级产业部分别通报,法国水域牡蛎被诺如病毒污染,新西兰北岛东海岸由布雷特海角至泰哈鲁鲁角海域的双壳贝类被麻痹性贝类毒素污染。我国质检总局已于 2017 年 1 月 13 日发布风险预警,要求各地检验检疫部门暂停审批来自上述水域的牡蛎(蚝)等双壳贝类,加强口岸抽样检测力度,提醒广大消费者加强自我防范意识,如进食上述未经充分加热的水生动物后,出现恶心、呕吐、腹泻症状的,需立即前往医院接受治疗。

思考讨论:

1. 入境食品的报检范围有哪些?

2. 入境食品标签审核的内容有哪些?

3. 入境食品如何进行有效的监督管理?

经典案例 13－5

食品卫生证书用语不当

2010 年 3 月 29 日,G 局法制部门受理了某市×局有关 A 公司进口食品涉嫌销售假冒伪劣和不正当竞争案的协助调查的申请。调查人发现 A 公司提供的进口食品标签审核证书上的标志与其销售的食品标志和说明书不一致,需要查清该企业从美国进口"CMD 浓缩矿物滴"进口数量与销售数量是否一致,要求 G 局提供该批从美国进口"CMD 浓缩矿物滴"进口数量、货值、生产日期、数量以及该批货物的标签样张。

经查该批货物的卫生证书中检验检疫结果的表述为"根据卫生学调查及检验结果,该批进口美国浓缩矿物滴,经检验符合我国食品卫生要求,使用须按标签说明稀释后方可使用,加贴合格中文标签,方可在中国境内销售、使用"。

根据该表述可以推定,出具卫生证书时,尚未加贴合格中文标签,或者已经加贴但是中文标签不合格需要整改。那么,中文标签应该在什么时候加贴呢? 卫生证书中对中文标签的检验应该如何描述呢?

法律分析:按照《关于调整进出口食品、化妆品标签审核制度的公告》(2006 年第 44

号)中的规定,各地出入境检验检疫机构在对进出口食品、化妆品实施检验检疫时要对进出口食品、化妆品标签内容是否符合法律法规和标准规定要求以及与质量有关内容的真实性、准确性进行检验,经检验合格的,在按规定出具的检验证明文件中加注"标签经审核合格。"

因此,很明显,中文食品标签在到货检验时已经加贴,在口岸检验检疫时,中文标签和食品的品质一样,都是强制检验的项目。该份卫生证书关于食品标签检验的描述,显然是不符合食品安全法及其实施条例以及 B 总局相关文件的要求。

目前从该批货物的证书用语中,没有明确注明标签是否审核合格,而 2006 年第 44 号公告对这个问题有明确的要求。

进口食品、化妆品标签检验经历了一次变化,2006 年第 44 号公告公布实施之前,标签必须在进口食品、化妆品之前经过 B 总局备案,备案合格的,发给"备案证书",进口时凭证书报检。这样做有其合理性:进口食品在进口时必须加贴中文标贴,事先审核可以避免加贴之后因为查验不合格清除改正重新加贴带来的时间和经济成本。第 44 号公告发布后,这个问题就凸现出来了,收货人往往不愿意在查验前主动加贴标签,而是拿标签样张与食品一起检验,检验合格再加贴,不合格的改正之后再加贴。但是由此也可能带来一些消极后果,收货人在查验后,无论合格不合格,可能中文标签没有加贴上去就流向了国内市场,由此带来了进口食品标签问题。

案例启示:《食品安全法》于 2009 年 6 月 1 日实施后,对进口食品、化妆品标签的相关规定,相比《食品卫生法》,更加明确,必须加贴中文标签,应该标志规定事项。法律依据明确,剩下的问题就是加强执行力。

建议对进口食品标签的检验,严格按照《食品安全法》及国家强制性标准进行检验,未经检验合格,不得放行。

另一个建议是对检验检疫机关对外出具的证单等执法文书,对其是否合法、是否规范、是否统一进行逐一评估。该类证书是检验检疫执法决定的载体,是检验检疫机关与外贸相对人之间的"沟通语言",其必须要有"合法性、规范性、统一性"。因此在充分认识检验检疫证书重要性的基础上,进行清理,提高文书效力,降低执法风险,应该是很有必要的。

任务四　化妆品入境报检

一、入境化妆品报检要求

报检人应在入境前或入境时向海关报关地检验检疫机构报检,按规定填制"入境货物报检单"并提供合同、发票、装箱单、提(运)单、进口化妆品标签检验相关资料(化妆品中文标签、样张和外文原标签、翻译件、化妆品成分配比等)、卫生部门进口化妆品卫生许可批件(备案证书)等相关外贸单据。

进口化妆品由进境口岸检验检疫机构实施检验。检验的项目包括化妆品的标签、数量、重量、规格、包装、标记、卫生以及品质等,并检验化妆品包装容器是否符合产品的性能及安全卫生要求。

进口化妆品经检验检疫合格的,货主或其代理人凭"入境货物检验检疫证明"申领CIQ(中国出入境检验检疫)标志,并在检验人员的监督下加贴后,方可销售、使用。经检验检疫不合格的,签发"检验检疫处理通知书",安全卫生指标不合格的,由检验检疫机构责令当事人销毁,或者出具退货处理通知单,由当事人办理退运手续。其他项目不合格的,可以在检验检疫机构的监督下进行技术处理,经重新检验检疫合格后,方可销售,使用。

海关总署对进出口化妆品实施分级监督检验管理制度,制定调整并公布"进出口化妆品分级管理类目表"。

检验检疫机构对进口化妆品实施后续监督管理。发现未经检验检疫机构检验的、未加贴或者盗用检验检疫标志及无中文标签的进口化妆品,可依法采取封存、补检等措施。

进口化妆品存在安全问题,可能或者已经对人体健康和生命安全造成损害的,收货人应当主动召回并立即向所在地检验检疫机构报告。收货人应当向社会公布有关信息。通知销售者停止销售,告知消费者停止使用,做好召回记录。收货人不主动召回的,检验检疫机构可以责令召回。必要时,由海关总署责令其召回。

二、入境化妆品标签审核

化妆品标签审核,是指对进出口化妆品标签中标示的反映化妆品卫生质量状况、功效成分等内容的真实性、准确性进行复合型检验,并根据有关规定对标签格式、版面、文字说明、图形、符号等进行审核。内容包括:① 标签所标注的化妆品卫生质量状况、功效成分等内容是否真实、准确;② 标签的格式、版面、文字说明、图形、符号等是否符合有关规定;③ 进口化妆品是否使用正确的中文标签;④ 标签是否符合进口国的要求。

进口化妆品的标签内容必须符合中国法律法规和强制性标准的规定,并对与质量有关内容的真实性、准确性进行检验。检验检疫机构对化妆品的标签审核与进口化妆品检验检疫结合进行。经检验合格的,在按规定出具的检验证明文件中加注"标签经审核合格"。

知识链接

注意化妆品的安全问题

当前许多品牌尤其是大牌护肤品都陆续被曝出现成分安全问题,许多爱美人士为此感到担忧。化学物质、重金属、细菌等危险成分藏匿于美容美发用品,威胁着大家的健康。

美国食品和药物管理局发现,一些进口面霜可能含有不同程度的汞等重金属成分。

一些消费者因所用化妆品含有此类成分而患病。含汞面霜的功效通常集中于"亮肤"和"抗皱"。汞中毒的症状通常包括震颤、记忆力减退、易怒、视觉和听觉变化等。

不少进口的知名度颇高的品牌口红都曾被检出铅含量超标,包括欧莱雅、露华浓、雅芳和封面女郎。

经典案例 13-6

2009 年 4 月 2 日,韩国媒体报道,韩国食品药品安全厅对市场销售的以滑石粉为原料制造的 30 种婴幼儿爽身粉进行检查,在 12 种产品中发现了禁用的一级致癌物石棉。该 12 种产品中,包括德国 NUK 品牌婴儿爽身粉。质检总局对此高度重视,立即进行了调查和处理。

经查,德国 NUK 品牌婴儿爽身粉在我国有销售。2008—2009 年,苏州德宝婴童用品有限公司委托苏州市丝绸进出口公司从韩国保宁公司进口了 5 批总计 1.6 吨婴儿爽身粉半成品,委托苏州新兴保健品厂加工生产。标注德国 NUK 品牌在国内市场销售。

据了解,苏州德宝药业用品有限公司已经发出通知,要求所有经销商将 NUK 品牌婴儿爽身粉下架,停止销售。北京、天津、兰州等城市的部分商家也将 NUK 品牌婴儿爽身粉下架。质检总局要求有关方面积极采取有效措施,保障婴幼儿的健康与安全。

思考讨论:

1. 入境化妆品的报检范围有哪些?
2. 入境化妆品的标签审核是如何规定的?
3. 对入境化妆品应如何监督管理?

任务五　玩具入境报检

一、入境玩具报检范围

列入《法检目录》以及法律、行政法规规定必须经检验检疫机构检验的进口玩具包括布绒玩具(软体填充玩具)、竹木玩具、塑胶玩具、乘骑玩具(承载儿童体重的玩具)、童车、电玩具、纸质玩具、类似文具类玩具、软体造型类玩具、弹射玩具和金属玩具。

检验检疫机构对《法检目录》外的进口玩具按照海关总署的规定实施抽查检验。

进口玩具的收货人或者其代理人应在入境前或入境时向报关地检验检疫机构报检。应当按照《出入境检验检疫报检规定》如实填写入境货物报检单,提供外贸合同、发票、装箱单、提(运)单等有关单证。列入《强制性产品认证目录》的进口玩具,还应当提供强制性产品认证证书复印件。

二、其他规定和要求

检验检疫机构对列入《强制性产品认证目录》的进口玩具，按照《进口许可制度民用商品入境验证管理办法》的规定实施验证管理。

对未列入《强制性产品认证目录》的进口玩具，报检人已提供进出口玩具检测实验室（简称"玩具实验室"）出具的合格的检测报告的，检验检疫机构对报检人提供的有关单证与货物是否符合进行审核。对未能提供检测报告或者经审核发现有关单证与货物不相符的，应当对该批货物实施现场检验并抽样送玩具实验室检测。

进口玩具经检验合格的，检验检疫机构出具检验证明。进口玩具经检验不合格的，由检验检疫机构出具检验检疫处理通知书。涉及人身财产安全、健康、环境保护项目不合格的，由检验检疫机构责令当事人退货或者销毁；其他项目不合格的，可以在检验检疫机构的监督下进行技术处理，经重新检验合格后，方可销售或者使用。

在国内市场销售的进口玩具，其安全、使用标志应当符合我国玩具安全的有关强制性要求。

三、入境玩具监督管理

（一）实施召回制度

海关总署对进出口玩具的召回实施监督管理。进入我国国内市场的进口玩具存在缺陷的，进口玩具的经营者、品牌商应当主动召回；不主动召回的，由海关总署责令召回。进口玩具的经营者、品牌商和出口玩具生产经营者、品牌商获知其提供的玩具可能存在缺陷的，应当进行调查，确认产品质量安全风险，同时在 24 小时内报告所在地检验检疫机构。实施召回时应当制作并保存完整的召回记录，并在召回完成时限期满后 15 个工作日内，向海关总督和所在地直属海关提交召回总结。已经出口的玩具在国外被召回、通报或者出现安全质量问题的，其生产经营者、品牌商应当向检验检疫机构报告相关信息。

（二）法律责任

擅自销售未经检验的进口玩具，或者擅自销售应当申请进口验证而未申请的进口玩具的，由检验检疫机构没收违法所得，并处货值金额 5% 以上 20% 以下罚款。

擅自销售经检验不合格的进口玩具，或者出口经检验不合格的玩具的，由检验检疫机构责令停止销售或者出口，没收违法所得和违法销售或者出口的玩具，并处违法销售或者出口的玩具货值金额等值以上 3 倍以下罚款。

进口玩具的收货人，发货人，代理报检企业、快件运营企业，报检人员未如实提供进口玩具的真实情况，未取得检验检疫机构的有关证单，或者逃避检验的，由检验检疫机构没收违法所得，并处货值金额 5% 以上 20% 以下罚款，情节严重的，撤销其报检注册登记、报检从业注册。

擅自调换检验检疫机构抽取的样品或者检验检疫机构检验合格的进口玩具的，由检验检疫机构责令改正,给予警告;情节严重的,并处货值金额 10% 以上 50% 以下罚款。

我国境内的进口玩具生产企业、经营者、品牌商有下列情形之一的,检验检疫机构可以给予警告或者处 3 万元人民币以下罚款:① 对出口玩具在进口国家(地区)发生质量安全事件隐瞒不报并造成严重后果的;② 对应当向检验检疫机构报告玩具缺陷而未报告的;③ 对应当召回的缺陷玩具拒不召回的。

知识链接

我国玩具标准与国际标准一致

有不少国内消费者认为,我国玩具的标准与国际、欧美标准差距较大,国内玩具企业对于出口和内销产品采取两套标准。出口的产品,采取高标准生产,使用无毒无害的原料,而国内销售的产品则采用低标准生产,使用低成本,有隐患的染料和原料。

全国玩具标准化技术委员会负责人表示,我国目前执行的玩具标准为强制性国家标准,其机械物理性能、燃烧性能、可迁移化学元素(主要包括可溶解性重金属)等所有技术要求,与国际标准的规定是完全一致的。

儿童玩具中家长们认为不安全的主要是重金属含量指标,我国玩具中对重金属的限量标准低于国际标准,同时对重金属监控范围不及国际和欧盟的监控范围广。对此该负责人表示,我国玩具标准与现行的国际标准、欧美标准在有害元素限量上的技术指标是等同的,在玩具中对所有可接触材料的 8 种重金属即铅、砷、钡、镉、铬、汞、硒的限量值规定,中国标准与国际标准、欧美标准均一致。

经典案例 13-7

2011 年 12 月,广州检验检疫局检出 2 批进口玩具产品的 CCC 证书失效,并责令当事人作退货处理。

该局检验检疫人员在查验进口玩具时,接二连三地发现有部分产品的 CCC 证书已处于暂停、失效、注销等状态。按照我国强制性产品认证制度的规定,未获得强制性产品认证证书的产品不得入境。对检出的不合格进口玩具,该局已按规定签发了"检验检疫处理通知书",要求货主作退货处理。

在日常检验监管工作中,对于玩具产品 CCC 证书失效的情况应给予高度重视。对于客户提供的 CCC 证书的有效性和真实性,检务等有关业务部门应该仔细地进行验证核实,同时应要求申请人对其提供的 CCC 证书的有效性予以确认。只有这样多管齐下,严把 CCC 证书验证关,才能确保进口玩具的质量。

思考讨论:

1. 入境玩具的报检范围有哪些?

2. 关于入境玩具的报检要求和监督管理有哪些规定?

任务六　植物及其产品入境报检

根据我国《进出境动植物检疫法》与《进出境动植物检疫法实施条例》的规定,为防止植物危险性病、虫、杂草以及其他有害生物传入,依法对进出境植物及植物产品实施检疫,建立检疫审批制度与生产企业注册制度,并进行监督管理。

一、入境植物及植物产品报检范围

入境植物及植物产品的报检范围可以分为植物、植物产品及其他检疫物。其中,植物,是指栽培植物、野生植物及其种子、种苗及其他繁殖材料等。植物产品,是指来源于植物未经加工或者虽经加工仍有可能传播病虫害的产品,如粮食、豆、棉花、油、麻、烟、草、籽仁、干果、鲜果、蔬菜、生药材、木材、饲料等。其他检疫物,包括植物废弃物,如垫舱木、芦苇、草帘、竹篓、麻袋、纸等废旧植物性包装物、有机肥料等。

二、国家禁止进境的植物及其产品

国家禁止进境的植物及其产品主要包括新鲜水果、蔬菜,烟叶(不含烟丝),种子(苗)、苗木及其他具有繁殖能力的植物材料,有机栽培介质,菌种、毒种等动植物病原体,害虫及其他有害生物,细胞、器官组织、血液及其制品等生物材料,土壤,转基因生物材料,国家禁止进境的其他植物、植物产品和其他检疫物。

注意:通过携带或邮寄方式进境的动植物及其产品和其他检疫物,经国家有关行政主管部门审批许可,并具有输出国家(地区)官方机构出具的检疫证书的,则不受此限制。

三、入境植物及植物产品检疫审批

凡输入、携带、邮寄植物种子、种苗及其他繁殖材料、特定的植物产品,货主、物主或其代理人必须事先申请检疫审批手续,并取得"检疫许可证"。截至目前,我国具有进境植物检疫审批职能的审批机构共三个,分别是海关总署及其授权的各直属海关、农业农村部及各省(自治区、直辖市)农业农村厅、国家林业和草原局及各省(自治区、直辖市)林业和草原厅(局)。

经典案例 13-8

2012年4月7—12日,宁波检验检疫局的工作人员对来自意大利的20个品种进口苗木以及2批次来自日本的鸡爪槭种苗进行开箱检验。进境花卉、苗木和种子属高风险类商品,极易携带国内尚未出现的各类病虫害和杂草种子,一旦在我国定植,极难根除,将可能对当地农林业生产和生态环境造成无法挽回的损失。经过仔细查验,从进口的产品里面发现了夫丝剑线虫、短颈剑线虫、苹果根结线虫、山茶根结线虫。以上这几种均属于有害生物,在我国口岸首次被截获,且在国内未见分布。

宁波检验检疫局立即对以上货物中的地中海柏树、白栎、鸡爪槭、茶梅、山茶5个品种的苗木中所携带的栽培介质使用杀线剂等药剂进行除害处理,同时要求货主对这5个品种的苗木在隔离种植期间进行重点防治,认真做好观察记录,防止有害生物蔓延。

思考讨论:

1. 入境植物及植物产品的报检范围有哪些?
2. 关于入境植物及植物产品的检验检疫是如何规定的?
3. 入境植物及植物产品的具体报检要求有哪些?

经典案例 13 - 9

进境植物产品逃避检疫

2016年10月,某市A公司委托开发区某报检公司进口一批货物,品名为木质多层复合地板。依据有关规定,复合地板属于植物产品,货物在海关放行后应当联系该市检验检疫局落实检疫工作。A公司在海关手续办结后,委托了一家运输车队到堆场将装运货物的集装箱拖走,A公司本意是委托车队人员落实检疫工厂,但由于与运输车队之间没有沟通协调好,运输车队认为A公司没有明确表示委托其代为落实检疫工厂,并认为货物已经进行了检疫,于是复合地板没有被运至集中查验场进行查验,而是直接运至目的地。进口货物脱离了监管范围,无法落实检疫,放大、增加了植物疫病疫情扩散的风险,该市检验检疫局根据《进出境动植物检疫法》对责任人做出了罚款行政处罚。

任务七　动物及其产品入境报检

一、入境动物及动物产品报检范围

入境动物及动物产品报检范围可以分为下列三类。

(一) 动物

这里的动物是指饲养、野生的活动物。大中型动物是指黄牛、水牛、牦牛、马、骡、驴、骆驼、象、斑马、猪、绵羊、山羊、鹿、狮、虎、豹、狐狸等;小型动物是指犬,兔,貂,鸡、鸭、鹅、鸽等禽类,鸟类,鱼、蟹、虾等水生动物以及蜂、蚕、蛤蚧等其他动物。

（二）动物产品

动物产品,是指来源于动物未经加工或者虽经加工但仍有可能传播疫病的动物产品,如生皮张、毛类、肉类、脏器、油脂、动物水产品、奶制品、蛋类、血液、精液、胚胎、骨、蹄、角等。

以下动物产品无须申请办理检疫审批手续:蓝湿(干)皮、已鞣制毛皮、洗净毛、碳化毛、毛条、贝壳类、水产品、蜂产品、蛋制品(不含鲜蛋)、奶制品(鲜奶除外)、熟制肉类产品(如香肠、火腿、肉类罐头、食用高温炼制动物油脂)。

（三）其他检疫物

其他检疫物,是指动物疫苗、血清、诊断液、动植物性废弃物等。

另外,国家禁止入境的动物及动物产品包括:① 动物病原体(包括菌种、毒种)及其他有害生物;② 动植物疫情流行的国家和地区的有关动物、动物产品和其他检疫物;③ 动物尸体。

二、入境动物的报检与检验检疫

入境动物检疫的基本程序是:检疫审批(进境或过境)→报检→现场检验检疫→隔离检疫(如果需要)→实验室检验检疫→合格的出证放行,不合格的检疫处理。

（一）检疫审批

输入动物、动物遗传物质应在签订贸易合同或赠送协议之前,进口商或接收单位应向国家检疫机关提出申请,办理检疫审批手续。国家检验检疫机关根据对申请材料的审核及输出国家的动物疫情、我国的有关检疫规定等情况,对同意进境的动物、动物遗传物质,发放相关的动物进境检疫许可证。两国之间未签订检疫议定书的,不得引进动物、动物遗传物质。

（二）报检

货主或其代理人在动物抵达口岸前,须按规定向口岸检验检疫机关报检。入境后需要办理转关手续的检疫物,除活动物和来自动植物疫情流行国家(地区)的检疫物由入境口岸检疫外,其他均在指运地检验检疫机构报检并实施检疫。

输入种畜禽,货主或其代理人应在动物入境前 30 日报检;输入其他动物,货主或其代理人应在动物入境前 15 日报检。

货主或其代理人在办理入境报检手续时,除填写入境货物报检单外,还须按检疫要求出具下列有关证单:① 输出国家(地区)政府签发的检疫证书(正本);② 进境动植物检疫许可证第一联,分批进口的,还须提供许可证复印件进行核销;③ 外贸合同、发票、装箱单、海运提单或空运单、产地证等;④ 输入活动物的,应当提供隔离场审批证明;⑤ 来自美国、日本、韩国以及欧盟的检疫物,应按规定提供有关包装情况的证书和声明;⑥ 输入国家规定的禁止或限制入境的动物及其他检疫物等,还须持特许审批报检单。

（三）现场检验检疫

输入动物、动物遗传物质抵达入境口岸时，动物检验检疫人员须登机、登轮、登车进行现场检疫。现场检验检疫的主要工作是：查验出口国政府动物检疫或兽医主管部门出具的动物检疫证书等有关单证，对动物进行临床检查，对运输工具和动物污染的场地进行防疫消毒处理。现场检验检疫合格的，口岸检验检疫机关出具相关单证，将进境动物、动物遗传物质调离到口岸检验检疫机关指定的场所做进一步全面的隔离检疫。

（四）隔离检疫和实验室检验检疫

进境动物必须在入境口岸进行隔离检疫。输入的马、羊、猪等种用或饲养动物，须在国家检验检疫机关设立在北京、天津、上海、广州的进境动物隔离场进行隔离检疫；输入的其他动物，须在国家检验检疫机关批准的进境动物临时隔离场进行隔离检疫。在隔离检疫期间，口岸检验检疫机关负责对进境动物进行监督管理，货主或其代理人必须遵照检验检疫机关的规定派出专人负责饲养管理的全部工作。隔离检疫期间，口岸动物检疫人员对进境动物进行详细的临床检查，并做好记录；对进境动物、动物遗传物质按有关规定采样，并根据我国与输出国（地区）签订的双边检疫议定书或我国的有关规定进行实验室检验。大中型动物的隔离期为 45 日，小型动物的隔离期为 30 日，需要延期隔离检疫的，必须由国家检验检疫机关批准。

知识链接

进境动物报检后现场检疫

检疫人员应当按照规定实施现场检疫。

一、动物

检查有无疫病的临床症状。发现疑似感染传染病或者已死亡的动物时，在货主或者押运人的配合下查明情况，立即处理。动物的铺垫材料、剩余饲料和排泄物等，由货主或者其代理人在检疫人员的监督下，作除害处理。

二、动物产品

检查有无腐败变质现象，检查容器、包装是否完好。符合要求的，允许卸离运输工具。发现散包、容器破裂的，由货主或者其代理人负责整理完好，方可卸离运输工具。根据情况，对运输工具的有关部位及装载动物产品的容器、外表包装、铺垫材料、被污染场地等进行消毒处理。需要实施实验室检疫的，按照规定采取样品。对易滋生植物害虫或者混藏于杂草种子中的动物产品，同时实施植物检疫。

三、其他检疫物

检查包装是否完好及是否被病虫害污染。发现破损或者被病虫害污染时，作除害处理。

输入的动物、动物产品和其他检疫物运达口岸时，检疫人员可以到运输工具上和货物现场实施检疫，核对货、证是否相符，并可以按照规定采取样品。承运人、货主或者其代理人应当向检疫人员提供装载清单及有关资料。

装载动物的运输工具抵达口岸时,上下运输工具或者接近动物的人员,应当接受口岸动植物检疫机关实施的防疫消毒,并执行其采取的其他现场预防措施。

经典案例13-10

2007年,上海市检验检疫局在对从比利时、法国进口的羊毛实施检验检疫过程中连续发现羊毛中夹杂有大量羊粪便。上海市检验检疫局依法对两批进口羊毛做出退货或者销毁处理决定。为防止境外有害生物随进境羊毛进入我国,保护我国畜牧、林业生产和公共安全,根据《出入境检验检疫风险预警及快速反应管理规定》和《出入境动植物检验检疫风险预警及快速反应管理规定实施细则》,发布关于从比利时、法国进境羊毛的警示通报;加大对比利时、法国进境羊毛入境口岸现场查伪造、变造检疫证书行为,防止疫区产品蒙混入境;加强对入境动物产品定点加工企业的监管,严格做好进口许可数量的核销工作,确保入境原毛、原皮类产品进入指定的企业进行加工处理。

思考讨论:

1. 入境动物及动物产品的报检范围有哪些?

2. 入境动物及动物产品的报检要求是什么?

3. 对入境动物及动物产品的监督管理是如何规定的?

任务八 来自疫区的货物入境报检

一、疫区的概念

在我国,疫区就是世界卫生组织或世界动物卫生组织和国际植物保护公约公布并经海关总署认可的符合传染病流行特征或动植物疫病流行特征的发生传染病或其他疫情的国家(地区)。疫区可以分为动物疫区、植物疫区、人类疫区。

二、来自疫区货物的检疫

一般来说,来自动植物疫区的动植物及其产品是不能入境的,来自疫区的其他货物在报检要求上与非疫区相同,但是,为防止疫情的传入,对来自疫区的货物要进行严格的检疫处理。来自疫区货物的检疫要根据疫区及货物的具体情况来确定。一般来说,与疫情有关的对应产品是不能进口的。例如,美国发生了禽流感,我国禁止直接和间接从美国进口禽鸟及其产品,已经运抵口岸的来自美国的禽鸟及其产品一律作退回或销毁处理。对于与具体疫情无关的货物,检疫要求没有特别的变化。

（一）动物检疫处理

动物检疫处理，是指检验检疫机构对经检疫不合格的动物、动物产品及其他检疫物所采取的强制性的处理措施。检疫处理的方式有除害、扑杀、销毁、退回或封存、不准出境、不准过境等。

根据检疫结果，对需要进行检疫处理的动物、动物产品和其他检疫物由口岸检验检疫机构签发相关单证，通知货主或其代理人进行检疫处理，由口岸检验检疫机构检测处理结果，或由口岸检验检疫机构指定的或认可的单位按要求进行处理。

（二）植物检疫处理

在入境植物中发现疫情，作熏蒸、热处理消毒等植物检疫除害处理；不能作除害处理的，不准入境或过境，已经入境的，作退回或销毁处理。

对经检疫不合格的检疫物，口岸检验检疫机构签发"检疫处理通知单"。能够通过除害处理达到要求的货物，作除害处理；不能进行除害处理或除害处理后仍不符合要求的，作退回或者销毁处理。经检疫合格或经除害处理合格的出入境检疫物，口岸检验检疫机构签发"入境货物通关单"，准予入境。

（三）卫生处理

卫生处理，指隔离、留验和就地诊验等医学措施，以及消毒、除鼠、除虫等卫生措施。检验检疫机构对出入境的交通工具、人员、集装箱、尸体、骸骨以及可能传播检疫传染病的行李、邮包等实施检疫查验、传染病监测、卫生监督和卫生处理。

经典案例 13 - 11

2014 年，"埃博拉"疫情向非洲多个国家蔓延，我国各大口岸对入境检验检疫也严防严控，加强把关。8 月 4 日，来自西非的国际航行船舶"恺城"号拟在广州黄埔港登陆入境，为防疫情，黄埔检验检疫局工作人员在黄埔大壕洲锚地率先对该油轮进行全面检验检疫，未发现埃博拉病毒受染情况。随后，检验检疫人员又有针对性地对船舶废弃物实施预防性卫生处理后，才允许"恺城"号在黄埔港靠岸。据介绍，该船为新加坡籍集装箱船，总吨位 2 万吨，6 月 7 号从西非国家刚果发航，途经安哥拉、南非、新加坡，8 月 4 日到达黄埔口岸。

思考讨论：

1. 疫区的概念是什么？

2. 对疫区货物的检疫要求有哪些？

项目十四　进出口货物报检

知识目标

了解进出口货物报检的基本知识,掌握报检单的格式和内容。

技能目标

熟练掌握《入/出境货物报检单》的格式内容和填制的基本要求。

情境导入

2012 年 6 月宁波港有一批入境心电监护仪,外贸合同中列明牌号为"优斯特拉",报检单位填报的品名却漏掉了这一牌号,商检部门退回报检单,督促企业如实填报牌号。

在国际贸易中,有些商品因其质量好、品质稳定、竞争力强而具有很高的知名度和良好的声誉,这种商品的买卖就可以直接用牌号或商标表示其品质。特别是名牌产品的生产商为了维护其牌号或商标的信誉,要求其产品的品质应达到一定的标准。因此,商标或牌号本身实际上是一种品质的象征。所以在国际贸易中出现凭商标或牌号进行买卖,无须对品质提出详细要求。

思考与讨论:

在此情形下,报检品名能省略商标或牌号吗?

任务一　了解进出口货物报检相关知识

一、出入境检验检疫的概念及相关规定

出入境检验检疫是国家法律法规赋予质检部门的行政执法工作,在国家经济建设和改革开放中发挥的作用越来越重要。报检工作是检验检疫工作的重要内容,具有很强的专业性、政策性和涉外性。我国采取的是"先报检,后报关"的工作模式。根据法律法规要求,凡是列入《出入境检验检疫机构实施检验检疫的进出境商品目录》(以下简称《目录》)中的商品,必须向出入境检验检疫机构报检,取得《入境货物通关单》或《出境货物通关单》后方可向海关办理报关放行手续。

（一）检验检疫的概念

出入境检验检疫，是指检验检疫机构依照法律、行政法规和国际惯例等的要求，对出入境的货物、交通运输工具、人员等进行检验检疫、认证及签发官方检验检疫证明等监督的惯例工作。检验检疫的工作流程可概括为以下六个环节：报检/申报→采样/抽样→检验检疫→卫生除害处理→检验、检疫和鉴定→计/收费→签证与放行。

报检是指有关当事人根据法律、行政法规的规定，对外贸易合同的约定或证明履约的需要，向检验检疫机构申请检验、检疫和鉴定，以获准出入境或取得销售使用的合法凭证及某种公正证明所必须履行的法定程序和手续。

（二）报检范围

(1) 法律、法规规定必须由检验检疫机构实施检验检疫的。
(2) 输入国或地区规定必须凭检验检疫机构出具的证书方准入境的。
(3) 有关国际公约规定必须检验检疫的。
(4) 外贸合同或协议约定必须凭检验检疫证书进行交接、结算的。
(5) 申请签发一般原产地证明书、普惠制原产地证明书的。

（三）报检资格

报检当事人从事报检行为，办理报检业务，必须按照检验检疫机构的要求，取得报检资格，未按规定取得报检资格的，检验检疫机构不予受理报检。

1. 报检单位

(1) 自理报检单位在首次报检时须办理备案登记手续，取得《自理报检单位备案登记证明书》和报检单位代码后，方可办理相关检验检疫事宜。

(2) 代理报检单位须经国家质检总局审核获得许可、注册登记，取得《代理报检单位注册登记证书》和报检单位代码后，方可依法代为办理检验检疫报检。

2. 报检人员

报检人员只有通过国家质检总局组织的全国统一考试，获得《报检员资格证》，并由报检单位向检验检疫机构提出注册申请，经审核合格获得了《报检员证》，方能从事本单位的报检工作。无持证报检人员的，应委托代理报检单位报检。

（四）报检方式

可以采用书面报检或电子报检两种方式。

（五）入境货物报检的一般规定

1. 入境货物报检的分类

(1) 进境一般报检。进境一般报检指法检货物的货主或其代理人，持有关单证向卸货口岸检验检疫机构申报取得《入境货物通关单》，并对货物进行检验检疫的报检。它的特点是通关单的签发和检验检疫均在口岸完成。

（2）进境流向报检。进境流向报检指法检货物的货主或其代理人，持有关单证向卸货口岸检验检疫机构申报取得《入境货物通关单》，由口岸对货物进行必要的检疫处理后调往目的地再进行检验检疫。它的特点是报关地与目的地非同一辖区。

（3）异地施检报检。异地施检报检是进境流向报检的后续。

2. 入境货物报检的时限和地点

1）主要货物的时限

（1）微生物、人体组织、生物制品、血液及其制品或种畜、禽及其精液、胚胎、受精卵——入境前 30 天。

（2）其他动物——入境前 15 天。

（3）植物、种子、种苗及其他繁殖材料——入境前 7 天。

（4）需对外索赔证书的——索赔有效期前不少于 20 天。

2）报检地点

（1）审批、许可证、合同中指定地点的——指定地点。

（2）散装、易腐烂变质商品、废旧物品及需做残损鉴定的——卸货口岸。

（3）大型成套设备、机电仪器及开件难以恢复包装的——收货人所在地。

（4）动植物及动植物产品——入境口岸。

（5）入境后需办理转关手续的检疫物，除活动物和来自动植物疫情流行国家或地区的检疫物须在入境口岸报检和实施检疫外，其他均应到指运地检验检疫机构报检，并实施检疫。

3. 入境货物报检的主要单据

1）常规单据

《入境货物报检单》、外贸合同、发票、装箱单、提（运）单等。

2）特殊单据

（1）凡实施安全质量许可、卫生注册、强制性产品认证、民用商品验证或其他须审批审核的，应提供有关证明。

（2）因科研需要而进口禁止入境物的，须提供国家质检总局签发的特许审批证明。

（3）入境动植物及其产品，同时提交输出国或地区的官方检疫证书，需要办理入境审批的还要提供进境动植物检疫许可证；动物过境的要提供国家质检总局签发的动植物过境许可证。

（4）申请残损鉴定，要提供理货残损单、铁路商务记录、空运事故记录和海事报告等材料。

（5）旧机电产品，须提供进口许可证明。

（6）入境废物，提供进口废物批准证书及装运前检验合格证书。

（7）申请品质检验的，提供国外品质证书或质量保证书、产品使用说明书及有关标准和技术资料；凭样品成交的，提交样品；以品级或公量计价结算的，同时申请重量鉴定。

（8）申请重（数）量鉴定的应提供重量明晰单和理货清单等材料。

（9）开展检验检疫工作要求提供的其他单证。

（六）出境货物报检的一般规定

1. 出境货物报检的分类

（1）出境一般报检。出境一般报检是指法定检验检疫出境货物的货主或其代理人，持有关单证向产地检验检疫机构申请检验检疫以取得出境放行证明及其他证单的报检。它的实质是产地报检并进行检验检疫。

（2）出境换证报检。出境换证报检必须产地与报关地不一致，它实质是申请人凭《出境货物换证凭单》或"换证凭条"向报关地检验检疫机构申请换取《出境货物通关单》的过程。

（3）出境预检报检。出境预检报检的特点是货物暂时不能出口，检验地点为产地检验检疫机构，检验合格签发《出境货物换证凭单》。可以实施预检的货物要求是必须经常出口、非易腐烂变质、非易燃易爆品。

2. 出境货物报检的时限和地点

（1）出境货物最迟在出口报关或装运前 7 天申报。

（2）需隔离检疫的出境动物在出境前 60 天预报，隔离前 7 天申报。

（3）法检货物的原则——产地检验检疫（活动物必须在出境口岸进行检疫）。

3. 出境货物报检的主要单据

1）常规单据

出境货物报检单、对外贸易合同、信用证、发票、装箱单等必要的单证。

2）特殊单据

（1）凡实施质量许可、卫生注册或需经审批的货物，应提供有关证明。

（2）出境货物须经生产者或经营者检验合格并加附检验合格证或检测报告；申请重量鉴定的，应加附重量明细单或磅码单。

（3）凭样成交的货物，应提供经买卖双方确认的样品。

（4）经预检的货物，在向检验检疫机构办理换证放行手续时，应提供该检验检疫机构签发的《出境货物换证凭单》（正本）。

（5）产地与报关地不一致的出境货物，在向报关地检验检疫机构申请《出境货物通关单》时，应提交产地检验检疫机构签发的《出境货物换证凭单》（正本）或"换证凭条"。

（6）出口危险货物时，必须提供《出境货物运输包装性能检验结果单》正本和《出境危险货物运输包装使用鉴定结果单》（正本）。

（7）预检报检的，还应提供货物生产企业与出口企业签订的贸易合同。尚无合同的，需在报检单上注明检验检疫的项目和要求。

（8）出境特殊物品的，根据法律法规规定应提供有关的审批文件。

（9）按照检验检疫的要求，提供相关其他特殊证单。

二、入境/出境报检单的填制

注意： 从 2010 年开始，入/出境货物报检单当中各栏目的填写不得为空，如没有则填写"＊＊＊"。

(一) 入境货物报检单的填制要求

(1) 编号。总共 15 位,前 6 位为检验检疫机构代码,注意第 7 位数字(1 进、2 出、3 包装)的含义,8、9 两位为年度代码,后 6 位为流水号。

(2) 报检单位。全称。

(3) 报检单位登记号。备案登记号或注册登记号。

(4) 联系人。报检员的姓名和电话。

(5) 报检日期。实际受理报检的日期,由检验检疫机构填写。

(6) 收货人。外贸合同中的收货人(注意中英文都要标注)。

(7) 发货人。外贸合同的发货人(中文一栏不能为空,应填写"＊＊＊")。

(8) 货物名称。与合同、发票一致,废旧货物要注明。

(9) H.S 编码。10 位商品编码(注意前 8 位的含义)。

(10) 原产国。货物加工、生产的地区(实质性加工)。

(11) 数/重量。与合同、发票或报关单一致,注明单位。重量填写为净重(衣服,1 000 件/500 千克)。

(12) 货物总值。货物的总价值及币种,与合同、发票或报关单一致(非贸易性货物填写报关价)。

(13) 包装种类及数量。实际运输包装或运输状态的最外层包装的种类及数量,注明材质。

(14) 运输工具名称号码。与装箱单、提单一致。

(15) 合同号。合同、订单、形式发票或销售确认书的号码,无合同号的应注明原因。

(16) 贸易方式。根据情况选择一般贸易、来料加工、进料加工、易货贸易、补偿贸易、边境贸易、无偿援助、外商投资、对外承包工程进出口货物、出口加工区进出区货物、出口加工区进出境货物、退运货物、过境货物、保税区进出境仓储、转口货物、保税区进出区货物、暂时进出口货物、暂时进出口留购货物、展览品、样品、其他非贸易性货物、其他贸易性货物等。

(17) 贸易国别(地区)。本批货物的贸易国别或地区(卖方实际所在国)。

(18) 提(运)单号。海运提单号或空运单号,出现二程提单的应填写最终航程的提单号。

(19) 到货日期。货物到达口岸的日期(8 位数字)。

(20) 启运国家(二区)。交通工具的启运国家或地区(注意中转地是否发生商业性交易;特殊情况:地区不能填写为中国,这点与报关单有所区别)。

(21) 许可证/审批号。按规定填写。

(22) 卸毕日期。货物在口岸卸毕的实际日期。

(23) 启运口岸。交通工具的启运口岸。

(24) 入境口岸。交通工具进境时首次停靠的口岸。

(25) 索赔有效期至。按合同规定填写,注明截止日期。

（26）经停口岸（Via）。到达目的地前曾停靠过的口岸（＊＊＊）。

（27）目的地。合同中规定的最后交货地。

（28）集装箱规格、数量及号码。用集装箱运输时填写。

（29）合同订立的特殊条款及其他要求。按合同填写。

（30）货物存放地点。按规定填写。

（31）用途。按情况选填种用或繁殖、食用、奶用、观赏或演艺、伴侣动物、实验、药用、饲用、其他。

（32）随附单据。按实际情况进行选择。

（33）标记及号码。与合同、发票一致。没有，填"N/M"。

（34）外商投资财产。由检验检疫机构填写。

（35）声明。报检员填写。

（36）检验检疫费用。由检验检疫机构填写。

（37）领取证单。由报检员领取证单时填写。

（二）出境货物报检单的填制要求

（1）编号。总共 15 位，同入境。

（2）报检单位。全称。

（3）报检单位登记号。备案登记号或注册登记号。

（4）联系人。报检员的姓名和电话。

（5）报检日期。实际受理报检的日期，由检验检疫机构填写。

（6）收货人。外贸合同、信用证中的买方（中文一栏可为"＊＊＊"）。

（7）发货人。预检——一般为生产单位；出口申报——合同中的卖方或者信用证的受益人（中外文都要标注）。

（8）货物名称。与合同、信用证一致。

（9）H.S 编码。10 位商品编码。

（10）产地。货物加工、生产的地区（具体到省、市、县名），确实无法明确产地的，填写"中国"；属于复出口的，填写"境外"。

（11）数/重量。按实际申请的填写，重量要区分毛重和净重。

（12）货物总值。货物的总价值及币种，与合同、发票一致。

（13）包装种类及数量。实际运输包装的种类及数量，注明材质。

（14）运输工具名称号码。与装箱单、提单一致。

（15）合同号。合同、订单、形式发票或销售确认书的号码。

（16）贸易方式。根据情况选择一般贸易、来料加工、进料加工、易货贸易、补偿贸易、边境贸易、无偿援助、外商投资、对外承包工程进出口货物、出口加工区进出区货物、出口加工区进出境货物、退运货物、过境货物、保税区进出境仓储、转口货物、保税区进出区货物、暂时进出口货物、暂时进出口留购货物、展览品、样品、其他非贸易性货物、其他贸易性货物等。

（17）输入国和地区。合同中买方所在地或合同中指定的最终输往国家（注意是否发生中转商业性交易）。

  （18）发货日期。出口装运的日期，预检填"＊＊＊"。

  （19）信用证号。非信用证结汇的应注明结汇方式。

  （20）到货日期。货物到达口岸的日期。

  （21）启运地。本批货物交通工具离境的口岸，一般为报关地。

  （22）许可证/审批号。按规定填写。

  （23）生产单位注册号。单位的卫生注册登记号、质量许可证号等。

  （24）到达口岸。货物交通工具的目的地。

  （25）集装箱规格、数量及号码。用集装箱运输时填写。

  （26）合同订立的特殊条款及其他要求。按合同填写。

  （27）货物存放地点。按规定填写。

  （28）用途。按情况选填种用或繁殖、食用、奶用、观赏或演艺、伴侣动物、实验、药用、饲用、其他。

  （29）标记及号码。与合同、发票一致。没有，填"N/M"。

  （30）随附单据。按实际情况进行选择。

  （31）需要证单名称。按实际需要填写，注明正副本数量。

  （32）声明。报检员填写。

  （33）检验检疫费用。由检验检疫机构填写。

  （34）领取证单。由报检员领取证单时填写。

（三）出入境报检单的样式

出入境报检单的样式如下所示。

⑩ 中华人民共和国出入境检验检疫
出境货物报检单

报检单位(加盖公章)：   ＊编 号：_____

报检单位登记号： 联系人： 电话：   报检日期： 年 月 日

收货人	(中文)	
	(外文)	
发货人	(中文)	
	(外文)	

货物名称(中/外文)	H.S.编码	原产国(地区)	数/重量	货物总值	包装种类及数量

运输工具名称号码		贸易方式		货物存放地点	
合同号		信用证号		用途	

发货日期		输往国家(地区)		许可证/审批号	
启运地		到达口岸		生产单位注册号	
集装箱规格、数量及号码					

合同、信用证订立的检验 检疫条款或特殊要求	标记及号码	随附单据(划"√"或补填)
		□合同　　　　□包装性能结果单 □信用证　　　□许可/审批文件 □发票　　　　□ □换证凭单　　□ □装箱单　　　□ □厂检单　　　□

需要证单名称(划"√"或补填)		* 检验检疫费	
□品质证书　　　＿正＿副 □质量证书　　　＿正＿副 □数量证书　　　＿正＿副 □兽医卫生证书　＿正＿副 □健康证书　　　＿正＿副 □卫生证书　　　＿正＿副 □动物卫生证书　＿正＿副	□植物检测证书　＿正＿副 □重要/消毒证书　＿正＿副 □出境货物换证凭单　＿正＿副 □ □ □ □	总金额 (人民币元) 计费人 收费人	

报检人郑重声明: 1. 本人被授权报检。 2. 上列填写内容正确属实,货物无伪造或冒用他人的厂名、标志、认 证标志,并承担货物质量责任。 　　　　　　　　　　　　　　　　　签名:＿＿＿＿＿	领取证单	
	日期	
	签名	

注:有"＊"号栏由出入境检验检疫机关填写。

国家出入境检验检疫局制
[1-2(2000.1.1)]

任务二　报检单制作操作实践

根据下列单据,完成1～15题。

单据一

PACKING LIST

To:Messers:DA LIAN FRUIT IMP/EXP.CORP.LTD　　　Invoice No:PAK0202

　　　　　　　　　　　　　　　　　　　　　　　　Contract No.ET-91303

From:KARACH(卡拉奇),PAKISTAN　　　　　　　　Terms of Payment:M/T

To：DA LIAN, CHINA   Per：YA HE/042

Marks & Container NO.	Description	No. of Packages	Quantity	G.W	N.W
F.R ET - 91303 DA LIAN C/NO 1～5,000 Container No. CMUX3880276(40')	FRESH FRUIT APPLES F：USD 50M/T I：0.35%	5,000 WOODEN CASES SAYFVE THOUSAND WOODEN CASES ONLY B/L NO：GH0008	KGS 5,000	KGS 5,100	KGS 5,000

单据二

INVOICE

INVOICE No：PAK0202   DATTE：MAY 15,2011

CONSIGNEE：M/S DA LIAN FRUIT IMP&·IXP CORPLTD DA LIAN, CHINA

TEL：0086 - 753 - 6219602   PAYMENT：M/T

From：KARACHI(卡拉奇),PAKISTAN   To：DA LIAN, CHINA via PUSAN

Shipping Mark	Description	Quantity Net weight	Unit Price	Amount
F.R ET - 91303 DA LIAN	 FRISH FRUIT APPLES	 15,000 KGS	 1.00/KG	 15,000
C/NO 11—5,000	PACKED IN 5,000 WOODEN CASES HS CODE：08045020		CIF DALIAN CHINA	
GROSS WEIGHT：15,110KGS			TOTAL：5,000 WOODENCASES	

We certify that the goods are product of Pakistan   QUESTPACK PAKISTAN PVT

单据三

⑩ 中华人民共和国出入境检验检疫

出境货物报检单

报检单位(加盖公章)：   * 编   号：_____

报检单位登记号：   联系人：   电话：   报检日期： 年 月 日

收货人	(中文)	
	(外文)	
发货人	(中文)	
	(外文)	

货物名称(中/外文)	H.S.编码	原产国(地区)	数/重量	货物总值	包装种类及数量

运输工具 名称号码		贸易方式		货物存放地点	
合同号		信用证号		用途	
发货日期		输往国家(地区)		许可证/审批号	
启运地		到达口岸		生产单位注册号	

集装箱规格、数量及号码	

合同、信用证订立的检验 检疫条款或特殊要求	标记及号码	随附单据(划"√"或补填)	
		□合同 □信用证 □发票 □换证凭单 □装箱单 □厂检单	□包装性能结果单 □许可/审批文件 □ □ □ □

需要证单名称(划"√"或补填)		* 检验检疫费	
□品质证书　　　___正___副 □重量证书　　　___正___副 □数量证书　　　___正___副 □兽医卫生证书　___正___副 □健康证书　　　___正___副 □卫生证书　　　___正___副 □动物卫生证书　___正___副	□植物检疫证书　___正___副 □熏蒸/消毒证书　___正___副 □出境货物换证凭单 　　　　　　___正___副 □ □ □	总金额 (人民币元)	
		计费人	
		收费人	

报检人郑重声明:	领取证单	
1. 本人被授权报检。 2. 上列填写内容正确属实,货物无伪造或冒用他人的厂名、标 志、认证标志,并承担货物质量责任。 　　　　　　　　　　　　　签名:_____	日期	
	签名	

注:有"＊"号栏由出入境检验检疫机关填写。　　　　　　国家出入境检验检疫局制
[1-2(2000.1.1)]

(1)"收货人"一栏的中文应填写(　　)。

A. 大连进出口公司　　　　　　　　　　B. 卡拉奇进出口公司

C. 大连水果进出口有限公司　　　　　　D. 船代公司

【解析】　答案为 C。根据单据二中 CONSIGNEE:M/S DA LIAN FRUIT IMP&EXP CORP.,LTD.可以确定"收货人"一栏的中文应填写"大连水果进出口有限公司"。

(2)"货物名称"一栏的中文应填写(　　)。

A. 鲜水果　　　　　B. 进口水果　　　　C. 鲜杧果　　　　　D. 鲜苹果

【解析】 答案为 A。根据单据二中 Description of Goods：FRESH FRUIT APPLES,可以确定"货物名称"一栏的中文应填写为"鲜苹果"。

(3)"原产国"一栏应填写(   )。

A. 泰国   B. 韩国   C. 巴基斯坦   D. 丹麦

【解析】 答案为 C。根据单据二中 We certify that the goods are product of Pakistan,可以确定"原产国"为巴基斯坦。

(4)"提单/运单号"一栏应填写(   )。

A. PAK0202   B. GH0008

C. GHDG 4981   D. ET - 91303

【解析】 答案为 B。根据单据一中 B/L No：GH0008,可以确定"提单/运单号"一栏应填写 GH0008。

(5)"经停口岸"应填写(   )。

A. 卡拉奇   B. 上海   C. 釜山   D. 丹麦

【解析】 答案为 C。根据《入境货物报检单填写规范》的要求:经停口岸是货物在运输过程中曾经停靠的外国口岸。根据单据二中 To：DA LIAN,CHINA via PUSAN,可以确定"经停口岸"为釜山。

(6)"包装种类及数量"一栏应填写(   )。

A. 500 纸箱   B. 5 000 纸箱   C. 5 000 木箱   D. 1 集装箱

【解析】 答案为 C。根据单据二中 PACKED IN 5,000 WOODEN CASES,可以确定"包装种类及数量"一栏应填写 5 000 木箱。

(7)"贸易国别"一栏应填写(   )。

A. 韩国   B. 中国   C. 孟加拉国   D. 巴基斯坦

【解析】 答案为 D。根据《入境货物报检单填写规范》的要求:贸易国别(地区)是进口货物的贸易国别。本题中货物从巴基斯坦进口,所以"贸易国别"一栏应填写巴基斯坦。

(8)"标记及号码"一栏应填写(   )。

A. N/M   B. F.R
   ET - 91303   ET - 91303
   DA LIAN
   C/NO 11～5 000

C. DA LIAN   D. F.R
   C/NO 11～5 000   ET - 91303
   DA LIAN

【解析】 答案为 B。货物的标记号码,应与合同、发票等有关外贸单据保持一致。若没有则填写"N/M"。根据单据二中 Shipping Mark：F.R；ET - 91303；DA LIAN；C/NO 11～5 000,所以本题的答案应为 B。

(9)"启运口岸"一栏应填写(   )。

A. 釜山   B. 大连   C. 卡拉奇   D. 巴基斯坦

【解析】 答案为 C。根据单据一中 From：KARACH(卡拉奇),PAKISTAN,可以确定"启运口岸"一栏应填写卡拉奇。

(10)"用途"一栏应填写(　　)。

A. 食用　　　　　　　B. 观赏　　　　　　　C. 实验　　　　　　　D. 药用

【解析】　答案为 A,根据常识可以判断用途为食用。

(11)"商品编码"一栏应填写(　　)。

A. 08045020　　　　B. 0804　　　　　　　C. 5020　　　　　　　D. 91303

【解析】　答案为 A。根据单据二中 HS CODE:08045020,可知商品编码为08045020。

(12)"货物总值"一栏应填写(　　)。

A. 15 000 美元　　　　　　　　　　　B. 1 500 美元

C. 15 100 美元　　　　　　　　　　　D. 15 000 元

【解析】　答案为 A。根据单据二中 Amount:15,000,可知货物总值为 15 000 美元。

(13)"合同号"一栏应填写(　　)。

A. PAK0202　　　　　　　　　　　　B. GH0008

C. GHDG 4981　　　　　　　　　　　D. ET - 91303

【解析】　答案为 D。根据单据一中 Contract No. ET - 91303,可知"合同号"一栏应填写为 ET - 91303。

(14)"运输工具名称号码"一栏应填写(　　)。

A. M/T　　　　　B. YA HE/042　　　　C. YA HE　　　　D. 042

【解析】　答案为 B。根据单据一中 Per:YA HE/042,可以确定本题答案为 B。

(15)"入境口岸"一栏应填写(　　)。

A. 釜山　　　　　　　B. 大连　　　　　　　C. 卡拉奇　　　　　　　D. 中国

【解析】　答案为 B。根据单据一可以确定入境口岸为大连。

经典案例 14 - 1

2011 年 12 月上海口岸有一批来自美国的食品添加剂,报检人在报检单上填写的货物品名为"奶精",而其提交的单据《成分表》和《检疫证书》上所列的名称为"NON-DAIRY CREAMER"。从美国农业部批准发布使用该品名的资料来看"NON-DAIRY CREAMER"的主要成分包括乳糖、软磷脂、植物油、天然或人造香料、色素等,其形态呈现为大小一致的不结团粉粒,颜色为乳白色,用于食品中,能使其不易被氧化作用破坏,使食品保质期延长。

由此看来,"奶精"的译法容易让人误以为该商品是牛奶的提纯物,为避免误解,最好将其译为"植脂末",这样就更符合商品的实际情况。

案例分析:在该案例中,货物名称为英文,报检时需提供货物名称的中文,英文货名在翻译时要注意从其主要用途、主要材料、主要成分或者货物的外观、制作工艺上选取,或者采用国际上通用的名称。

课后实训

报检单填制操作实践

某公司出口一批玩具(检验检疫类别为 M/N),生产企业为河北向阳玩具厂(HEBEI XIANGYANG TOYS FACTORY)。请根据下列材料完成出境货物报检单相关栏目的填写。

INVOICE

SELLER: BEIJIN G DONGFANG CO.,LTO No 18 HAIDIAN ROAD BEIJING		No.: HS-4503410000		DATE: Mar 8,2010
BUYER: GOODKIDS IMPORT & EXPORT CO., LTD No.426 DAVID ROAD, LOS ANGELES		L/C No: LC-6503410000 BANK OF CHINA BEIJING BRANCH		
PORT OF LOADING: TIANJING, CHINA	VESSEL/VOYAGE: DONG FANG HONG/V013			
PORT OF DISCHARGE: LOS ANGELES VIA HONGKONG		CONTRACT NO: Hs-7503410000		
MARKS & NO. OF PKGS	DESCRIPTION OF GOODS	QUANTITY/ UNIT	UNIT PRICE	AMOUNT
KGB IN DIANMOBD PACKING:	OLUSH TOY(H.S. Code:9503410000) IN CARTONS 1000CTNS/5000PCS ORIGIN: HEREL CHINA REFERENCE No.: LC-8503410000 SHIPMENT: BEFORE APR. 1, 2010	USD	USD	
	TOTAL:		$15.00	$75,000.00
		BEIJING DONGFANG CO., LTD. SIGNED BY _____		

中华人民共和国出入境检验检疫

出境货物报检单

报检单位(加盖公章):　　　　　　　　　　　*编　号:_____

报检单位登记号:　　联系人:　　电话:　　报检日期:　年　月　日

收货人	(中文)	
	(外文)	
发货人	(中文)	
	(外文)	

货物名称(中/外文)	H.S.编码	原产国(地区)	数/重量	货物总值	包装种类及数量

运输工具 名称号码		贸易方式		货物存放地点	
合同号		信用证号		用途	
发货日期		输往国家(地区)		许可证/审批号	
启运地		到达口岸		生产单位注册号	

集装箱规格、数量及号码	

合同、信用证订立的检验 检疫条款或特殊要求	标记及号码	随附单据(划"√"或补填)	
		□合同	□包装性能结果单
		□信用证	□许可/审批文件
		□发票	□
		□换证凭单	□
		□装箱单	□
		□厂检单	□

需要证单名称(划"√"或补填)		*检验检疫费	
□品质证书 　　＿正＿副 □质量证书 　　＿正＿副 □数量证书 　　＿正＿副 □兽医卫生证书 ＿正＿副 □健康证书 　　＿正＿副 □卫生证书 　　＿正＿副 □动物卫生证书 ＿正＿副	□植物检疫证书 　＿正＿副 □重要/消毒证书 　＿正＿副 □出境货物换证凭单 ＿正＿副 □ □ □ □	总金额 (人民币元)	
		计费人	
		收费人	

报检人郑重声明:	领取证单	
1. 本人被授权报检。 2. 上列填写内容正确属实,货物无伪造或冒用他人的厂名、标志、认 证标志,并承担货物质量责任。 　　　　　　　　　　签名:＿＿＿＿＿	日期	
	签名	

注:有"＊"号栏由出入境检验检疫机关填写。　　　　　　国家出入境检验检疫局制

[1-2(2000.1.1)]

参考文献

[1] 高彩云.外贸商检实务[M].北京:机械工业出版社,2010.

[2] 报检员资格考试委员会.报检员资格全国统一考试教材[M].北京:中国标准出版社,2014.

[3] 童宏祥.报检实务[M].上海:上海财经大学出版社,2014.

[4] 王桂英,张益海,张钰伟.出入境报检实务[M].北京:中国海关出版社,2014.

[5] 张瑞夫,余文婷.新编报检实务[M].大连:大连理工大学出版社,2011.

[6] 朱简,龚江洪.报关报检实务[M].浙江:浙江大学出版社,2019.

[7] 报关水平测试教材编写委员会.关务基本技能[M].北京:中国海关出版社,2020.

[8] 朱江,刘阳威,谢孟军.进出口报关实务[M].北京:教育科学出版社,2016.

[9] 王会欣.报检实务[M].北京:北京邮电大学出版社,2017.

[10] 张宇,黄芸,李雨.报检实务[M].长沙:湖南师范大学出版社,2014.

[11] 曾理,赵崎.报检实务与操作[M].北京:清华大学出版社,2021.

[12] 顾永才,王斌义.报检与报关实务[M].北京:首都经贸大学出版社,2019.

[13] 李贺.报检与报关实务[M].上海:上海财经大学出版社,2020.

[14] 孙丽萍.进出口报关实务[M].北京:中国商务出版社,2021.

[15] 山秀娟,管迪,王洪艳.报关实务[M].北京:清华大学出版社.2021.

[16] 叶红玉,王巾.报关实务[M].北京:中国人民大学出版社.2019.